四川省大学生思想政治教育研究中心项目
“教育强国建设背景下高校思政引领力的核心要义、生成逻辑与实现机制研究”（项目编号：CSZ25072）

四川省高等教育人才培养质量和教学改革项目
“‘空天之光　铸魂育人’新质创新人才培养方向及路径探索”（项目编号：JG2024-0798）

空天之光　融合引领：
新时代研究生思想政治教育理论与实践

余莎莎　刘恒宇　黄　佳　著

西南财经大学出版社
中国·成都

图书在版编目(CIP)数据

空天之光 融合引领:新时代研究生思想政治教育理论与实践/余莎莎,刘恒宇,黄佳著.--成都:西南财经大学出版社,2025. 8. --ISBN 978-7-5504-6929-7

Ⅰ. G643. 1

中国国家版本馆 CIP 数据核字第 2025GV9460 号

空天之光 融合引领:新时代研究生思想政治教育理论与实践

KONGTIAN ZHI GUANG RONGHE YINLING;XINSHIDAI YANJIUSHENG SIXIANG ZHENGZHI JIAOYU LILUN YU SHIJIAN

余莎莎 刘恒宇 黄 佳 著

策划编辑:邓嘉玲 何春梅

责任编辑:邓嘉玲

责任校对:李思嘉

封面设计:墨创文化

责任印制:朱曼丽

出版发行	西南财经大学出版社(四川省成都市光华村街 55 号)
网 址	http://cbs. swufe. edu. cn
电子邮件	bookcj@ swufe. edu. cn
邮政编码	610074
电 话	028-87353785
照 排	四川胜翔数码印务设计有限公司
印 刷	成都金龙印务有限责任公司
成品尺寸	170 mm×240 mm
印 张	16. 25
字 数	284 千字
版 次	2025 年 8 月第 1 版
印 次	2025 年 8 月第 1 次印刷
书 号	ISBN 978-7-5504-6929-7
定 价	88. 00 元

前言

伟大时代呼唤伟大担当，教育强国需要高层次人才。研究生教育作为我国高等教育的最高层次，承载着为党育人、为国育才的使命担当，肩负着培养社会主义建设者和接班人的历史重任。党的二十大报告明确指出，“教育是国之大计、党之大计”，要“全面提高人才自主培养质量，着力造就拔尖创新人才”。在全面建设社会主义现代化国家新征程上，研究生思想政治教育工作的重要性愈发凸显。

航空航天领域是国家战略科技力量的重要组成部分，是科技强国、教育强国建设的关键领域。习近平总书记强调，“航空航天事业要发展，必须培养大批高素质航空航天人才”。航空航天领域研究生既是未来国防建设与科技创新的中坚力量，也是新质生产力发展的重要推动者。如何在培养高水平专业人才的同时，铸牢理想信念，厚植家国情怀，涵养创新品格，强化使命担当，是一个复杂而紧迫的时代课题。

新时代研究生思想政治教育面临着诸多挑战。国际形势复杂多变，价值观较量日趋激烈；信息技术革命深刻影响着青年的成长环境；研究生群体特点的多样化与复杂化也对教育工作提出了更高要求。同时，我们也迎来了前所未有的发展机遇。习近平新时代中国特色社会主义思想为研究生思想政治教育提供了科学指导；国家“双一流”建设和“卓越研究生教育”计划为研究生培养质量提升创造了良好条件；数字技术的发展为教育创新提供了新手段、新途径。

在这样的背景下，如何构建具有中国特色、时代特征、学科特点的研究生思想政治教育理论体系，如何打造特色鲜明、成效显著的思想政治教育实践模式，已成为高校研究生培养工作的重要课题。本书以习近平新时代中国特色社会主义思想为根本遵循，系统梳理了研究生思想政治教育的理论基础与科学内涵，深入分析了新时代研究生思想政治教育面临的多维挑战，全面阐释了习近平新时代中国特色社会主义思想对研究生思想政治教育的科学指导，深入探讨了新时代研究生思想政治教育的理论体系与创新发展，并以航空航天领域研究生思想政治教育为特色案例，构建了“空天之光”融合育人品牌，探索了多元主体协同育人的实践路径，展望了研究生思想政治教育的未来发展方向。

本书分为上下两篇。上篇“理论溯源与时代语境”侧重理论探索：第一章系统阐述了研究生思想政治教育的理论基础与科学内涵，厘清了相关概念，揭示了其学科属性与理论特质；第二章深入分析了中国特色社会主义新时代的创新特征，剖析了研究生思想政治教育面临的六大挑战；第三章阐释了习近平新时代中国特色社会主义思想的科学内涵与理论品格，深刻把握了习近平总书记关于教育的重要论述对研究生思想政治教育的科学引领；第四章构建了新时代研究生思想政治教育的范畴体系，探索了其内在逻辑关系，阐释了新时代研究生思想政治教育的理论创新与发展趋势，探索了研究生思想政治教育的规律特征。下篇“融合引领与实践路径”侧重实践探索：第五章凸显了航空航天领域研究生思想政治教育的特色与方法论体系；第六章深入探讨了航空航天领域研究生思想政治教育的主体协同机制；第七章详细介绍了“空天之光”融合育人品牌的构建与实践；第八章展望了新时代研究生思想政治教育的创新发展与未来路向，提出了以新发展理念引领质量提升，以数智赋能促进高质量发展的新思路。

本书具有以下几个特点：一是理论与实践相结合，既有深刻的理论探索，又有鲜活的实践案例；二是普遍性与特殊性相统一，既阐述了研究生思想政治教育的一般规律，又展示了航空航天领域的特色实践；三是继承与创新相衔接，既传承了思想政治教育的优良传统，又提出了创新发展的新理念新方法；四是问题导向与未来导向相融合，既聚焦当前面临的现实挑战，又展望未来发展的前沿趋势。

研究生思想政治教育是一项系统工程，需要全社会共同参与，各方力量协同推进。我们希望本书能为深化研究生思想政治教育理论研究，创新实践路径，提高育人质量提供有益参考，为培养堪当民族复兴重任的时代新人贡献智慧和力量。在教育强国建设和高质量发展的新征程上，研究生思想政治教育必将焕发出新的生机与活力，为全面建设社会主义现代化国家，实现中华民族伟大复兴的中国梦培养更多德才兼备的高层次创新人才。

余莎莎

2025 年 5 月

目录

上篇　理论溯源与时代语境

上篇

理论溯源与时代语境

思想政治教育是一门科学，具有其特定的理论基础、内在规律和发展逻辑。在研究生高层次人才培养体系中，思想政治教育既要尊重普遍规律，又要把握特殊性，更要适应时代要求。上篇“理论溯源与时代语境”旨在为研究生思想政治教育实践创新提供坚实的理论支撑，通过系统梳理理论基础，审视时代挑战，把握科学指导，构建理论体系，为下篇的实践探索奠定基础。

上篇按照“源流溯本—时代挑战—指导思想—理论创新”的逻辑展开。第一章回溯研究生思想政治教育的理论基础与科学内涵，厘清基本概念，探析学科属性与理论特质，为全书研究奠定理论基点；第二章立足中国特色社会主义新时代的创新特征，深入分析研究生思想政治教育面临的国际形势、国内改革、信息技术、研究生群体等六大维度挑战，凸显问题意识与现实针对性；第三章全面阐释习近平新时代中国特色社会主义思想及其关于教育的重要论述，揭示其对研究生思想政治教育的根本指导意义，明确价值取向与发展方向；第四章系统构建新时代研究生思想政治教育的范畴体系与内在逻辑，探索理论创新趋势与规律特征，形成具有中国特色、时代特征的理论框架。

上篇的理论探索既有理论溯源，又有时代思考；既有宏观把握，又有微观分析；既重视普遍规律，又关注特殊性；既立足中国实际，又具有国际视野。这些理论成果将在下篇得到具体应用与深化发展，通过航空航天领域的典型案例，展示理论如何转化为实践，如何在特定学科领域创新发展研究生思想政治教育。

第一章 研究生思想政治教育的理论基础与科学内涵

思想政治教育是中国共产党建设和发展过程中的优良传统和政治优势，是马克思主义理论体系中富有中国特色的重要组成部分。随着中国特色社会主义进入新时代，思想政治教育面临新形势、新任务和新挑战，需要不断深化对其定义、概念和内涵的理论研究。本章旨在从学术角度对思想政治教育的定义、概念和内涵进行全面探究，把握其本质特征，厘清其与相关概念的逻辑关系，为新时代思想政治教育的创新发展提供理论支撑。

第一节 思想政治教育的定义、概念与内涵辨析

一、思想政治教育的基本定义深析

思想政治教育的定义涉及其本质、目的和基本特征，需从历史发展和理论构建两个维度深入把握。从历史维度看，思想政治教育作为一种特定实践活动，与中国革命、建设和改革的历史进程紧密相连。在不同历史时期，思想政治教育的定义虽有所调整，但其作为一种引导社会成员形成特定思想政治品德的社会实践活动的本质未变。

张耀灿将思想政治教育定义为“一定的阶级、政党、社会集团以及政治组织，对一定的社会成员实施有目的、有计划、有组织的思想政治影响，使他们形成符合特定社会、阶级、政党所要求的思想政治品德的社会活动”[1]。该定义从实践维度揭示了思想政治教育的基本属性，明确了其

主体、客体、目的和过程等核心要素。

在中国语境下，思想政治教育被赋予了特殊的地位和使命。它被视为党和社会主义国家的优良传统和政治优势，发挥着“生命线”和“中心环节”的作用。这个表述不仅是对思想政治教育重要性的肯定，也反映了其在中国特色社会主义事业中的特殊地位。2021 年，中共中央、国务院专门印发《关于新时代加强和改进思想政治工作的意见》指出，思想政治工作是党的优良传统、鲜明特色和突出政治优势，是一切工作的生命线。加强和改进思想政治工作，事关党的前途命运，事关国家长治久安，事关民族凝聚力和向心力[2]。

马克思主义经典作家虽然没有直接使用过“思想政治教育”这一概念，但对思想政治教育有过多方面的论述[3]。其中，关于思想政治教育的意义是他们相关论述的逻辑起点[4]。马克思提出：“理论只要说服人，就能掌握群众；而理论只要彻底，就能说服人。”[5]恩格斯提出：“我们党有个很大的优点，就是有一个新的科学的世界观作为理论的基础。”[6]列宁也强调：“对人民进行政治教育——这就是我们的旗帜，这就是全部哲学的意义。”[7]在马克思主义经典著作中，思想政治教育的内涵最早可以追溯到马克思、恩格斯关于无产阶级政党建设的论述。马克思、恩格斯把对工人阶级进行马克思主义理论教育，看作是提高工人阶级阶级觉悟，实现无产阶级解放的重要途径。

中国共产党自成立以来，始终高度重视思想政治教育工作，并在革命、建设和改革的不同历史时期，不断丰富和发展思想政治教育的内涵。中国特色社会主义进入新时代以来，习近平总书记围绕思想政治教育提出一系列新理念、新思想、新战略，形成了系统完备、逻辑严密、内涵丰富的理论体系。习近平总书记关于教育的重要论述深刻体现了马克思主义教育理论与中国伟大教育实践的结合，中国优秀传统教育理论与教育现代化发展的结合，世界先进教育理念和经验与扎根中国大地办教育的结合。习近平总书记强调思想政治工作是党的优良传统、鲜明特色和突出政治优势，是一切工作的生命线，并提出“培养什么人、怎样培养人、为谁培养人”是教育的根本问题，确立了“立德树人”的根本任务[8]。

2016 年 12 月 7 日，习近平总书记在全国高校思想政治工作会议中指出，思想政治工作从根本上说是做人的工作，必须围绕学生、关照学生、服务学生，不断提高学生思想水平、政治觉悟、道德品质、文化素养，让学生成为德才兼备、全面发展的人才。思想政治工作要因事而化、因时而进、因势而新，不断增强思想政治工作的时代感和实效性。习近平新时代中国特色社会主义思想不仅深化了对思想政治教育规律的认识，而且丰富了思想政治教育的内容和方法，为思想政治教育的理论创新和实践发展提供了根本遵循。

董雅华从价值性向度、交往性向度和普遍性向度厘定思想政治教育的概念，将思想政治教育定义为“一定的阶级、政党、社会群体与政治共同体成员，根据社会和人的发展需要，通过教育者与受教育者互动交往的过程，培养形成特定的思想政治道德素质和行动力的社会实践活动”[9]。进一步，高校思想政治教育是“坚持以马克思主义为指导，以立德树人为根本任务，通过有目的、有计划、有组织的教育影响，促进受教育者形成正确的世界观、人生观、价值观，提高思想道德素质和政治素养的社会实践活动”[10]。

二、思想政治教育的定义演进

（一）从“目的论”到“需要论”的转变

早在思想政治教育学科成立之初，陆庆壬将其定义为：“思想政治教育这一社会实践活动，就是一定的阶级或政治集团，为实现一定的政治目标，有目的地对人们施加意识形态的影响，以期转变人们的思想，进而指导人们行动的社会行为。”[11]

“目的论”视角将思想政治教育定义为“一定的阶级或政治集团，为实现一定的政治目标，有目的地对人们施加意识形态的影响”，主要强调思想政治教育的工具性功能，把实施主体设定为一定的阶级或政治集团，行为目的是为达到其政治目标而施加的教育影响。此种定义单一考虑社会的要求，使思想政治教育难免陷入“工具论”的泥淖。

“需要论”视角将思想政治教育定义为“教育者与受教育者根据社会和自身发展的需要，以正确的思想、政治、道德理论为指导，在适应与促进社会发展的过程中，不断提高思想、政治、道德素质和促进全面发展的过程”。“需要论”视角进一步考虑了思想政治教育的双重功能，既为实现社会所要求的社会价值（社会化课题），又为实现个体发展的个人价值（个体全面成长课题），体现双重的价值，满足双重的需要[12]。

（二）从“施加论”到“培养论”的转变

在学科发展初期，学者们把思想政治教育过程功能的论述多数表达为

“施加论”或“转化论”，即通过“施加”意识形态的影响“转变”受教育者的思想[13]。“施加论”或“转化论”把思想政治教育视为可以从外部单向强灌给受教育者的影响，而与受教育者自身内在的主体性自觉性无关。这种理论过于突出思想政治教育的灌输功能，看重教育者对受教育者的教化，而实际忽略了受教育者在接受教育的过程中的自主性，忽略了思想政治教育的疏导功能和对受教育者自我教育的激发作用。

早期定义强调思想政治教育是特定阶级单向灌输的活动，而现代理念则更加注重教育过程中的互动性和受教育者的主体地位。随着实践的深入，逐步发展出“培养论”或“引导论”，将思想政治教育定义为“培养、塑造一定社会新人思想道德素质的教育实践活动”。这种视角不再以预设教育对象先期地存在思想行为问题为前提，开始更多地关注教育过程中教育对象的主体性。“培养论”强调激发受教育者自身动力，促进社会要求的思想道德素养的内化和行为自觉的形成。

（三）从“特殊性”向“普遍性”的转变

“特殊性”视角把“思想政治教育”等同于“无产阶级的思想政治教育”，认为它是社会主义社会特有的现象。这种界定方式有明显局限性，其忽略了思想政治教育现象普遍存在的客观事实，淡化了思想政治教育的意识形态属性，也遮蔽了思想政治教育学科化的普遍意义。

“普遍性”视角认为思想政治教育是世界范围内普遍存在的一种社会现象。西方国家虽没有“思想政治教育”的称谓，实际却不乏“思想政治教育”的社会活动事实。此视角在国际范围的比较中使思想政治教育的意识形态性更全面真实地揭示出来，进言之，思想政治教育活动是世界范围内普遍存在的一种社会现象。

（四）转变的理论基础与实践意义

这些转变的理论基础源于马克思主义“人学”理论的回归，触发了思想政治教育研究范式的转换——“以人为本”的理念得到确立，在思想政治教育中重视对受教育者的人文关怀，凸显人的全面发展需求导向。根据马克思主义理论，人的本质从根本上说是社会性与个体性的辩证统一，思想政治教育的发展应当在彰显社会发展需要与个人发展需要统一，主张教育者主导性与受教育者主体性统一的基础上，构建符合普遍适用的规则和方法。

三、思想政治教育的概念阐释

在传统认识论视角下，思想政治教育被理解为一种灌输活动，强调教育者向受教育者传递特定的政治观念和价值取向。该视角以教育者为中心，将受教育者视为被动接受的客体，反映了早期思想政治教育实践中的主要特征。传统认识论虽然强调了思想政治教育的目的性和导向性，但对受教育者主体性的忽视限制了其科学性和有效性。

在实践论视角下，思想政治教育被理解为一种特殊的社会实践活动。许瑞芳等学者认为思想政治教育是“一定的阶级、社会、组织、群体及其成员，通过多种方式开展思想、情感的交流互动，引导其成员吸纳、认同一定社会的思想观念、政治观点、道德规范，促使其成员知、情、意、信、行均衡协调发展和思想品德自主建构的社会实践活动”[14]。实践论视角注重思想政治教育的实践属性，强调教育主体与客体的互动关系，体现了对传统灌输论的超越。在实践论框架下，思想政治教育被视为一种双向的、互动的过程，教育者和受教育者都是这一过程的主体，共同参与思想政治教育的实践活动。实践论解释更加符合现代教育理念，有助于提高思想政治教育的针对性和实效性。

在发展论视角下，思想政治教育被理解为促进人的全面发展的教育活动。刘高扬提出，“思想政治教育的本质是实现人的自由的全面发展，理解人、尊重人是做好一切思想政治教育的前提”[15]。发展论将思想政治教育置于人的发展的大背景下，强调其对人的思想品质、政治素养和道德修养的培育作用。发展论视角下的概念阐释注重思想政治教育对人的发展的促进功能，将思想政治教育与人的全面发展紧密联系起来。发展论视角的观点扩展了思想政治教育的内涵，使其不仅是政治性的，也是教育性的、发展性的。

在系统论视角下，思想政治教育被解释为一个涉及多要素、多层次、多维度的复杂系统，包括教育主体、教育客体、教育内容、教育方法、教育环境等多个要素，这些要素相互作用、相互影响，共同构成思想政治教育的整体。系统论视角下的概念阐释强调思想政治教育的整体性和系统性，注重各要素之间的有机联系。系统论的阐释有助于从整体上把握思想政治教育的本质特征和发展规律，为思想政治教育的理论研究和实践创新提供系统的分析框架。

四、思想政治教育的本质特征

思想政治教育的本质特征是理解其概念内涵的关键，也是区分思想政治教育与其他教育活动的依据。通过深入分析，可以揭示思想政治教育的政治性、教育性、实践性、交互性、规律性等本质特征。

（一）政治性：思想政治教育的根本属性

政治性是思想政治教育区别于其他教育活动的最本质特征。刘建军指出“政治性是思想政治教育的本质属性，决定着思想政治教育的方向和道路”[16]。政治性体现在思想政治教育的目的、内容、方法等各个方面，决定了思想政治教育必须服务于特定的政治目标和价值取向。

思想政治教育的政治性决定了其必须坚持正确的政治方向，传播主流意识形态，培养符合社会政治要求的合格公民。政治性不仅赋予思想政治教育鲜明的方向性，也决定了其在社会发展中的重要地位和作用。

在现代社会背景下，思想政治教育的政治性呈现出更加多元和复杂的特点。一方面，它仍然保持着鲜明的政治导向和价值立场；另一方面，其表现形式和实现方式更加多样化、灵活化，更加注重与时俱进、与时代发展相适应。

（二）教育性：思想政治教育的基本形式

教育性是思想政治教育作为一种教育活动的基本属性。思想政治教育通过教育的形式和手段，对受教育者的思想观念、价值取向和行为方式产生影响，促进其形成正确的思想政治素质。教育性使思想政治教育区别于单纯的政治宣传或政治动员，赋予其更加深刻的内涵和长久的影响。

思想政治教育的教育性体现在其遵循教育规律和教育原则，采用科学的教育方法和手段，注重培养人的内在素质和能力。不仅是知识的传授，更是观念的引导和品格的塑造，旨在促进人的全面发展和社会的进步。

（三）实践性：思想政治教育的活动特征

思想政治教育本质上是一种实践活动，它将理论与实践、认识与行动紧密结合，强调知行合一。实践性表现为思想政治教育既是认识活动，又是实践活动；既关注思想观念的形成，又重视行为习惯的养成；既注重理论的学习，又强调实践的锻炼。

实践性赋予思想政治教育强大的生命力和影响力。只有通过实践，思想政治教育的内容才能从抽象的理念转化为具体的行动，真正内化为人们的思想认识和行为习惯。实践也是检验思想政治教育成效的重要标准，只有在实践中才能验证思想政治教育的有效性和科学性。

（四）交互性：思想政治教育的过程特点

如前所述，现代思想政治教育强调教育主体与客体的双向互动，突破了传统单向灌输的模式。交互性表现为教育过程中的对话、讨论、合作等形式，通过思想交流和情感互动，增强思想政治教育的吸引力和感染力。

在交互性框架下，思想政治教育被定义为“通过多种方式开展思想、情感的交流互动，引导其成员吸纳、认同一定社会的思想观念、政治观点、道德规范”的过程[17]。这种理解更加注重受教育者的主体性和能动性，强调通过对话和互动激发受教育者的内在动力和创造潜能。

（五）规律性：思想政治教育的科学基础

规律性是思想政治教育科学性的集中体现。王易等认为“规律与本质是两种不同的概念，但是规律是对本质的集中反映，它既包括对事物关系本质的反映，也包括从侧面反映产生联系的两种事物各自的本质”[18]。思想政治教育的规律性表现为其发展和变化遵循一定的客观规律，包括人的思想形成规律、社会发展规律和教育规律等。

把握思想政治教育的规律性，有助于增强思想政治教育的科学性和有效性。只有遵循客观规律，思想政治教育才能避免盲目性和随意性，实现预期的教育目标。规律性也为思想政治教育的理论创新和实践探索提供了科学依据和方法指导。

五、思想政治教育的内涵剖析

思想政治教育的内涵是多层次、多维度的，可以从结构、功能、过程等方面进行深入分析，以揭示其丰富内容和深刻含义。

（一）结构维度：思想政治教育的构成要素

从结构维度看，思想政治教育由主体、客体、内容、方法、环境等要素构成。思想政治教育的基本范畴研究是一个逐步深化和优化的过程，张耀灿将思想政治教育的基本范畴归纳为“起点范畴是思想与行为，主体范畴是教育者与受教育者，客体范畴是教育目的、教育内容、教育方法、教育环境，过程范畴是内化与外化，终点范畴是个人与社会”[19]。这个结构体系全面把握了思想政治教育的基本要素及其相互关系。

在结构框架中，主体要素包括教育主体（教育者）和教育客体（受教育者）。现代思想政治教育强调教育客体的主体性，将受教育者视为教育过程的积极参与者而非被动接受者。内容要素则包括思想观念、政治立场、道德规范等，是思想政治教育的核心载体。方法要素涉及思想政治教育的途径和手段，包括理论教育、实践活动、情感引导等多种形式。环境要素则关注思想政治教育的外部条件和氛围，包括社会环境、文化环境、网络环境等。

（二）功能维度：思想政治教育的价值作用

从功能维度看，思想政治教育具有多重价值功能。立德树人是思想政治教育的根本任务，思想政治教育承担着为培养社会主义事业建设者和接班人而进行系统性和实践性教育的重要任务[20]。其功能定位反映了思想政治教育在人才培养中的核心地位。

思想政治教育的功能具体表现为认知功能、价值功能、规范功能和发展功能等。认知功能是指思想政治教育帮助人们认识和理解社会政治现实，形成科学的世界观和方法论。价值功能是指思想政治教育引导人们形成正确的价值观和人生观，确立积极的人生目标和价值追求。规范功能是指思想政治教育帮助人们形成符合社会要求的道德规范和行为准则，促进社会的和谐稳定。发展功能是指思想政治教育促进人的全面发展，包括政治素质、道德品质、心理素质等多方面的发展。

（三）过程维度：思想政治教育的实施路径

从过程维度看，思想政治教育是一个动态的、发展的过程，包括目标设定、内容选择、方法运用、评价反馈等环节。这个过程的核心是实现从外部灌输到内部认同的转化，即实现思想政治教育内容的内化与外化。

传统的思想政治教育强调人的理性因素，偏重以“理”服人，这个“理”往往是脱离生活世界的大道理，让受教育者感到空洞遥远。思想政治教育作为争取人心的工作，必须注重受教育者的情感需要，改变重理轻情的局面。在情感教育方面，思想政治教育“既要晓之以理，也要动之以情；既要讲政治立场的原则性，又要讲情感立场的灵活性”[21]。情感教育过程强调认知与情感的结合，理性与非理性因素的互动，以实现思想政治教育的最佳效果。

思想政治教育过程也体现为“知、情、意、信、行”的统一，即通过知识的学习（知）产生情感的共鸣（情），形成坚定的意志（意）和深刻的信念（信），最终转化为自觉的行动（行）。这个过程体现了思想政治教育的整体性和系统性，注重各环节的有机衔接和协调发展。

（四）发展维度：思想政治教育的与时俱进

从发展维度看，思想政治教育具有鲜明的时代响应性和创新适应性，表现为其对社会变革的敏感把握与积极回应。思想政治教育不是静态不变的，而是一个动态生成、不断革新的历史过程。从历史的长河来看，思想政治教育总是紧扣时代脉搏，每个时代都有其特定的思想文化环境和价值观念冲突，思想政治教育能够敏锐捕捉时代脉搏，针对不同历史阶段的主要矛盾和突出问题，调整其着力点和关注焦点。

思想政治教育的发展表现为内容的与时俱进、方法的不断创新、载体的日益丰富，使思想政治教育能够适应社会变革和时代要求，保持持久的生命力和影响力。同时，思想政治教育的发展也体现了传统与现代的辩证关系，既坚持基本原则和核心价值，又不断吸收新理念、新方法，实现创新发展。并且，思想政治教育体现出前瞻性的问题预判和应对机制，不仅对已有问题做出回应，更能前瞻性地预判社会思想文化领域可能出现的新情况和新问题，提前布局、主动作为，展现出引领性和预见性，这是思想政治教育与时俱进特性的表现。

六、思想政治教育内涵的多维探赜

（一）思想政治教育的历史溯源与发展脉络

思想政治教育理论体系和实践体系的构建离不开历史的探索与时代的推进。从历史维度看，思想政治教育虽然作为独立学科建立于 20 世纪 80 年代，但其思想根源可追溯至更早的历史时期。思想政治教育是以马克思主义理论为基础，综合性和实践性比较强的科学，是我们党和社会主义国家的优良传统和政治优势，发挥着“生命线”和“中心环节”的作用。从制度化的角度来看，1983 年 7 月 1 日，中共中央批转的《国营企业职工思想政治工作纲要（试行）》中要求有条件的高校“都要增设政治工作专业”。1983 年暑假，教育部召开专门会议确定学科名称为思想政治教育学科，专业名称为思想政治教育专业，并决定于 1984 年开始招生，标志着思想政治教育作为一门独立学科的正式确立[22]。

纵观思想政治教育的历史脉络，我们可以清晰地观察到其发展历程呈现出从实践到理论、从经验到科学的转变轨迹。思想政治教育的源头可追溯至中国共产党领导的革命、建设与改革实践中的思想政治工作。在革命战争年代，思想政治工作是党凝聚力量、动员群众的重要手段；新中国成立后，思想政治工作进一步系统化，在社会主义建设进程中发挥了不可替代的作用；改革开放以来，党和国家高度重视思想政治教育的理论化与学科化建设，推动其从实践经验提升为科学理论体系。

经过四十余年的发展，思想政治教育学科已形成较为完善的学科体系、学术体系与话语体系。特别是进入新时代以来，在习近平新时代中国特色社会主义思想的指导下，思想政治教育的理论研究与实践创新取得了显著成就，展现出更为广阔的发展前景[23]。同时也应当看到，在"两个大局"交织激荡的新时代背景下，思想意识领域中不断涌现的新情况、新挑战与新课题，为思想政治教育学科的持续发展提出了更高要求与新的研究命题。

（二）思想政治教育的时代意蕴与价值取向

思想政治教育具有鲜明的时代性，其内涵随着时代发展而不断丰富和深化。在中国特色社会主义新时代，思想政治教育面临着新的形势和任务。中国特色社会主义进入新时代，我国社会主要矛盾发生了转化，逐渐由过去人民日益增长的物质文化需要同落后的社会生产之间的矛盾转化为人民日益增长的美好生活需要和不平衡不充分的发展之间的矛盾[24]。这个重大变化为思想政治教育的发展提供了新的历史机遇和挑战。

从价值取向看，新时代思想政治教育突出体现了以人民为中心的发展思想。教育的"人民属性"，是教育强国的价值追求，突出表现是坚持以人民为中心发展教育，努力办好人民满意的教育。思想政治教育作为教育的重要组成部分，同样需要坚持以人民为中心，将促进人的全面发展作为根本目标。

新时代思想政治教育的内涵也体现在其与国家发展战略的紧密结合。新时代思想政治教育要适应社会主要矛盾的转化，围绕着实现中华民族伟大复兴的中国梦而开展立德树人工作，做到满足人民日益增长的美好生活需要，并致力于解决因为不平衡不充分的发展而带来的问题。这表明思想政治教育必须与时俱进，紧跟时代步伐，服务国家发展大局。

在价值引领方面，思想政治教育承担着培育和践行社会主义核心价值观的重要任务。《教育强国建设规划纲要（2024—2035年）》明确提出要加强社会主义核心价值观教育。通过思想政治教育，引导人们树立正确的世界观、人生观、价值观，培养爱国主义、集体主义、社会主义精神，是思想政治教育的重要价值取向。

此外，思想政治教育的时代意蕴还体现在其对文化传承与创新的推动作用上。《教育强国建设规划纲要（2024—2035年）》要求坚定文化自信，加强社会主义先进文化、革命文化和中华优秀传统文化教育，分学段有序融入思想政治教育，充分表明了思想政治教育在文化传承与创新方面也承担着重要责任[25]。

（三）思想政治教育的多学科融合与理论创新

思想政治教育的理论建构呈现出鲜明的多学科融合特征。作为一门交叉性学科，思想政治教育不仅立足于马克思主义理论，还吸收了哲学、政治学、教育学、心理学、社会学等多个学科的理论成果和研究方法，形成了独特的学科体系[26]。

在理论创新方面，思想政治教育学科建设需要不断推进知识体系创新。2016年5月17日，习近平总书记在哲学社会科学工作座谈会上的讲话中指出，“要按照立足中国、借鉴国外，挖掘历史、把握当代，关怀人类、面向未来的思路，着力构建中国特色哲学社会科学，在指导思想、学科体系、学术体系、话语体系等方面充分体现中国特色、中国风格、中国气派”[27]。

思想政治教育理论创新需要坚持马克思主义指导地位，同时也要具有开放的视野。要与马克思主义基本原理及马克思主义中国化时代化的最新理论成果相结合，自主创新出思想政治教育学科的知识体系。思想政治教育的理论创新既要坚持马克思主义的指导地位，又要不断与时俱进，吸收马克思主义中国化时代化的最新成果[28]。

在具体路径上，建构思想政治教育学科的自主知识体系，首先要强化完全自主的知识体系建设，这是学科自主发展的根基。同时，还需要加强思想政治教育话语体系建设，这是当前思想政治教育学科自主知识体系建设的薄弱环节。只有构建起具有中国特色、中国风格、中国气派的话语体系，才能增强思想政治教育的国际影响力和学术竞争力。

此外，思想政治教育的理论创新还需要处理好继承与创新的关系。一方面，要传承思想政治教育的优良传统和宝贵经验；另一方面，要立足新时代，创新思想政治教育的理念、内容、方法和机制，不断提高思想政治教育的针对性和实效性。

通过对思想政治教育的定义、概念、本质特征和内涵进行深入分析，形成了对思想政治教育更加全面、深入的认识。思想政治教育是一种特定的社会实践活动，具有鲜明的政治性、教育性、实践性、交互性和规律性，其内涵涵盖结构、功能、过程和发展等多个维度。

第二节　研究生思想政治教育的科学内涵与学科定位

一、研究生思想政治教育的概念

研究生思想政治教育是思想政治教育实践体系中的专门领域，其针对性地面向从事研究型学习的高级人才，包括硕士研究生和博士研究生。研究生思想政治教育具有区别于本科生思想政治教育的特有特征。

研究生思想政治教育旨在培养既具备专业学术能力又具有正确政治方向的高层次人才的系统性教育实践。通过系统性和实践性教育研究来培养"社会主义事业建设者和接班人"的关键组成部分[29]。不仅包含政治引导，而且针对研究型研究生的独特特点和需求促进其全面发展。

研究生思想政治教育的概念框架涵盖几个关键维度，包括：与研究生高水平学术能力相匹配的高级理论教育，与学生专业研究领域相结合的研究型思想引导，针对学术和研究环境的专业伦理培养，在正确政治方向指导下的批判性思维发展，以及面向未来学术和专业角色的领导力培养。

研究生思想政治教育需认识到研究生群体代表着具有特定需求、特征和未来社会角色的独特教育对象，需要量身定制的思想政治教育方法。党的十八大以来，以习近平同志为核心的党中央高度重视研究生思想政治教育工作。2010 年，教育部发布的《关于进一步加强和改进研究生思想政治教育的若干意见》（教思政〔2010〕11 号）中明确指出："研究生思想政治教育是研究生教育的重要组成部分。育人为本、德育为先，立德树人是教育的根本任务。"[30]强调了研究生思想政治教育的重要性，将其战略地位提升到推动高等教育改革发展的需要，维护高等学校和社会稳定的需要，培养德智体美劳全面发展的中国特色社会主义事业合格建设者和可靠接班人的需要。

2020 年，教育部、国家发展改革委、财政部联合印发《关于加快新时代研究生教育改革发展的意见》，进一步强调了加强研究生思想政治教育的重要性，将其作为研究生教育改革发展的重要内容。在新时代背景下，研究生思想政治教育的内涵不断丰富和深化。习近平总书记在 2016 年 12 月全国高校思想政治工作会议上强调："高校思想政治工作关系高校培养什么样的人、如何培养人以及为谁培养人这个根本问题。要坚持把立德树人作为中心环节，把思想政治工作贯穿教育教学全过程，实现全程育人、全方位育人，努力开创我国高等教育事业发展新局面。"[31] 习近平总书记重要论述为新时代研究生思想政治教育提供了根本遵循。研究生思想政治教育拓展为包括理想信念教育、爱国主义教育、品德修养教育、学术道德教育、创新创业教育等多方面内容的系统工程。

研究生思想政治教育可以从狭义和广义两个层面来理解。狭义的研究生思想政治教育主要指研究生思想政治理论课程教学和专题教育活动，是直接进行马克思主义理论教育和思想引导的教育过程。广义的研究生思想政治教育则包括研究生培养过程中的全部育人环节，涵盖课程教学、学术活动、社会实践、校园文化、导师指导等多个方面，是一个全方位、全过程、全员参与的育人体系。新时代的研究生思想政治教育，应当是广义的、全面的、系统的教育活动，而不仅仅局限于某一门课程或某一项活动。

二、研究生思想政治教育的学科属性

（一）研究生思想政治教育的学科定位与归属

研究生思想政治教育是思想政治教育学科与研究生教育学科的交叉研究方向。从学科性质上看，研究生思想政治教育研究主要依托于马克思主义理论学科体系，特别是思想政治教育学科方向，同时也与高等教育学、教育学、心理学等学科密切相关。它以马克思主义理论为指导，运用多学科的理论和方法，研究研究生思想品德形成发展规律和思想政治教育规律，具有明确的研究对象和相对独特的理论体系。

从学科发展状况看，研究生思想政治教育研究正在形成相对完善的理论框架，包括基础理论、教育内容、教育原则、教育方法、教育评价等多个方面。其理论建构既有理论的逻辑性，又有实践的针对性；既有历史的传承性，又有时代的创新性。近年来，随着研究生教育规模的扩大和研究生思想政治教育实践的深入，相关理论研究不断深化，研究内容不断丰富，研究方法不断创新，在马克思主义理论学科和教育学科中的地位不断提升。

从学科功能看，研究生思想政治教育研究具有认识功能、应用功能和价值功能。认识功能表现为通过理论研究揭示研究生思想发展和教育规律；应用功能表现为给研究生思想政治教育实践提供理论指导和方法支持；价值功能表现为通过培养高素质人才，促进个人发展和社会进步。这些功能相互联系、相互促进，共同构成了研究生思想政治教育的学科功能体系。

从学科发展路径看，研究生思想政治教育经历了从实践探索到理论构建、从经验总结到理论体系形成的发展过程。在此过程中，研究生思想政治教育研究逐步确立了自己的研究对象、基本问题、理论框架和研究方法，形成了相对独特的研究领域。但随着时代的发展，研究生思想政治教育的理论研究还在不断深化和拓展，其学科内涵和理论体系还需要进一步完善和发展。

研究生思想政治教育的学科特性还体现在其理论研究的特殊性上。其理论研究既继承了马克思主义思想政治教育理论的基本原理，又结合研究生教育特点进行了创新发展；既吸收了传统思想政治教育的有益经验，又融入了现代教育理念和方法；既重视理论研究的系统性，又注重实践应用的有效性。其理论研究的特殊性，为研究生思想政治教育的理论创新和实践发展提供了坚实基础。

总之，研究生思想政治教育是一个理论性与实践性相统一、政治性与学术性相结合、继承性与创新性相促进的交叉领域，在马克思主义理论学科体系和教育学科体系中占有特殊地位。深入把握研究生思想政治教育的学科属性，对于推进理论创新，提高教育质量，培养高素质人才具有重要意义。

（二）研究生思想政治教育的研究对象与基本问题

研究生思想政治教育研究的核心对象是研究生思想品德形成发展规律和思想政治教育规律。其研究对象包括研究生思想政治状况及其发展变化规律；研究生思想政治教育的目标、内容、途径、方法及其内在规律；研究生思想政治教育的评价及其改进机制；以及研究生思想政治教育与其他教育活动的关系及其协同机制。

在基本问题上，研究生思想政治教育研究主要围绕以下几个方面展开：一是研究生思想政治教育的本质和特点研究，探讨研究生思想政治教育的基本概念、性质、特征及其与一般思想政治教育的区别与联系；二是研究生思想政治教育的理论基础研究，分析马克思主义理论、教育学理论、心理学理论等对研究生思想政治教育的支撑作用；三是研究生思想政治教育的目标与内容研究，明确新时代研究生思想政治教育的目标体系和内容体系；四是研究生思想政治教育的方法与途径研究，探索适合研究生特点的教育方法和途径；五是研究生思想政治教育的评价与质量保障研究，建立科学的评价体系和质量保障机制；六是研究生思想政治教育的国际比较研究，借鉴国外高层次人才培养的经验和做法。

这些基本问题构成了研究生思想政治教育研究的主要内容，也是推动理论创新的重要议题。随着研究的深入和实践的发展，研究生思想政治教育的基本问题还会不断拓展和深化，形成更加丰富和完善的研究体系。

三、研究生思想政治教育的理论基础

研究生思想政治教育的理论基础是整个理论体系的基石和逻辑起点，为其他理论提供支撑和方法论指导。这些理论基础主要包括马克思主义哲学、政治学、教育学、伦理学、心理学[32]。

（一）马克思主义理论：思想政治教育的世界观和方法论支撑

马克思主义理论作为研究生思想政治教育的根本理论基础，不仅提供了认识世界和改造世界的科学世界观，更为教育实践提供了系统的方法论指导。从总体性上说，马克思主义理论是思想政治教育的“理论基础”；从重点性上说，马克思主义的若干相关理论是思想政治教育的“理论基石”；从直接性上说，马克思主义经典作家关于思想政治教育的具体论述是思想政治教育学的“理论基点”[33]。

1. 马克思主义认识论的理论支撑

马克思在《关于费尔巴哈的提纲》中指出：“哲学家们只是用不同的方式解释世界，而问题在于改变世界。”[34]这个论断蕴含着马克思主义认识论的核心要义，即认识的目的在于指导实践、改造世界。研究生思想政治教育过程本质上是一种特殊的认识—实践过程，遵循从实践到认识，再从认识到实践的辩证发展路径。研究生作为高层次人才，其思想认识的形成与转化尤其需要将理论学习与专业实践、社会实践紧密结合，在学术研究和科学探索中内化理论，检验认识，提升境界。

马克思主义认识论对思想政治教育的指导主要体现在三个维度：本体论维度上，确立了实践第一的思想政治教育观；价值论维度上，确立了人民主体的思想政治教育观；方法论维度上，确立了辩证统一的思想政治教育观。这三个维度构成了研究生思想政治教育的理论基点。

2. 辩证唯物主义的方法论指导

辩证唯物主义为研究生思想政治教育提供了科学的世界观基础和方法论指导。马克思主义坚持物质是第一性的，意识是第二性的，物质决定意识，同时认为意识对物质具有能动的反作用，能够在实践的基础上能动地认识世界和改造世界[35]。一方面，思想政治教育必须从客观实际出发，尊重物质世界的客观规律，避免主观臆断或唯意志论；另一方面，也要充分发挥思想教育的能动作用，通过科学理论武装促进意识转变，推动实践变革。辩证唯物主义世界观使研究生思想政治教育建立在对社会发展规律和人的思想发展规律的科学认识的基础上。

首先，矛盾分析方法为把握研究生思想政治教育的复杂性提供了工具。辩证法就是研究矛盾的统一。研究生群体的思想状况呈现出理性思考与情感认同、专业追求与价值追寻、学术独立与社会责任等多重矛盾，这些矛盾的辩证统一构成了研究生思想政治教育的内在张力。思想政治教育需要精准把握这些矛盾的特殊性，分析主要矛盾与次要矛盾，辨明矛盾的主要方面与次要方面，从而在复杂多变的国际形势和社会环境中找准教育的着力点。

其次，历史唯物主义的基本原理为研究生思想政治教育提供了分析框架。马克思恩格斯在《德意志意识形态》中指出，“意识在任何时候都只能是被意识到了的存在，而人们的存在就是他们的现实生活过程”[36]。这一论断揭示了社会存在决定社会意识的基本原理，同时也承认社会意识对社会存在的能动反作用。研究生思想政治教育只有立足于当代中国特色社会主义的实践，分析研究生的现实生活条件和社会关系，才能有效引导其思想认识。思想政治教育学者李忠军指出，历史唯物主义原理要求思想政治教育既要关注“是什么”的客观现实，又要指明“应该是什么”的价值追求，在二者辩证统一中推进教育实践[37]。

最后，辩证法的系统思维为研究生思想政治教育的整体设计提供了思路。黑格尔辩证法的理性内核经马克思改造后，形成了把握事物内在联系和发展规律的科学方法。整体性思维要求研究生思想政治教育必须处理好个体与群体、局部与整体、显性教育与隐性教育的辩证关系，构建起包含教育主体、教育客体、教育内容、教育方法、教育环境和教育评价在内的系统化教育体系。唯物辩证法揭示了事物普遍联系与永恒发展的本质特征，其核心是对立统一规律。辩证法的基本范畴和基本原理，如矛盾分析、量变与质变、否定之否定等，为思想政治教育提供了科学方法：要善于分析思想领域的主要矛盾和次要矛盾，把握矛盾的主要方面；要以系统、整体的视角认识问题，处理好局部与整体、个体与群体的辩证关系；要运用发展的眼光看问题，把握思想变化的阶段性和连续性；要坚持实践是检验真理的唯一标准，注重思想政治教育的实效性和针对性。

3. 马克思主义人的发展理论的价值引领

马克思关于人的发展理论为研究生思想政治教育提供了重要的价值引领。马克思在《1844 年经济学哲学手稿》中指出，“整个所谓世界历史不外是人通过人的劳动而诞生的过程”[38]，强调了人的本质是社会关系的总和，人的自由全面发展是社会发展的最高目标，揭示了人的发展与社会发展的辩证关系，为研究生思想政治教育提供了科学的价值导向。

从人的发展角度看，以马克思主义人学思想对思想政治教育进行指导，思想政治教育的根本目的在于促进人的自由全面发展，这要求教育工作既要关注社会需要，又要尊重个体发展；既要重视共性培养，又要关注个性张扬；既要塑造共同价值观念，又要培养创新精神，真正实现社会价值与个人价值的统一。科学人本主义思想指导研究生思想政治教育必须坚持以人为本的教育理念。

4. 马克思主义实践观的基本遵循

马克思主义实践观强调实践的首要地位和决定性作用。马克思在《关于费尔巴哈的提纲》中指出：“人的思维是否具有客观的真理性，这不是一个理论的问题，而是一个实践的问题。人应该在实践中证明自己思维的真理性”[39]，揭示了实践是检验真理的唯一标准。对研究生思想政治教育而言，理论知识的传授不是终极目的，而是要将马克思主义理论内化为研究生的世界观、人生观和价值观，并在学术研究和社会实践中得到检验和升华。

从思想政治教育的实践维度看，知行合一是其根本要求。思想政治教育的过程是一个“认识—实践—再认识—再实践”的螺旋上升过程。对研究生而言，学术研究本身就是一种特殊形式的社会实践，在科学探索和创新活动中，研究生需要将马克思主义世界观和方法论转化为解决实际问题的思维方式和行动指南。

实践观对研究生思想政治教育提出的另一重要启示是，必须创造条件让研究生在实践中接受教育、锻炼成长。列宁指出，“没有革命的理论，就不会有革命的运动”[40]，同样，没有实践的参与，理论教育就会流于空洞。思想政治教育必须根据研究生的特点，设计科研实践、社会调查、志愿服务、学术交流等多种形式的实践活动，创造条件让研究生在实践中检验理论，升华认识，锤炼品格。马克思主义实践观要求研究生思想政治教育必须坚持理论联系实际，克服理论脱离实际的倾向；注重知行统一，将价值观念内化为行为自觉；把思想教育与社会实践相结合，在实践中检验和深化理论认识。对研究生而言，尤需将思想政治理论学习与专业研究、社会服务有机结合，在实践中提高思想政治素质和创新能力。

5. 马克思主义中国化时代化理论成果的思想指导

马克思主义中国化时代化的理论成果，特别是习近平新时代中国特色社会主义思想，为研究生思想政治教育提供了更为直接、具体的理论指导。当我们谈论马克思主义的指导地位和作用时，不仅指马克思主义基本原理和经典作家的思想，更包括马克思主义中国化时代化的理论成果。在21世纪的中国谈论马克思主义指导思想，就不能不谈到并突出强调中国化时代化的马克思主义。

马克思主义中国化时代化是一个不断推进的历史进程，其理论成果集中体现为毛泽东思想、邓小平理论、“三个代表”重要思想、科学发展观，特别是习近平新时代中国特色社会主义思想。这些理论成果处在马克思主义基本原理同中国具体实际之间，是更为直接的理论指导。在这些理论成果中，包含着十分丰富的关于思想政治教育的论述。中国化时代化的马克思主义是中国革命、建设和改革发展的理论基础和思想指导，也是我国革命、建设、改革发展过程中思想政治教育的理论基础和思想指导[41]。这些理论成果将马克思主义基本原理同中国具体实际相结合，对思想政治教育具有直接的指导意义。郑林静在梳理马克思主义中国化理论成果对思想政治教育的指导时指出，这些理论成果不仅提供了内容指南，更提供了方法指南，形成了既一脉相承又与时俱进的思想政治教育理论体系[42]。

习近平新时代中国特色社会主义思想作为马克思主义中国化最新理论成果，以“十个明确”“十四个坚持”科学回答了新时代坚持和发展什么样的中国特色社会主义、怎样坚持和发展中国特色社会主义的重大问题，为研究生思想政治教育提供了根本遵循。习近平总书记关于教育的重要论述，特别是关于“立德树人”根本任务、“四个服务”价值取向、“五育并举”培养路径的重要思想，进一步丰富和发展了马克思主义教育理论，为新时代研究生思想政治教育指明了方向[43]。

综上所述，马克思主义理论作为研究生思想政治教育的理论基础，通过其科学的世界观、方法论和价值观，为思想政治教育提供了根本指导。深入把握马克思主义理论及其对思想政治教育的指导意义，对于推进研究生思想政治教育的理论创新和实践创新，具有重大的理论价值和实践意义。

（二）政治学：思想政治教育的政治理论支撑

政治学理论为思想政治教育提供了系统的政治分析框架和理论支撑。政治学中的国家理论、意识形态理论、政治社会化理论以及政治文化理论等为思想政治教育的政治功能提供了科学依据。

从国家理论与思想政治教育的国家属性来看，马克思认为，国家是阶级矛盾不可调和的产物。国家是统治阶级维护其利益的工具，是阶级统治的政治形式[44]。该理论揭示了思想政治教育的双重属性：一方面，思想政治教育具有明确的阶级性和政治性，是巩固社会主义国家政权，维护国家核心利益的重要手段；另一方面，思想政治教育也具有普遍性和公共性，致力于促进人的全面发展和社会的整体进步。

从意识形态理论与思想政治教育的价值属性来看，马克思主义意识形态理论认为，意识形态是反映特定阶级或社会群体根本利益的思想体系，具有阶级性、政治性和历史性[45]。意识形态理论明确了思想政治教育的价值属性：思想政治教育是意识形态教育的重要载体，承担着巩固和传播社会主义主流意识形态的历史使命。在多元文化背景下，思想政治教育需要处理好主流意识形态与多元文化的辩证关系，在坚持社会主义主流意识形态指导地位的前提下，吸收和借鉴多元文化的合理成分。研究生群体思想活跃，视野开阔，更易接触各种社会思潮，因此研究生思想政治教育尤需加强意识形态引领，帮助研究生在多元文化交流中坚定文化自信和价值立场。

在中国语境中，中国特色社会主义理论体系为思想政治教育提供了最新的政治学理论基础。高质量发展作为时代要求，成为研究生思想政治教育改革创新的主线。我国研究生思想政治教育在教育制度、工作体制和工作体系等方面进行了系统探索，形成了具有中国特色的理论成果和实践经验，为研究生思想政治教育提供了科学的理论指导和行动指南。

综上所述，政治学理论为研究生思想政治教育提供了坚实的理论支撑，深化了对研究生思想政治教育政治属性和功能的科学认识。研究生思想政治教育需以政治学理论为基础，准确把握其政治性和意识形态性，如此才能保持正确的政治方向和价值导向，提高教育的科学性和实效性。

（三）教育学：思想政治教育的教育原理和方法支撑

教育学理论为思想政治教育提供了系统的教育原理和方法支撑。教育学中的教育目的论、课程论、教学论、德育论等为思想政治教育的教育维度提供了科学依据。

首先，教育目的论为思想政治教育的目标设定提供了理论指导。教育目的论研究教育的根本目的和价值取向，强调教育应当促进人的全面发展[46]。思想政治教育的目的应当符合教育的根本目的，服务于人的全面发展；同时，思想政治教育的目的也有其特殊性，更加注重政治素质、思想品德和价值观念的培养。建设教育强国的价值逻辑在于“以教育之力厚植人民幸福之本、以教育之强夯实国家富强之基”[47]，体现了教育的根本目的和价值取向。研究生思想政治教育的目标定位应当遵循教育目的论的基本原理，在服务研究生全面发展的同时，着力提升其思想政治素质和学术道德水平，培养德才兼备的高层次创新人才。

其次，课程论为思想政治教育的内容建构提供了理论依据。课程论研究课程的性质、结构和发展规律，思想政治教育内容应当具备科学性、系统性、时代性和针对性，形成合理的知识结构和价值体系。在学校思想政治理论课教师座谈会上，习近平总书记强调，思想政治理论课是落实立德树人根本任务的关键课程[48]。研究生思想政治理论课叙事建构应从场所、氛围和技术三个维度进行叙事情境的建构，创设师生互动的共情场域；从宏大叙事、微观生活和热度话题三个部分实现叙事文本的架构，营造师生互通的共享机制；从风格、表达和体系三个层面推动叙事话语的转换，达到师生互融的共鸣效果[49]。

再次，教学论为思想政治教育的方法运用提供了理论支撑。教学论研究教学的基本规律、原则和方法，强调教学的规律性、科学性和有效性[50]，指导思想政治教育根据教育对象的认知特点和成长规律，采取适宜的教育方法。新时代研究生思想政治理论课教学改革应从“建强师资力量，构建协同育人体系，坚持‘学生为中心’理念，推动教学体系创新，创新教学模式，提升思政课实效性，健全评价机制，引领学生全面发展”等方面系统推进[51]。

最后，德育论为思想政治教育的育人导向提供了理论基础。德育论又称德育原理，研究德育一般规律的教育理论。德育论研究道德教育的目标、内容、方法和评价，强调德育的价值引导功能[52]。习近平总书记指出，要紧紧围绕立德树人这个根本任务，以马克思主义教育理论为理论底色，坚持与发展教育的社会性与阶级性思想，教育促进人的全面发展思想和教育者先受教育思想，实现了马克思主义教育理论的中国化时代化；以中华优秀传统德育思想为理论底蕴，传承与升华以德为本思想、理想人格思想和“不言之教”思想，完成了对中华优秀传统文化中的德育思想的创造性转化与创新性发展；以中国共产党思想政治教育理论为理论底气，遵循与发展思想政治工作“生命线”理论、协同育人理论和思想政治教育方法理论，推动了中国共产党思想政治教育理论的守正创新[53]。

综上所述，教育学理论为研究生思想政治教育提供了重要的理论基础，深化了对研究生思想政治教育的教育属性和规律的认识。研究生思想政治教育必须以教育学理论为支撑，遵循教育规律和人的成长规律，才能提高教育的科学性和有效性，实现立德树人的根本任务。

（四）伦理学：思想政治教育的道德理论支撑

伦理学理论为思想政治教育提供了道德规范和价值引导，是思想政治教育的重要基础。伦理学中的道德本质论、道德规范论、道德修养论和道德评价论等为思想政治教育的道德维度提供了科学依据。

道德本质论研究道德的本质、起源和功能，揭示了道德的社会历史性和阶级性特征[54]，该理论为思想政治教育的价值基础提供了理论支撑。思想政治教育必须把握道德的社会历史性，认识不同历史条件下道德观念的变化发展规律；同时也要把握道德的阶级性，坚持社会主义道德原则和价值取向。价值取向作为道德本质在特定领域的具体体现，为研究生思想政治教育的价值引导提供了重要理论参照，有助于确立正确的价值导向和道德标准。

道德规范论研究道德规范的种类、结构和功能，强调道德规范的系统性和层次性，为思想政治教育的内容体系构建提供了理论依据。思想政治教育应当构建系统的道德规范体系，包括社会主义核心价值观、公民道德、职业道德、家庭美德等；也要注重道德规范的层次性，区分道德原则、道德规范和道德规则，形成有层次的道德教育内容。研究生思想政治工作应当统筹协调“育德”与“育才”，“导师思政”与“政工思政”等目标与内容[55]，体现了道德规范在研究生思想政治教育中的重要地位和系统功能。

道德修养论研究道德品质的形成和发展规律，强调道德修养的主体性和实践性，为思想政治教育的方法路径提供了理论支撑。思想政治教育必须尊重道德主体的能动性，注重自我教育和自我完善的引导；同时也要强调道德实践的重要性，通过实践活动促进道德品质的形成和发展。道德修养理论为研究生思想政治教育的方法创新提供了重要启示，引导研究生在科研实践和学术活动中培养良好的道德品质和价值观念。

道德评价论研究道德评价的标准、方法和功能，强调道德评价的客观性和公正性[56]，为思想政治教育的评价体系构建提供了理论基础。思想政治教育应当建立科学的道德评价标准，包括动机评价和结果评价、自我评价和他人评价等多元维度；也要创新道德评价方法，提高评价的客观性。

思想政治教育本质上也是一种道德教育，其重要目标之一就是培养受教育者的道德品质和道德情操。伦理学的相关理论有助于深入理解思想政治教育的道德功能和价值取向，为研究生思想政治教育的内容设计、方法选择和评价改进提供科学的理论依据。

综上所述，伦理学理论为研究生思想政治教育提供了坚实的道德理论基础，深化了对思想政治教育道德属性和价值功能的科学认识。研究生思想政治教育必须以伦理学理论为指导，把握其道德性和价值导向性，才能在价值多元化的时代背景中，有效引导研究生形成正确的道德观念和价值取向，提升思想政治素质和道德修养水平。

（五）心理学：思想政治教育的心理理论支撑

心理学理论为思想政治教育提供了系统的心理机制和发展规律，是思想政治教育的重要基础。心理学中的认知理论、情感理论、行为理论及认知发展理论等为思想政治教育的心理维度提供了科学依据。

认知理论研究人的知觉、记忆、思维、想象等认知过程，揭示了认知结构在学习中的核心作用[57]，为思想政治教育的认知过程提供了科学指导。思想政治教育要注重认知结构的建立和完善，形成系统的知识体系和科学的思维方式；也要关注认知冲突和认知调适机制，通过适度的认知冲突促进认知结构的重组和发展。新时代研究生认知心理主要呈现为“三观的正向化与思想的不稳定性，思维的多元化与行动的欠持续性，行为的理性化与心态的趋功利性”等特点[58]，这些认知特点对研究生思想政治教育提出了新的要求，需要采取针对性的教育策略和方法，如建立科学的认知框架，增强理论的系统性和逻辑性，加强批判性思维训练等。

情感理论研究情感的本质、种类和功能，阐明了情感在人的心理活动中的重要地位[59]，为思想政治教育的情感激发提供了理论依据。思想政治教育必须重视情感因素，通过有效的情感体验和情感共鸣增强教育实效；也要正确引导情感倾向，培养积极健康的情感态度。情感因素是思想内化为信念的关键环节，研究生思想政治教育应当注重情感共鸣与价值认同，通过典型案例分析、情境模拟、体验式教学等方式，增强理论的感染力和吸引力，实现知情意的统一。

行为理论研究行为的形成和改变规律，强调环境因素和强化作用的重要性[60]，为思想政治教育的行为塑造提供了理论支撑。思想政治教育应当创造良好的环境条件，通过积极的环境影响促进良好行为的形成；注重科学的强化方式，通过适当的奖惩机制巩固和发展良好行为。研究生思想政治教育要特别关注学术环境和科研氛围的建设，通过学术规范教育、科研伦理培训、学术榜样示范等方式，引导研究生形成良好的学术行为和道德品质，实现内在价值观念向外在行为的转化。

认知发展理论研究人的心理发展阶段和规律，强调发展的阶段性和整体性特征[61]，为思想政治教育的阶段设计提供了理论基础。思想政治教育必须尊重心理发展规律，针对不同年龄阶段和学习阶段的心理特点开展有针对性的教育；注重整体发展，促进认知、情感、意志、行为等方面的协调发展。

除上述理论外，还应考虑心理学理论的综合应用。心理学关于个体差异、群体心理、发展阶段等理论对思想政治教育的方法选择和实施策略也有重要参考价值。研究生群体具有较高的认知水平、独立意识和批判精神，其心理特点和发展需求与本科生等其他群体有明显不同，要求研究生思想政治教育必须充分考虑研究生的心理特点，采取针对性的教育策略和方法。

综上所述，心理学理论为研究生思想政治教育提供了坚实的心理理论支撑，深化了对研究生思想政治教育的心理机制和发展规律的认识。研究生思想政治教育应以心理学理论为指导，遵循研究生的心理特点和发展规律，才能提高教育的针对性和有效性，实现思想政治教育的目标和任务。

四、研究生思想政治教育的理论特质

理论特质是理论内在规定性的集中体现，决定着理论的内涵、外延和具体样态。研究生思想政治教育作为一种特定的教育类型和理论体系，具有鲜明的理论特质，这些特质体现了其本质属性和基本特征，是把握其科学内涵的重要维度。思想政治教育具有多重基本属性，包括意识形态属性、教育属性、实践属性和人本属性等，这些属性共同构成了思想政治教育的理论特质。

（一）政治性与导向性的统一：思想政治教育的意识形态属性

意识形态属性体现了思想政治教育的政治性和价值导向，是思想政治教育的重要特征之一，在研究生思想政治教育中具有显著的指导作用。意识形态是关于社会制度、社会关系和社会理想的系统观念，具有鲜明的阶级性和政治性。思想政治教育作为传播和培育特定意识形态的重要手段，必然带有明显的意识形态烙印。深入分析意识形态属性对于准确把握研究生思想政治教育的本质和功能具有重要意义。马克思、恩格斯在《德意志意识形态》中指出："统治阶级的思想在每一时代都是占统治地位的思想。这就是说，一个阶级是社会上占统治地位的物质力量，同时也是社会上占统治地位的精神力量。"[62]揭示了意识形态与阶级统治的内在联系，体现了思想政治教育的阶级性和意识形态属性。

意识形态属性决定了研究生思想政治教育的政治方向性。研究生思想政治教育不是价值中立的教育活动，而是具有明确政治方向的意识形态教育。在我国，研究生思想政治教育必须坚持以马克思主义为指导，以社会主义核心价值观为引领，坚持正确政治方向。其政治方向性体现在教育目标的设定、教育内容的选择、教育过程的组织和教育效果的评价等各个环节，确保研究生思想政治教育始终沿着正确轨道前进。坚持正确政治方向，需要增强研究生思想政治教育的政治敏锐性和政治鉴别力，抵制各种错误思潮的影响，筑牢研究生的思想政治防线。

意识形态属性决定了研究生思想政治教育的价值引领功能。思想政治教育是传播和培育主流意识形态的重要途径，承担着塑造社会价值共识的重要使命。研究生思想政治教育通过系统的理论教育和价值引导，促使研究生形成符合社会主流价值的思想观念和行为习惯，增强对国家、民族和社会的认同感和归属感。在当前全球化背景下，各种思想文化相互激荡，价值多元化趋势明显，研究生思想政治教育的价值引领功能更加凸显，需要通过深入浅出的理论阐释、生动鲜活的实例展示和丰富多彩的实践活动，使社会主义核心价值观真正内化为研究生的精神追求和行为习惯，成为引领研究生成长发展的价值指南。

意识形态属性决定了研究生思想政治教育的社会稳定功能。意识形态是社会政治制度的精神支柱，对于维护社会稳定和促进社会和谐具有重要作用。研究生思想政治教育通过培养研究生的政治认同感和社会责任感，增强研究生对国家发展道路和社会制度的认同，提高研究生参与社会建设和维护社会稳定的自觉性，为构建和谐社会提供思想保障。尤其是在社会转型期，国际环境加速演变与国内发展动能转换的双重背景下，研究生思想政治教育的社会稳定功能更加突出，需要引导研究生正确认识和处理改革发展稳定的关系，理性参与社会生活，自觉维护社会安全和政治安全。

然而，我们也应当看到，意识形态属性在研究生思想政治教育中的体现需要把握好几个关系：一是政治性与学术性的关系，既要坚持正确政治方向，又要尊重学术规律，将政治要求融入学术研究之中；二是一致性与多样性的关系，既要坚持主流意识形态的指导地位，又要尊重思想文化的多样性，鼓励学术争鸣和理性批判；三是灌输性与疏导性的关系，既要正面灌输主流意识形态，又要因势利导，注重启发引导，增强教育的针对性和实效性。只有正确处理好这些关系，才能充分发挥意识形态属性在研究生思想政治教育中的积极作用，避免简单化、形式化倾向。

总之，意识形态属性是研究生思想政治教育的重要特征，决定了研究生思想政治教育的政治方向性、价值引领功能、社会稳定功能和创新发展特点。在研究生思想政治教育实践中，需要深刻认识和准确把握意识形态属性，坚持马克思主义指导地位，弘扬社会主义核心价值观，增强教育的政治性、思想性、针对性和亲和力。

（二）实践性与规范性的统一：思想政治教育的基本规定

实践性与规范性的统一是思想政治教育的基本规定，也是研究生思想政治教育的重要特质。思想政治教育既是一种实践活动，需要在实践中开展和检验；又是一种规范活动，需要遵循一定的原则和标准。深入分析实践性与规范性的统一对于科学开展研究生思想政治教育具有重要意义。

实践性是研究生思想政治教育的本质要求。马克思在《关于费尔巴哈的提纲》中提出，“全部社会生活在本质上是实践的”[63]。思想政治教育作为社会生活的重要组成部分，也具有鲜明的实践性特征。研究生思想政治教育的实践性主要体现在以下几个方面：一是研究生思想政治教育的内容来源于实践，是对社会实践经验的总结和提升；二是研究生思想政治教育的目的指向实践，旨在培养研究生的实践能力和创新精神；三是研究生思想政治教育的方法依托实践，通过各种实践活动实现教育目标；四是研究生思想政治教育的效果检验于实践，以研究生的实际行动和社会贡献为评价标准。对于研究生群体而言，其学习和成长更具有实践性特征，需要在科研实践、社会实践和专业实践中形成和发展自己的思想认识。

规范性是研究生思想政治教育的基本要求。思想政治教育不是随意性的活动，而是有着明确目标、内容、原则和方法的规范化过程。研究生思想政治教育的规范性主要体现在以下几个方面：一是目标规范，研究生思想政治教育有着明确的培养目标和基本要求，目标和要求构成了教育活动的基本规范；二是内容规范，研究生思想政治教育有着系统的教育内容和课程体系，内容和课程构成了教育的基本框架；三是原则规范，研究生思想政治教育需要遵循一系列教育原则，如理论联系实际、教育与自我教育相结合、知行统一等原则；四是方法规范，研究生思想政治教育需要采用科学有效的教育方法，这些方法构成了教育的基本路径。规范性的要求使研究生思想政治教育具有系统性和可操作性，避免了随意性和盲目性。

实践性与规范性在研究生思想政治教育中是辩证统一的关系。一方面，实践性为规范性提供了基础和动力。思想政治教育的规范来源于实践，是对实践经验的总结和提炼；同时，实践的发展也推动了规范的不断创新和完善，使规范更加符合实际需要。另一方面，规范性为实践性提供了指导和保障。规范不仅给教育实践提供了方向指引和行动指南，而且为评价实践效果提供了标准和依据，使教育实践更加科学有效。在研究生思想政治教育中，需要处理好实践与规范的关系，既要尊重教育规律和遵循教育规范，又要注重实践创新和方法创新，使规范指导实践、实践丰富规范，实现二者的良性互动和统一。

具体而言，实践性与规范性的统一在研究生思想政治教育中的具体体现主要有以下几个方面：在教育目标上，既要有明确的规范性要求，又要考虑实践的多样性和个体差异，根据不同专业、不同层次研究生的特点设定具体目标，实现规范性与实践性的统一。在教育内容上，既要有系统的理论教育，传授马克思主义基本原理和社会主义核心价值观，又要结合社会实际和研究生专业特点，选择贴近实际、富有时代感的教育内容，实现规范内容与实践需求的统一。在教育方法上，既要遵循教育规律和教学原则，采用科学有效的教学方法，又要注重创新教育形式和手段，运用案例分析、情景模拟、社会调查等实践性方法，实现规范方法与实践方式的统一。在教育评价上，既要有明确的评价标准和规范，又要注重过程评价和实践检验，通过研究生在实际工作和生活中的表现来评价教育效果，实现规范评价与实践检验的统一。

在新时代背景下，研究生思想政治教育的实践性与规范性统一面临新的挑战和机遇。一方面，社会的快速发展和变革对思想政治教育提出了新的实践要求，需要不断更新教育理念和方法，增强教育的针对性和实效性；另一方面，思想政治教育理论研究的深入为规范的创新和完善提供了新的理论支持，有助于提高教育的科学性和规范性。在研究生思想政治教育实践中，需要坚持实践性与规范性的统一，不断创新教育理念、内容和方法，提高教育的科学性和有效性。在研究生思想政治教育实践中，需要深刻认识和准确把握实践性与规范性的统一，既要遵循教育规律和原则，又要注重实践创新和方法创新，实现规范与实践的良性互动。

（三）科学性与价值性的结合：思想政治教育的内在要求

科学性与价值性的结合是思想政治教育的内在要求，也是研究生思想政治教育的重要特质。思想政治教育既是一种科学的教育活动，需要遵循客观规律和科学方法；又是一种价值的教育活动，需要传递特定的价值理念和道德规范。深入分析科学性与价值性的结合对于提升研究生思想政治教育的质量和效果具有重要意义。

科学性是研究生思想政治教育的重要特征之一。科学性主要体现在两个方面：一是内容的科学性，即思想政治教育的内容要符合客观实际，反映事物的本质和规律，具有真理性；二是方法的科学性，即思想政治教育的方法要符合教育规律和认知规律，具有合理性和有效性。马克思主义是科学的世界观和方法论，为思想政治教育提供了科学的理论基础和方法指导。马克思、恩格斯在《德意志意识形态》中指出：“人们的观念、观点和概念，一句话，人们的意识，随着人们的生活条件、人们的社会关系、人们的社会存在的改变而改变。”[64]唯物史观揭示了思想意识与社会存在的辩证关系。研究生思想政治教育必须坚持马克思主义的指导地位，用科学理论武装人，用科学方法教育人，用科学精神引导人。尤其是在当今信息爆炸、观念多元的时代背景下，更需要运用马克思主义的立场、观点和方法，对各种社会现象和思想观念进行科学分析和理性判断，帮助研究生树立科学的世界观和方法论。

价值性是研究生思想政治教育的重要特征之一。价值性主要体现在两个方面：一是目标的价值性，即思想政治教育旨在培养具有特定价值取向和道德品质的人；二是内容的价值性，即思想政治教育传递的是特定的价值观念和道德规范。马克思在《〈黑格尔法哲学批判〉导言》中指出："理论只要说服人，就能掌握群众；而理论只要彻底，就能说服人。所谓彻底，就是抓住事物的根本。"[65]这个观点揭示了科学理论必然包含价值导向，真正彻底的理论必然具有价值引领功能。社会主义核心价值观是当代中国的主流价值观，是思想政治教育的核心内容之一和重要目标导向。研究生思想政治教育必须坚持社会主义核心价值观的引领，将社会主义核心价值观融入教育全过程，引导研究生形成正确的价值取向和道德品质。尤其是在全球化背景下，各种价值观念相互激荡、相互影响的情况下，更需要强化价值引领，增强文化自信，引导研究生自觉抵制错误思潮和不良倾向。

科学性与价值性在研究生思想政治教育中是辩证统一的关系。一方面，科学性是价值性的基础和保障。只有符合客观实际，反映事物本质的科学理论，才能提供正确的价值导向和道德规范；只有符合教育规律和认知规律的科学方法，才能有效传递价值观念和道德规范。另一方面，价值性是科学性的目标和归宿。思想政治教育的科学分析和理性判断不是为了科学而科学，而是为了引导人们形成正确的价值取向和道德品质；科学方法的运用也不是为了方法而方法，而是为了更好地实现价值引领和道德培养。马克思、恩格斯在《共产党宣言》中强调："共产党人的理论原理，决不是以这个或那个世界改革家所发明或发现的思想、原则为根据的。这些原理不过是现存的阶级斗争、我们眼前的历史运动的真实关系的一般表述。"[66]这个论述揭示了马克思主义理论的科学性与价值性的辩证统一。

具体而言，科学性与价值性的结合在研究生思想政治教育中的具体体现主要有以下几个方面：在教育内容上，既要传授科学的理论知识，又要引导形成正确的价值观念。研究生思想政治教育需要既讲清楚"是什么"，也讲明白"为什么"，既传授客观事实和科学理论，也引导研究生形成正确的价值判断和道德观念。尤其是在理论教育中，需要将理论分析与价值引领相结合，既阐明理论的科学性和真理性，又揭示理论的价值意义和实践要求。在教育方法上，既要运用科学的教育方法，又要注重价值观的引领和培养。研究生思想政治教育需要采用符合教育规律和认知规律的科学方法，同时也需要注重价值观的熏陶和引导。在教育过程中，应当将科学方法与价值引领有机结合，既增强教育的科学性和有效性，又提升教育的价值性和导向性。在教育评价上，既要有科学的评价标准和方法，又要有明确的价值取向和导向。研究生思想政治教育评价既要关注知识掌握和能力发展等科学指标，也要关注价值认同和道德品质等价值指标；既要采用客观的评价方法，如测试、观察、调查等，也要注重价值导向的评价，如自我评价、互评、师评等。在评价过程中，应当将科学评价与价值引领相结合，既保证评价的客观性和科学性，又体现评价的价值性和导向性。

在新时代背景下，研究生思想政治教育的科学性与价值性结合面临新的挑战和机遇。一方面，科学技术的迭代突破和信息传播的碎片化，使研究生获取知识的渠道多元但认知体系易于碎片化，给系统科学认知带来挑战；网络空间的多元文化和价值观念相互激荡，导致价值判断的复杂性增加，给价值引领带来挑战。另一方面，中国特色社会主义进入新时代，理论创新不断深化，实践发展不断拓展，为研究生思想政治教育提供了新的时代背景和实践基础；国家治理体系和治理能力现代化建设不断推进，对高层次人才的科学素养和价值取向提出了新的要求，为研究生思想政治教育提供了新的目标导向。在研究生思想政治教育实践中，需要适应新时代要求，创新教育理念和方法，强化科学性与价值性的结合，提高教育的针对性和实效性。

总之，科学性与价值性的结合是研究生思想政治教育的内在要求，也是提高研究生思想政治教育质量和效果的重要途径。在研究生思想政治教育实践中，需要深刻认识和准确把握这个要求，既要坚持马克思主义的科学指导，又要彰显社会主义核心价值观的价值引领，实现科学性与价值性的有机统一，切实提高研究生思想政治教育的质量和水平。

（四）历史性与时代性的融合：思想政治教育的动态特征

历史性与时代性的融合是思想政治教育的动态特征，也是研究生思想政治教育的重要特质。思想政治教育既是一种历史的教育活动，植根于特定的历史背景和文化传统；又是一种时代的教育活动，反映当代社会的发展要求和价值追求。深入分析历史性与时代性的融合对于增强研究生思想政治教育的针对性和时效性具有重要意义。

历史性是研究生思想政治教育的重要特征之一。历史性主要体现在两个方面：一是教育的历史延续性，即思想政治教育是一种具有历史传承的教育活动，反映了人类文明和民族文化的历史积淀；二是内容的历史真实性，即思想政治教育需要尊重历史事实，客观反映历史发展规律。马克思、恩格斯在《德意志意识形态》中指出："我们仅仅知道一门唯一的科学，即历史科学。历史可以从两方面来考察，可以把它划分为自然史和人类史。"[67]中华民族有着悠久的历史和灿烂的文化，形成了丰富的思想教育传统和文化遗产。研究生思想政治教育必须尊重历史、传承文化，将中华优秀传统文化、革命文化和社会主义先进文化融入教育内容，增强教育的文化底蕴，增加教育的历史厚度。增强文化自信和历史认同，引导研究生了解历史、尊重传统、传承文明，增强民族自豪感和文化自信心。

时代性是研究生思想政治教育的重要特征之一。时代性主要体现在两个方面：一是内容的时代性，即思想政治教育的内容要反映时代发展的新要求和新特点；二是方法的时代性，即思想政治教育的方法要适应时代变化和受教育者特点。列宁指出："我们决不把马克思的理论看作某种一成不变的和神圣不可侵犯的东西；恰恰相反，我们深信：它只是给一种科学奠定了基础，社会党人如果不愿落后于实际生活，就应当在各方面把这门科学推向前进。"[68]其观点强调了理论与时代发展相结合的重要性。习近平新时代中国特色社会主义思想是当代中国的马克思主义，是时代发展的最新理论成果。研究生思想政治教育必须坚持与时俱进、开拓创新，将习近平新时代中国特色社会主义思想融入教育全过程，反映时代发展的新成就、新经验和新要求，增强教育的时代感和吸引力。

历史性与时代性在研究生思想政治教育中是辩证统一的关系。一方面，历史性是时代性的基础和前提。思想政治教育的时代创新不是凭空产生的，而是建立在历史传承和文化积淀基础上的；只有尊重历史、传承文化，才能更好地适应时代、引领未来。毛泽东在《改造我们的学习》中指出："马克思列宁主义的普遍真理一经和中国革命的具体实践相结合，就使中国革命的面目为之一新。"[69]但是在马克思列宁主义普遍真理和中国革命具体实践相结合方面，还存在着很大的缺点，即不注重研究现状，不注重研究历史，不注重马克思列宁主义的应用。这个观点揭示了理论与实践相结合、历史与时代相融合的辩证关系。另一方面，时代性是历史性的发展和升华。思想政治教育的历史传承不是简单的复制和重复，而是在时代条件下的创新发展；只有与时俱进、开拓创新，才能使历史传统焕发新的生机和活力。在研究生思想政治教育中，需要处理好历史性与时代性的关系，既要坚持历史传承，又要注重时代创新，实现二者的有机融合。

具体而言，历史性与时代性的融合在研究生思想政治教育中的具体体现主要有以下几个方面：在教育理念上，既要传承中华民族传统的教育思想和育人理念，如“育人为本”“知行合一”“教学相长”等，又要吸收现代教育理念和国际先进经验，如素质教育、创新教育、终身教育等，实现传统理念与现代理念的融合。在教育内容上，既要传授历史知识和文化传统，增强研究生的历史意识和文化认同，又要反映时代发展的新成就和新要求，增强研究生的时代意识和创新精神。党的二十大报告指出，“只有把马克思主义基本原理同中国具体实际相结合、同中华优秀传统文化相结合，坚持运用辩证唯物主义和历史唯物主义，才能正确回答时代和实践提出的重大问题，才能始终保持马克思主义的蓬勃生机和旺盛活力”[70]。这一重要论述为研究生思想政治教育内容的历史性与时代性融合提供了指导。在教育内容的选择和组织上，应当将历史传统与时代发展有机结合，既讲清楚“从哪里来”，也明确“到哪里去”，既传承历史文化，又引领时代发展。在教育方法上，既要借鉴传统的教育方法和经验，如讲授法、讨论法、实践法等，又要创新现代教育技术和手段，如多媒体教学、网络教学、互动教学等。在教育方法的运用上，应当将传统方法与现代技术相结合，既保留传统方法的优势，又发挥现代技术的作用，提高教育的针对性和有效性。在教育评价上，既要坚持传统的评价标准和方法，注重道德品质和人格修养的评价，又要创新现代的评价理念和方式，关注综合素质和创新能力的评价。在评价体系的构建上，应当将传统标准与现代指标相结合，既重视传统美德的培养，又关注现代素质的提升，全面评价研究生的思想政治素质。

在新时代背景下，研究生思想政治教育的历史性与时代性融合面临新的挑战和机遇。一方面，全球化和信息化的发展使文化交流更加频繁，文化多元化趋势明显，传统文化面临冲击和挑战；另一方面，中国特色社会主义进入新时代，文化自信成为民族复兴的重要支撑，传统文化焕发新的生机和活力。文化自信是一个国家、一个民族发展中最基本、最深沉、最持久的力量，坚定文化自信是事关国运兴衰、事关文化安全、事关民族精神独立性的大问题，为新时代传统文化的创造性转化和创新性发展指明了方向。在研究生思想政治教育实践中，需要把握时代脉搏，继承优秀传统，创新教育理念和方法，增强教育的历史底蕴和时代特色，提高教育的针对性和有效性。

总体来说，历史性与时代性的融合是研究生思想政治教育的动态特征，是提高研究生思想政治教育质量和效果的重要途径。在研究生思想政治教育实践中，需要深刻认识和准确把握其特征，既要坚持历史传承，又要注重时代创新，实现历史性与时代性的有机融合，切实提高研究生思想政治教育的质量和水平。

（五）主体性与社会性的统一：思想政治教育的人本取向

主体性与社会性的统一是思想政治教育的人本取向，也是研究生思想政治教育的重要特质。思想政治教育既要尊重和发展人的主体性，关注个体的全面发展和自由实现；又要强调人的社会性，引导个体融入社会、服务社会。深入分析主体性与社会性的统一对于增强研究生思想政治教育的人本色彩和实效性具有重要意义。

主体性是研究生思想政治教育的重要特征之一。主体性主要体现在三个方面：一是教育对象的主体地位，即研究生在思想政治教育中不是被动接受的客体，而是具有独立思考和自主选择能力的主体；二是教育过程的自主性，即思想政治教育不是简单的灌输和塑造，而是激发自觉，引导自省，促进自悟的过程；三是教育目标的个体发展性，即思想政治教育不仅关注社会需要，更关注个体的全面发展和自由实现。马克思主义强调人的主体性和创造性，认为人是自己历史的创造者。研究生思想政治教育必须尊重研究生的主体地位，关注研究生的个性差异和成长需求，创造有利于研究生主体性发展的教育环境，促进研究生的自主学习、自我教育和自我发展。尤其是对于研究生群体而言，其思维更加独立、个性更加鲜明，更需要发挥其主体作用，实现自我教育和自我成长。

社会性是研究生思想政治教育的重要特征之一。社会性主要体现在教育目标的社会性，即思想政治教育旨在培养符合社会需要的合格建设者和可靠接班人；教育内容的社会性，即思想政治教育传递的是特定社会的主流价值观和道德规范；教育过程的社会互动性，即思想政治教育是通过各种社会关系和社会互动实现的。研究生思想政治教育必须关注社会发展的需要和要求，引导研究生树立正确的社会责任感和使命感，培养研究生的社会参与意识和服务精神，促进研究生的社会化和社会融入。

主体性与社会性在研究生思想政治教育中是辩证统一的关系。一方面，主体性是社会性的基础和前提。只有尊重和发展人的主体性，关注个体的全面发展，才能使社会要求内化为个体的自觉追求，才能使社会责任转化为个体的主动担当。另一方面，社会性是主体性的方向和归宿。个体的主体性发展不是孤立的、脱离社会的，而是在社会关系中形成和发展的；个体的自由实现也不是任意妄为的、与社会对立的，而是在服务社会、贡献社会中实现的。党的二十大报告强调："我们要坚持马克思主义在意识形态领域指导地位的根本制度，坚持为人民服务、为社会主义服务，坚持百花齐放、百家争鸣，坚持创造性转化、创新性发展。"[71]在研究生思想政治教育中，需要处理好主体性与社会性的关系，既要尊重研究生的主体地位，关注个体的全面发展，又要引导研究生树立社会责任感，融入社会实践，实现二者的有机统一。

具体而言，主体性与社会性的统一在研究生思想政治教育中的具体体现主要有以下几个方面：在教育目标上，既要关注研究生的个性发展和能力提升，如创新思维、批判精神、实践能力等，又要注重研究生的社会责任和使命担当，如家国情怀、社会责任、历史使命等。在目标设定上，应当将个人发展与社会需要相结合，既满足研究生的成长需求，又符合社会发展的要求。在教育内容上，既要关注研究生的个体需要和兴趣爱好，选择贴近研究生实际，符合研究生特点的教育内容，又要反映社会发展的要求和主流价值观，传递社会主义核心价值观和道德规范。在内容选择上，应当将个体关切与社会要求相结合，既贴近研究生生活，又引领社会方向。在教育方法上，既要尊重研究生的主体地位和认知特点，采用启发式、讨论式、互动式等教育方法，激发研究生的学习积极性和主动性，又要注重社会实践和集体活动，通过社会调查、志愿服务、团队合作等方式，增强研究生的社会经验和集体意识。在方法运用上，应当将个体学习与社会实践相结合，既发挥研究生的主体作用，又促进社会互动和合作。在教育评价上，既要关注研究生的个体差异和发展变化，采用多元化、个性化的评价方式，体现发展性评价的理念，又要注重社会标准和集体评价，通过同伴评价、师生互评、社会评价等方式，体现社会性评价的要求。在评价体系的构建上，应当将个体标准与社会标准相结合，既尊重个体差异，又符合社会规范。

在新时代背景下，研究生思想政治教育的主体性与社会性统一面临新的挑战和机遇。一方面，个人主义思潮和功利主义倾向在一定程度上影响着研究生的价值取向和行为选择，使一些研究生过分关注个人利益和发展，忽视社会责任和集体价值；另一方面，中国特色社会主义进入新时代，国家发展和民族复兴对高层次人才提出了新的要求，为研究生的自我发展和价值实现提供了广阔舞台。习近平总书记指出："广大青年要坚定理想信念，志存高远，脚踏实地，勇做时代的弄潮儿，在实现中国梦的生动实践中放飞青春梦想，在为人民利益的不懈奋斗中书写人生华章！"[72]该重要论述为新时代研究生的主体性与社会性统一提供了指导。在研究生思想政治教育实践中，需要准确把握新时代特点，创新教育理念和方法，既注重发挥研究生的主体性和创造性，又引导研究生增强社会责任感和使命担当，实现主体性与社会性的有机统一。

总体来说，主体性与社会性的统一是研究生思想政治教育的人本取向，决定了研究生思想政治教育的基本特征和发展方向。在研究生思想政治教育实践中，需要深刻认识和准确把握人本取向，既要尊重研究生的主体地位，关注个体的全面发展，又要引导研究生树立社会责任感，融入社会实践，实现主体性与社会性的有机统一，切实提高研究生思想政治教育的针对性和实效性。

第二章　新时代、新特征、新要求与研究生思想政治教育的新挑战

第一节　中国特色社会主义新时代的多维创新特征

党的十九大报告明确指出：“中国特色社会主义进入了新时代，这是我国发展新的历史方位。”[73]这个科学判断深刻把握了中国特色社会主义发展进程中的历史性变革，标志着我国发展进入了全新阶段。新时代的“新”并非简单的时间概念，而是体现在多个维度的质的飞跃。具体来看，新时代的“新”主要表现在以下几个方面。

一、理论创新之“新”：习近平新时代中国特色社会主义思想的引领

习近平新时代中国特色社会主义思想是马克思主义中国化时代化的最新成果，是新时代理论创新的重大成就。习近平新时代中国特色社会主义思想体系提出了一系列具有原创性、时代性的新理念新思想新战略，形成了系统完备、逻辑严密、内涵丰富的科学理论体系。

首先，习近平新时代中国特色社会主义思想是坚持“两个结合”推进马克思主义中国化时代化的最新理论成果，是中华文化和中国精神的时代精华，实现了马克思主义中国化时代化新的飞跃。党的二十大报告强调，要“坚持把马克思主义基本原理同中国具体实际相结合、同中华优秀传统文化相结合”。将马克思主义中国化时代化提升到新高度，要在坚持“两个结合”中不断开辟马克思主义中国化时代化新境界[74]。

其次，习近平新时代中国特色社会主义思想深刻回答了“建设什么样的社会主义现代化强国、怎样建设社会主义现代化强国”等重大时代课题，提出了中国式现代化的系统理论，丰富发展了科学社会主义理论[75]。中国式现代化打破了“现代化=西方化”的迷思，开创了一条全新的现代化道路，为发展中国家现代化提供了崭新选择。

最后，坚持以人民为中心的发展思想，构建了新时代发展的价值取向。习近平总书记强调：“人民对美好生活的向往，就是我们的奋斗目标。”[76]该论断将人民利益作为根本出发点和落脚点，实现了从“以经济建设为中心”到“以人民为中心”的升华。

二、实践创新之“新”：中国特色社会主义新的伟大实践

新时代中国特色社会主义的实践创新主要体现在以下几个方面：

第一，社会主要矛盾的新变化。党的十九大报告明确指出，“中国特色社会主义进入新时代，我国社会主要矛盾已经转化为人民日益增长的美好生活需要和不平衡不充分的发展之间的矛盾”[77]。这个判断准确把握了中国特色社会主义发展的阶段性特征，为党和国家的工作提供了重要遵循。

第二，“两个一百年”奋斗目标。中国共产党成立一百年来取得了历史性成就，实现了第一个百年奋斗目标，正在向第二个百年奋斗目标迈进。全面建成小康社会的历史性成就，让中华民族千百年来的小康梦想变为现实，使中华民族伟大复兴进入了不可逆转的历史进程。

第三，高质量发展成为经济发展的新形态。从高速度增长转向高质量发展，是新时代中国经济发展的显著特征。新发展理念引领下的高质量发展，不仅追求速度，更注重效益；不仅关注当前，更着眼长远；不仅重视经济指标，更关注发展的协调性、包容性和可持续性。

第四，新发展格局的构建。以国内大循环为主体、国内国际双循环相互促进的新发展格局，是适应中国经济阶段性特征和外部环境变化作出的战略选择，为中国经济高质量发展提供了新的动力机制。

三、科技创新之“新”：新质生产力与数字化转型

新时代科技创新最突出的表现是新质生产力的形成和数字化转型的深入推进。新质生产力的快速发展成为推动经济增长的新引擎。党的二十大

报告首次提出“高质量发展是全面建设社会主义现代化国家的首要任务”[78]，强调要“加快发展新质生产力”。新质生产力是以人工智能、大数据、物联网等新一代信息技术为代表的高新技术引领、知识和人力资本集约支撑、数字化网络化智能化深度融合的先进生产力。2024 年 1 月 31 日，习近平在中共中央政治局第十一次集体学习时强调，“加快发展新质生产力，扎实推进高质量发展”，指出新质生产力“以劳动者、劳动资料、劳动对象及其优化组合的跃升为基本内涵”[79]。

数字化转型正在重塑经济社会发展格局。我国经济社会数字化转型全面铺开，数字经济规模持续扩大。《中华人民共和国国民经济和社会发展第十四个五年规划和 2035 年远景目标纲要》提出：“迎接数字时代，激活数据要素潜能，推进网络强国建设，加快建设数字经济、数字社会、数字政府，以数字化转型整体驱动生产方式、生活方式和治理方式变革。”[80]

人工智能等前沿技术引领科技创新浪潮。2024 年政府工作报告首次提出开展“人工智能+”行动，体现了人工智能在国家发展战略中的关键地位。生成式人工智能的迅猛发展，特别是大模型技术的突破，为各行各业的数字化、智能化转型提供了新动能。随着生成式人工智能技术的迭代更新，大语言模型展现出高阶思维链和逻辑推理能力，以大模型为代表的自然语言处理工具展现出强大的数字内容创造力，实现了由单文本到多模态的跨越，推动人类社会从专业生成内容（PGC）和用户生成内容（UGC）时代迈向人工智能生成内容（AIGC）时代。

四、治理创新之“新”：社会治理体系和治理能力现代化

新时代社会治理体系和治理能力现代化呈现出诸多创新特征：

第一，党的全面领导得到加强，党的建设实现系统性重塑。以制度建设为核心，全面从严治党深入推进，反腐败斗争取得压倒性胜利并全面巩固，党的建设科学化、规范化、制度化水平显著提高。

第二，国家治理体系和治理能力现代化取得历史性成就。党的十八届三中全会提出“推进国家治理体系和治理能力现代化”重大命题，党的十九届四中全会专题研究了坚持和完善中国特色社会主义制度，推进国家治理体系和治理能力现代化问题。在此战略部署下，中国特色社会主义制度体系不断完善，法治中国建设扎实推进，政府治理效能明显提升。

第三，数字治理模式创新。数字技术与社会治理深度融合，数字政府

建设全面推进，社会治理精细化、智能化水平显著提高。习近平总书记指出："科技创新速度显著加快，以信息技术、人工智能为代表的新兴科技快速发展，大大拓展了时间、空间和人们认知范围，人类正在进入一个'人机物'三元融合的万物智能互联时代。"[81]这为数字时代的社会治理创新指明了方向。

第四，全球治理参与深度和广度不断拓展。面对百年未有之大变局，中国积极参与全球治理体系改革和建设，推动构建人类命运共同体，展现了负责任大国的担当。习近平主席提出全球发展倡议、全球安全倡议、全球文明倡议，从发展、安全、文明三个维度指明人类社会前进方向，为构建人类命运共同体提供了战略引领[82]。

五、文化创新之"新"：文化自信自强与文化强国建设

新时代文化建设呈现出新的活力和创造力：

第一，文化自信自强成为新时代文化建设的鲜明特征。党的二十大报告首次提出"文化自信自强"，将"文化自信"提升为"文化自信自强"，体现了新时代文化建设的更高追求。中华民族不仅要对自身文化有自信，还要积极推动中华文化创造性转化、创新性发展，增强中华文明的传播力和影响力[83]。

第二，社会主义文化强国建设全面推进。党的二十大和二十届三中全会对文化强国建设作出部署，习近平总书记在二十届中央政治局第十七次集体学习时的讲话进一步阐述"建设文化强国，事关中国式现代化建设全局，事关中华民族伟大复兴大业，事关提升国际竞争力。我们要锚定2035年建成文化强国的战略目标，坚持马克思主义这一根本指导思想，植根博大精深的中华文明，顺应信息技术发展潮流，不断发展具有强大思想引领力、精神凝聚力、价值感召力、国际影响力的新时代中国特色社会主义文化，不断增强人民精神力量，筑牢强国建设、民族复兴的文化根基"[84]。

第三，文化传播方式创新。数字技术深刻重塑了文化传播的方式和渠道，融媒体时代的文化传播呈现出全媒体、全渠道、全时空的特征。人工智能、大数据、云计算等技术与文化传播深度融合，形成了更加多元、开放、互动的文化生态。

第四，中华优秀传统文化创造性转化、创新性发展成效显著。"中华优秀传统文化是我们最深厚的文化软实力，也是中国特色社会主义植根的

文化沃土。每个国家和民族的历史传统、文化积淀、基本国情不同，其发展道路必然有着自己的特色。”[85]在新时代，中华优秀传统文化焕发出新的生机活力，成为涵养社会主义核心价值观的重要源泉，成为增强文化自信的坚实根基。

六、教育创新之“新”：思想政治教育的数字化智能化发展

新时代思想政治教育呈现出数字化、智能化的新特征：

第一，人工智能赋能思想政治教育成为新趋势。生成式人工智能以其“类人”知识生产能力，为变革思想政治教育学知识生产提供重要技术工具，能够开辟知识生产的人机协同新模式，提高知识生产的效率与质量，赋能知识生产的智能化范式构建[86]。思想政治教育数字化转型实现了学科边界与空间边界的延伸拓展，思想政治教育的构成要素在智能算法等技术作用下呈现出数字化形态。

第二，思想政治教育主客体关系发生深刻变革。生成式人工智能的介入不仅打破了主客体之间固有的界限，更推动了思想政治教育范式的转变，从知识生产的单一性转向多元性，从交互方式的同质化转向多样化，以及从教育场域的中心化转向去中心化。

第三，思想政治教育的载体、方法和内容不断创新。人工智能赋能高校思想政治教育突破了传统教育模式，拓宽了高校思想政治教育时空场域。人工智能的数理逻辑推动大学生思政教育从经验驱动向数据驱动转变。这些变革充分体现了思想政治教育在新时代的创新发展。

第四，“数字思政”的建设与应用加速推进。在智能时代背景下，思想政治教育者需要转变角色，成为转识成智的智慧型教育者，学生全面发展的人生导师，合作共赢的教育共同体成员。思想政治教育应以技术解蔽为抓手赋能教育主体能动性建构，以自教自律为支点赋权教育客体实践性转向，以人文关怀为要领赋智教育主客体良性互动。

新时代的“新”是全方位、多层次、深层次的。从理论创新、实践创新、科技创新、治理创新、文化创新、教育创新到外交创新，新时代中国特色社会主义展现出蓬勃生机和强大活力。这些创新因素并非孤立存在，而是相互联系、相互影响的有机整体，共同构成了新时代中国特色社会主义的丰富内涵。

在新时代新征程上，我们要坚持以习近平新时代中国特色社会主义思

想为指导，准确把握新时代的新特征、新要求，不断推进理论创新、实践创新、制度创新、文化创新以及其他各方面创新，在新时代伟大实践中续写中国特色社会主义事业的新篇章。

第二节　新时代研究生思想政治教育面临的新挑战

一、国际形势复杂变化带来的多维度挑战

（一）思想意识形态领域的深层次挑战

当今世界处于百年未有之大变局的关键时期，思想意识形态领域正呈现出新的发展态势和挑战。随着信息技术的迅猛发展和全球化进程的深入，思想意识形态的传播载体、表现形式和影响机制发生了深刻变化，对研究生群体的价值观念、思维方式和学术立场产生多元影响。

首先，西方发达国家通过话语霸权建构实现意识形态的隐性输出。在学术话语体系中，西方长期占据主导地位，其学术规范、评价标准和理论范式被视为“普遍真理”和“客观标准”。研究生作为学术新生力量，在学术社会化过程中容易不自觉地内化西方学术话语体系，进而接受其背后的价值预设和意识形态立场。特别是在社会科学领域，西方理论范式的“去政治化”表象下往往隐含特定的价值取向和意识形态偏好，这种“中性”或“客观”的学术外衣使其意识形态输出更具隐蔽性和渗透性。虽然我国研究生普遍具有较强的辨别能力，但由于频繁接触国际学术共同体，思想上的“免疫系统”尚未完全建立，部分研究生可能在不经意间受到西方学术评价标准的影响，形成对西方学术体系的过度认同，进而影响其政治认同、学术立场和研究方向的选择。

其次，新媒体环境下思想意识形态传播呈现碎片化、娱乐化和情感化特征，使传统思想政治教育面临新的挑战。研究生群体作为互联网的深度用户，在获取信息和形成认知过程中受到算法推荐、信息茧房和认知偏差等多重影响，导致其思想认同和价值判断呈现复杂性和不确定性。西方发达国家凭借其在全球文化产业和互联网平台的主导地位，通过影视作品、社交媒体和数字内容等多元渠道，以非政治化、生活化和情感化的方式传递其价值理念和意识形态，对研究生的世界观、价值观和人生观形成潜移默化的影响。

最后，全球性挑战背景下各种思想思潮交织激荡，对研究生的思想辨析能力提出更高要求。气候变化、公共卫生、技术伦理等全球性议题日益凸显，围绕这些议题的讨论往往超越传统意识形态对立，呈现出价值多元、立场多样的复杂格局。研究生需要在把握马克思主义基本立场、观点和方法的基础上，辩证分析和理性评价各种思想思潮，避免陷入西方话语体系设置的思维陷阱和价值迷思。同时，面对后现代主义、新自由主义、民粹主义等多元思潮的交织影响，研究生需要增强政治敏锐性和理论辨别力，构建起系统完备、逻辑严密的思想“防火墙”。

（二）跨国学术资本运作的吸引性挑战

在全球化深入发展的当代国际环境中，学术资源跨越国界流动与配置已成为常态，为各国高层次人才提供了更为广阔的发展空间。世界一流大学、国际科研机构、跨国企业研发中心以及各类基金会通过提供丰厚奖学金、科研资助、访学机会和高薪职位等多种方式，积极争夺全球高端人才资源。中国研究生群体作为国家创新体系的重要后备力量和未来科技发展的中坚力量，凭借其较高的知识水平、较大的创新潜力和较开阔的国际视野，正日益成为全球人才竞争的焦点。

应当辩证看待国际学术交流与合作。一方面，开放包容的国际学术环境有助于促进科技进步、学术创新和人才培养，中国也秉持“海纳百川、兼收并蓄”的开放理念，大力实施“引进来、走出去”的开放战略，鼓励研究生参与高水平国际学术交流活动，提升科研能力和拓展国际视野。另一方面，必须清醒认识到，国际学术资源配置表面呈现为纯粹的学术支持与人才培养，但实质上往往蕴含特定的价值取向、意识形态渗透和战略利益诉求。部分研究生在面对西方发达国家丰厚学术资源的吸引时，可能出现认知偏差，低估本国学术环境与发展机遇的价值和潜力。

（三）全球治理格局变革的复杂性挑战

当前全球治理体系正经历深刻变革，新旧秩序交替，多极化趋势加强，全球性挑战增多，这对研究生的国际认知和战略思维提出了更高要求。全球治理议题日益呈现复杂性、交叉性和系统性特点，许多研究生虽具备专业知识，但缺乏跨学科视野和系统性国际问题分析框架，难以全面把握国际问题的历史脉络、现实困境和发展趋势。中国参与全球治理的高层次人才需要具备“知识立交桥”式的复合型知识结构。

西方主导的国际话语体系长期占据主导地位，其概念体系、理论范式和价值判断对研究生的国际认知产生深刻影响。部分研究生在国际问题分析中不自觉地采用西方话语体系和分析框架，缺乏独立的理论视角和判断标准。多元文化交融背景下，研究生群体面临文化认同的复杂挑战。一方面，国际交流日益频繁，多元文化碰撞与融合成为常态；另一方面，如何在开放中坚守文化自信，在借鉴中保持独立思考，构成了研究生文化认同的现实难题。当前国际规则体系正处于加速重构过程中，新旧规则交替、规则碎片化现象显著。部分研究生对国际规则的形成机制、运行逻辑和演变趋势认识不足，难以准确把握规则重构的深层动因和发展方向，影响其对国际发展趋势的准确判断和战略思考能力的形成。

二、国内改革发展形势带来的结构性挑战

（一）经济社会转型的深层次挑战

我国正处于经济社会转型的关键时期，新旧动能转换、产业结构调整、社会结构变迁等带来了深刻变化。转型过程虽然为研究生发展提供了广阔空间，但同时也对研究生思想政治教育提出了新的要求。

第一，经济发展方式转变带来了价值取向调整。随着我国经济由高速增长阶段转向高质量发展阶段，创新驱动、绿色发展、共享发展等新发展理念正深刻改变社会经济结构和价值导向。经济发展方式的转变要求研究生具备创新思维、可持续发展意识和协同合作能力。教育部、国家发展改革委、财政部联合发布的《关于加快新时代研究生教育改革发展的意见》（教研〔2020〕9号）明确指出，“研究生教育肩负着高层次人才培养和创新创造的重要使命，是国家发展、社会进步的重要基石，是应对全球人才竞争的基础布局”[87]。虽然大多数研究生能够理解并认同高质量发展的理念，但在实践层面上，仍存在能力短缺和知行脱节现象。

第二，社会分层与价值多元化的挑战巨大，随着社会流动性增强和分层结构日益复杂，研究生群体的家庭背景、成长经历和利益诉求呈现出前所未有的多样性。不同社会阶层背景的研究生在国家认同、发展观念、社会公平等重大问题上可能持有不同立场；从微观层面看，研究生在学术价值取向、职业规划、生活方式等方面也呈现多元化趋势，这使得现有思想政治教育模式难以适应现实需求。研究生思想政治教育需要在坚持共同价值引领的基础上，尊重多样性，实现个性化和精准化，既能凝聚共识，又能包容差异，既能坚守底线，又能拓展空间。

第三，就业压力与理想信念的考验更加严峻。当前，经济下行压力和就业市场结构性矛盾使研究生就业形势趋于严峻，“就业难”与“招工难”并存的结构性矛盾日益凸显[88]。高层次人才供给增加与有效需求不足的矛盾、传统就业渠道饱和与新兴领域人才培养滞后的矛盾，共同构成了研究生就业的结构性挑战。在就业压力增大的环境下，部分研究生出现了短视行为和功利倾向，过度关注眼前利益和个人发展，对国家发展和社会进步的责任意识有所弱化。就业压力与研究生理想信念之间存在复杂关系，适度的压力可激发学生的奋斗精神和担当意识，过度的压力则可能导致价值观扭曲和信念危机。当下，一些研究生面临的不仅是就业选择问题，更是人生价值和发展方向的深层次困惑。

（二）科教兴国战略的结构化挑战

实施科教兴国战略，建设创新型国家为研究生发展提供了重要机遇，同时也对研究生思想政治教育提出了更高要求。新时代研究生思想政治教育面临如何更好支撑科技创新和人才培养的挑战。

第一，从创新驱动与科研品质、学术诚信的辩证关系来看。创新驱动发展战略对研究生科研品质和学术诚信提出了更高要求。虽然多数研究生能够认同“科学研究求真务实”的核心价值观，理解学术不端行为对科技创新的危害。然而，在科研评价体系和学术发表压力下，仍有少数研究生表现出急功近利、投机取巧的倾向，如低水平重复研究、数据造假、抄袭剽窃等问题。

造成这些问题的深层次原因包括：一是科研功利化思想影响，部分研究生过度关注发表数量而忽视研究质量；二是学术评价体系中的指标化倾向，导致研究生在学位获取和就业压力下产生不当行为；三是部分导师在学术指导和示范方面存在缺失，未能言传身教有效引导研究生树立正确的学术价值观。这些问题对科教兴国战略的实施构成潜在风险，需要通过思想政治教育加以消解和矫正。

第二，学科专业结构调整与思想政治教育需要协同发展。为适应经济社会发展需求和国家战略需要，高校学科专业结构正在经历深刻调整，新兴交叉学科不断涌现，学科知识更新周期显著缩短。教育部、国家发展改革委、财政部强调要根据国家发展需要，优化研究生教育学科专业布局，加快发展紧缺人才培养。然而，学科专业的快速变革对思想政治教育提出了新的要求。

当前，思想政治教育与学科专业发展协同面临诸多现实困难：一方面，思想政治教育工作者对新兴学科专业的科技前沿和发展趋势了解不足，难以将思想政治教育有效融入专业教育；另一方面，学科专业教师对思想政治教育的认识和参与度不够，未能充分发挥专业教育中的思想政治教育功能。造成这种状况的原因包括思想政治教育与学科专业的“两张皮”现象依然存在；跨学科、复合型思想政治教育师资不足；以及适应学科专业特点的思想政治教育内容和方法有待创新等。

当代研究生接受思想政治教育的特点发生了变化，他们更注重在专业学习和科研实践中内化价值观念，这要求思想政治教育必须与专业学习紧密结合。因此，如何根据不同学科专业的特点，分类施策、精准育人，成为研究生思想政治教育面临的重要挑战。

第三，从高层次人才评价标准变革中的价值导向多元性来看，随着人才评价改革的深入推进，对高层次人才的评价标准正在从单一化向多元化发展，从重数量走向重质量，从重显性指标走向重实际贡献。坚持自立自强，突出应用导向，引导高层次人才向国家急需的方向发展。评价标准的变革对研究生价值取向的塑造提出了更高要求。

然而在现实中，多元价值导向之间的冲突依然存在。一方面，国家战略和社会发展需要强调原创性、应用性研究和长期贡献；另一方面，学术界现有的评价机制和就业市场的选人标准仍然在一定程度上偏重短期成果和量化指标，使部分研究生在学术追求和价值选择上面临困惑和矛盾。

教育部强调，要探索构建以创新能力、质量、实效、贡献为导向的人才评价体系[89]，但这个理念的落实需要学术共同体、用人单位、政府部门等多方协同推进。在此过程中，研究生思想政治教育应当发挥价值引领和思想引导功能，帮助研究生正确处理短期利益与长远发展、个人成长与国家需要的关系，形成符合科教兴国战略要求的价值取向和行为模式。

综上所述，科教兴国战略背景下的研究生思想政治教育面临着如何培养创新人才，促进学科交叉融合，引导价值取向等多重挑战。应对这些挑战，需要教育工作者深入把握研究生培养规律和思想政治教育特点，创新工作理念和方法，构建与科教兴国战略相适应的研究生思想政治教育体系，为培养高水平创新人才提供坚实的思想保障。

（三）高等教育改革的适应性挑战

高等教育综合改革深入推进，研究生教育质量稳步提升，但思想政治教育仍面临一定的适应性挑战。随着教育体制机制改革持续深化，研究生培养体系发生深刻变化，要求思想政治教育工作必须随之调整并协调发展，以满足新形势下高层次人才培养的需要。

首先，研究生规模扩张与质量提升形成双重压力。研究生教育规模的持续扩大对思想政治教育的覆盖面和精细化程度提出了更高要求。根据教育部统计数据，我国研究生招生规模已由 2012 年的 59 万人增长至 2024 年的超过 120 万人，十年间翻了一番多[90]。生源背景更加多元化，包括应届本科毕业生、在职人员、留学回国人员等不同群体，其知识结构、价值取向和成长需求差异明显。

研究生规模扩张带来了教育资源稀释的风险。思想政治教育工作者数量增长速度难以匹配研究生规模的快速扩张，导致师生比例失衡，个性化指导和精准育人面临实际困难。同时，生源多元化也使思想政治教育的统一性与差异性平衡变得更加复杂。

虽然近年来研究生思想政治教育取得长足进展，但在适应数量增长和质量提升的双重需求方面仍存在一定差距。例如工作模式创新不足，资源配置效率有待提高，精准化和个性化教育手段有待加强等。

其次，治理结构变革与育人体系重构。高校内部治理结构改革正在调整校院两级管理关系和学术权力与行政权力的边界，对研究生思想政治教育体系提出了调整和重构的要求。传统的以行政系统为主导的思想政治教育模式面临挑战，需要在新的治理结构下重新定位各方责任和优化资源配置。

高校治理结构改革主要围绕强化院系办学主体地位，扩大院系自主权，推进学术权力与行政权力的分离与制衡，建立多元参与的民主管理机制。这些变革都对研究生思想政治教育体系产生重要影响。例如，院系权力扩大要求思想政治教育更多地融入院系文化和专业教育；学术权力与行政权力的调整要求思想政治教育更好地平衡政治性与学术性；多元治理机制则为思想政治教育提供了更广泛的参与主体。

虽然各高校积极推进体制机制创新，但在责任主体明确和资源配置优化方面仍有提升空间。一是校院两级在思想政治教育方面的责任边界不够清晰；二是导师、专业教师在思想政治教育中的作用发挥不充分；三是思想政治教育资源在院系之间配置不均衡。这些问题制约了思想政治教育的整体效果，需要通过系统设计和制度创新加以解决。面对高校治理结构变革的新形势，研究生思想政治教育体系需要创新组织形式和工作模式，明确各方责任，优化资源配置，形成多元协同的育人格局。这既是挑战，也是推动思想政治教育体系现代化的重要契机。

最后，教育评价改革与育人质量提升中的矛盾。教育评价改革是高等教育综合改革的重要内容，对研究生思想政治教育评价体系提出了创新要求。传统的以知识传授和活动参与为主要指标的评价方式已难以适应新时代研究生思想政治教育的实际需要，需要构建更加科学、全面的育人质量评价体系。

当前研究生思想政治教育评价存在的主要问题包括评价主体单一，主要依靠管理者评价，缺乏多元主体参与；评价内容片面，过度关注显性指标和短期效果，忽视隐性影响和长期价值；评价方法陈旧，定量评价科学性和规范性仍有待提高，针对研究生思想政治教育特点还不够。这些问题影响了思想政治教育的科学评价和持续改进。

教育评价改革要求思想政治教育建立以育人成效为核心的评价体系，注重评价主体多元化、评价内容全面化、评价方法科学化，以期准确把握思想政治教育的实际效果，为优化教育内容和方法提供科学依据，推动思想政治教育质量持续提升。

三、信息技术革命带来的全域性挑战

（一）数字化生存环境的解构性挑战

数字化转型与认知方式变革加速，数字技术驱动的经济社会转型正深刻改变研究生的学习方式、生活方式和思维方式。教育部等九部门在2025年发布的《关于加快推进教育数字化的意见》（教办〔2025〕3号）中将教育数字化确定为“重要突破口，开辟教育发展新赛道和塑造发展新优势”[91]。一方面，数字化为研究生获取知识、拓宽视野提供了前所未有的便利；另一方面，信息碎片化、观点极化、算法茧房等现象也给研究生的价值判断和理性思考带来挑战。

数字环境拓展了传统思想政治教育的时空边界，同时也改变了原有的权威结构。数字环境使研究生获取知识和信息的渠道更加多元，学习网络更加开放。研究生面临的不仅是海量信息的冲击，更是深层次的认知模式转变——从线性思维到网状思维，从权威认同到多元参与，从被动接受到主动建构。社会认知理论认为，“人们获取知识的方式与其他人有着千丝万缕的联系……人直接接触到的行为和人通过媒体间接接触到的行为都构成了人的知识库”。在传统教育环境中，知识传递呈现线性、集中的特点，教师和教材是主要的知识来源；而在数字环境下，研究生可以通过多种渠道获取信息，知识生产和传播呈现网状、去中心化特征，使教育者的引导作用面临新的挑战。当知识权威被解构，如何在多元信息环境中凸显主流价值观的引领作用，成为思想政治教育工作者必须思考的问题。

数字环境培养了研究生多任务处理和信息快速获取的能力，但同时也可能影响深度思考和系统学习。数字媒介的碎片化信息特性使人们习惯于快速浏览和短时注意，影响了长时间专注阅读和深度思考的能力。对于研究生来说，认知方式的变化可能导致理论思维的碎片化和浅表化。尽管数字化学习平台不断发展，但碎片化信息接收仍可能影响部分研究生形成系统的理论认知和思维方式。教育数字化转型是当前教育改革与实践中的热点，其产生和实践背后有着社会和文化的变迁、技术革新的动力、国家政策的主导和教育系统内生发展四个因素形成的推拉合力。[92]这种转变既是机遇也是挑战，要求思想政治教育者转变工作理念和方法，适应数字原住民的认知特点和行为习惯，在虚拟与现实交织的新场域中开展有效引导。

此外，虚拟社交拓展了研究生的交往方式和群体认同空间。数字环境中的虚拟社交丰富了研究生的社会关系网络，但也可能对部分研究生的现实社会关系和组织认同产生一定弱化影响。在互联网信息时代，人们选择信息消费的自由度大大提升，由此带来了“舆论极化”等社会现象，这对思想政治教育的群体引导效果提出了新的要求。过度依赖虚拟社交可能导致现实人际关系能力下降和社会认同感缺失，这不利于培养研究生的集体主义精神和组织归属感。如何在虚拟空间中构建有效的思想政治教育共同体，成为数字化条件下的重要课题[93]。

（二）算法化信息环境的分离性挑战

习近平总书记强调：“我们要增强紧迫感和使命感，推动关键核心技术自主创新不断实现突破，探索将人工智能运用在新闻采集、生产、分发、接收、反馈中，用主流价值导向驾驭“算法”，全面提高舆论引导能力。”[94]

算法推荐可能形成“信息茧房”和“回音室效应”，使研究生陷入封闭的信息空间。美国学者桑斯坦提出的“信息茧房”概念描述了人们只接受符合自己既有认知的信息，而排斥其他信息的现象。[95]算法根据用户的兴趣和行为习惯推荐内容，虽然提高了信息获取的效率，但可能限制接触多元信息和不同观点，强化其既有观点和偏好，从而影响思想认知的全面性，导致思想认知的片面化和两极化。清华大学的研究团队在 *Nature Machine Intelligence* 期刊上发表的研究表明，大多数用户在与 AI 互动后，接触到的信息种类实际上减少了，这意味着他们可能被困在了所谓的“信息茧房”中[96]。对于研究生群体而言，这种信息封闭可能导致其学术视野和思想境界受限，不利于培养全面发展的创新人才。

算法逻辑与思想政治教育逻辑存在一定差异。算法逻辑主要基于用户偏好和商业利益，而思想政治教育逻辑基于价值引领和人格塑造，两种逻辑的差异可能导致思想政治教育内容在数字环境中的传播效果受到影响。互联网时代推荐算法的大规模应用，增强了人们原本因自身兴趣及态度选择信息内容的倾向性[97]。算法推送机制行使了传统新闻传播过程中“把关人”的职能，但与传统“把关人”不同，算法推送机制缺乏对内容价值和社会意义的判断。厉业强研究表明，算法推荐可能导致高点击率但低质量的内容被广泛传播，而价值导向明确但吸引力不足的教育内容被边缘化[98]。虽然近年来数字平台不断优化内容分发机制，但思想政治教育内容的精准传递仍面临一定挑战。

（三）智能化技术发展的伦理性挑战

人工智能等智能技术的快速发展，在为研究生提供新的研究工具和方法的同时，也对价值观念和伦理思考提出了新的要求。《新一代人工智能发展规划》指出，人工智能的迅速发展将深刻改变人类社会生活、改变世界[99]。智能技术的发展既丰富了思想政治教育的内容，也带来了一系列新的伦理问题和价值思考。

人工智能技术引发的科技伦理问题拓展了思想政治教育的内容边界。人工智能在隐私保护、算法歧视、伦理决策等方面引发的伦理问题，对研究生的价值判断能力提出了新要求。生成式人工智能服务管理暂行办法规定，有关主管部门可对提供者的训练数据来源、规模、类型、标注规则、算法机制机理等进行监督检查[100]，表明国家对人工智能伦理规范的高度重视。虽然我国在科技伦理教育方面取得了积极进展，但相关教育内容仍需进一步完善和深化。研究生作为未来科技创新的主要力量，需要具备对科技伦理的敏感性和反思能力，这要求思想政治教育将科技伦理纳入教育内容体系。

科技理性与价值理性的平衡问题日益凸显。智能技术发展使科技理性在研究生群体中得到较高重视，这有助于提升研究生的科研能力，但同时也需要加强价值理性的培养，实现二者平衡发展。如何在技术至上的思潮中保持价值引领，成为思想政治教育面临的重要挑战。

智能技术的发展还可能模糊人与机器的界限，引发对传统人文观念和人类尊严的反思，这既是挑战也是思想政治教育的新内容。2019 年，中国政府与联合国教科文组织合作举办国际人工智能与教育大会，发布了《北京共识——人工智能与教育》，成为首个为利用人工智能技术实现 2030 年教育议程提供指导和建议的重要文件[101]。研究生作为技术创新的参与者，需要具备反思技术影响的能力和坚守人文价值的意识。

四、研究生群体特征带来的内生性挑战

（一）认知结构复杂化的深层次挑战

研究生群体的认知结构呈现出前所未有的复杂性，思维多元化与不稳定性并存。研究生批判性思维和独立判断能力的提升是教育进步的体现，同时也使研究生对权威观点和既有理论保持一定距离，要求思想政治教育更加注重理论说服力和思想引领力。

研究生的专业化和分化是学科发展的必然结果。不同学科背景的研究生形成了各自的认知图谱和思维方式，如理工科研究生的实证思维、人文社科研究生的解释性思维、艺术类研究生的创造性思维等。认知心理学研究表明，认知结构是“学习者头脑里的知识结构，他们已有的全部观念内容和组织”[102]。认知结构一旦形成，就会成为研究生学习新知识的重要因素，影响其对思想政治教育内容的接受方式和理解深度。认知方式多样性既是学科专业化的成果，也要求思想政治教育能够适应不同学科研究生的认知特点，实现教育内容和方法的多样化。

（二）价值取向多元化的系统性挑战

在全球化浪潮的推动下，国际化已成为高等教育发展的核心战略。近年来，国家大力倡导高校拓展国际化视野，深化对外合作，培养具有全球竞争力的创新型人才。研究生群体普遍具有国际视野和跨文化体验，既接受本土文化熏陶，也接触全球多元文化。在个体价值与集体价值、物质价值与精神价值、本土价值与全球价值的平衡方面，部分研究生面临着挑战。

个体价值与集体价值的关系呈现新的特点。当代研究生成长于改革开

放和市场经济环境，个体意识和权利意识有所增强，对个人价值和发展空间的重视程度上升。虽然多数研究生能够正确处理个人发展与社会责任的关系，但仍有部分研究生在个体价值与集体价值的平衡方面面临挑战，这对思想政治教育的价值引领提出了新的要求。

物质价值与精神价值的关系更加复杂。现代社会物质条件的改善使研究生的物质需求得到更好满足，精神追求的空间更加广阔。尽管多数研究生能够保持正确的物质观和精神追求，但在消费主义和功利主义的影响下，部分研究生对物质满足的关注度相对提高，这要求思想政治教育更加注重精神追求的引领和培育。

本土价值与全球价值的关系也需要重新审视。多数研究生能够在多元文化交融中坚定文化自信，但仍有部分研究生面临文化认同的困惑，对思想政治教育的文化自信培育提出了新的要求。

（三）成长环境差异的结构性挑战

生源多样化背景下的教育挑战日益凸显，研究生群体的成长环境和生活经历差异是社会多样性的体现，差异性既丰富了校园文化，也为思想政治教育带来新的考验。地域差异形成了研究生文化背景和价值观念的多样性。来自不同地区特别是城乡差异显著地区的研究生，在文化习惯、思维方式和价值取向上存在一定差异。这要求思想政治教育能够适应不同背景研究生的需求，实现教育内容和方法的多样化。并且，家庭教育模式差异影响研究生的价值形成过程。不同家庭教育模式塑造了研究生不同的性格特点和价值偏好，形成了多样化的成长轨迹。思想政治教育需要尊重差异性，根据研究生的个体特点开展有针对性的教育引导，提高教育的精准性和有效性。

此外，代际经验差异使教育者与研究生之间存在认知鸿沟。思想政治教育者与研究生之间普遍存在一定代际差异，对历史事件、社会现象和价值判断的理解可能有所不同。代际差异影响教育者准确把握研究生的思想特点和需求，要求教育者能够理解和尊重代际差异，加强与研究生的沟通和交流。

五、研究生培养模式变革带来的结构性挑战

（一）培养目标多元化的整合性挑战

培养目标多元化使协同育人变得更加复杂。学术型与专业型研究生培

养目标的差异化是人才培养的必然要求。学术型研究生注重学术能力和创新思维培养，专业型研究生强调实践能力和职业素养提升，差异化培养目标要求思想政治教育能够适应不同类型研究生的特点和需求，实现教育内容和方法的针对性。

国际化与本土化培养目标的平衡是全球化背景下的现实需求。随着研究生教育国际化程度提高，培养具有国际视野和竞争力的高层次人才已成为普遍共识。同时，保持民族文化自信和价值认同同样重要。思想政治教育需要在国际化与本土化之间找到平衡点，既培养研究生的国际视野，又增强其文化自信和价值认同。

创新能力与规范意识都是高层次人才的必备素质。研究生培养既要鼓励创新精神和批判思维，又要强调学术规范和伦理责任，二者相辅相成，缺一不可。思想政治教育需要提供科学合理的价值引导，帮助研究生处理好创新与规范的关系，促进二者协调发展。

（二）培养方式变革的适应性挑战

研究生培养方式正经历深刻变革，为人才培养注入了新的活力，同时也对思想政治教育提出了新的要求。一是导师指导方式从传统师徒制向团队化、项目化转变是培养模式创新的重要体现。研究生培养不再是单一导师负责，而是由导师团队共同指导，或围绕科研项目组织培养，培养方式的变化使思想政治教育的责任主体和实施路径变得更加多元复杂。二是产学研融合培养模式的普遍推广，研究生培养越来越注重与企业、科研机构的合作，联合培养和实习实践逐渐增多，研究生的学习场域更加多元。这要求思想政治教育能够覆盖更多场域，实现全过程育人。三是个性化培养是提高培养质量的必然要求。研究生培养强调因材施教和个性化培养方案，这与现在思想政治教育的标准化、规范化模式存在一定差异。近年来，思想政治教育在适应个性化培养需求方面取得了积极进展，但仍需进一步探索个性化与标准化相结合的教育模式，提高教育的针对性。

（三）培养周期变化的质量性挑战

研究生培养周期呈现压缩趋势，对思想政治教育的深度和质量构成挑战。硕士研究生培养在部分专业领域从三年制调整为两年制甚至更短，博士研究生也面临毕业周期压力，培养周期的变化对思想政治教育产生了一定影响。

培养周期压缩导致思想政治教育时间和空间被挤压。在有限的培养周期内，研究生需要完成专业课程学习和学位论文研究，同时也需要接受思想政治教育。各高校不断优化教育时间和空间安排，提高教育效率，但仍面临如何在有限时间内实现思想政治教育目标的挑战。并且，相对短周期的培养对研究生价值观的深度塑造提出了更高的效率要求。价值观和思想品质的形成是一个渐进过程，需要持续的引导和反复的实践，需要研究生有充分的思考和反思空间。而加快的培养节奏使研究生主要关注完成学业任务，缺乏思考和内化的时间，影响思想政治教育的内化和转化。

六、思想政治教育体系自身存在的系统性挑战

（一）理论与实践创新的深层次挑战

研究生思想政治教育理论体系建设取得了显著进展，但在新时代发展背景下，发展深层次理论创新方面仍有进步空间，当前理论体系虽关注研究生教育特殊性，但在学术性、创新性和专业性特点的理论阐释上仍有待深化，与教学实践融合的广度深度仍需提升。在建设高质量教育体系背景下，思想政治教育理论创新应适应研究生教育数字化、国际化发展趋势，同时注重铸牢中华民族共同体意识，增强文化自信，更好地服务于培养德智体美劳全面发展的社会主义建设者和接班人，为加快建设教育强国奠定坚实基础。

研究生思想政治教育内容更新面临时效性挑战。全球治理、科技伦理、数字经济等前沿问题对研究生的世界观和价值观产生深刻影响，思想政治教育内容已经开始关注这些问题，但回应的及时性和深入性仍有提升空间。教育内容与研究生实际需求的匹配度有待提高。当代研究生普遍关注职业发展、学术规范、科研伦理等实际问题，思想政治教育内容已经开始关注这些问题，但在满足研究生个性化需求方面仍有提升空间。教育内容的学科针对性和专业相关性需要进一步增强。不同学科背景的研究生在思想政治教育需求上存在差异，思想政治教育内容在学科针对性和专业相关性方面已有所考虑，但仍需进一步加强针对不同学科特点的内容设计，提高专业相关性。

（二）教育队伍建设的结构性挑战

研究生思想政治教育队伍建设取得了显著进展，但思政教育队伍在结构优化和能力提升方面仍面临一定挑战。

首先，教育队伍构成与研究生培养特点的匹配度需要进一步提高。研

究生培养强调学术性和专业性，思想政治教育队伍建设已经开始重视学术背景和专业素养，但具备相应学术背景和专业素养的人才仍需进一步充实，以更好地开展有效的学术层面交流。

其次，导师在思想政治教育中的角色意识需要进一步增强。研究生导师在思想政治教育方面的重要性日益凸显。近年来，导师育人责任意识普遍增强，但在思想政治教育的专业能力方面仍有提升空间，导师育人与专职思政教师育人之间的协同也需进一步加强。

最后，教育队伍专业化水平需要持续提升。研究生思想政治教育的特殊性和复杂性要求教育者具备较高的专业素养和能力。近年来，教育队伍专业化建设取得积极进展，但在知识结构更新、能力提升和专业发展方面仍需持续努力，以适应新时代研究生思想政治教育的要求。

（三）教育评价机制的科学性挑战

研究生思想政治教育评价机制不断完善，但在科学性和系统性方面仍面临一定挑战。“三全育人”理念构建的研究生思想政治教育质量评价模型为评价机制提供了新思路，同时也反映了当前评价机制的发展空间。

首先，评价指标体系的科学性和系统性需要进一步提高。当前评价指标已经开始关注过程性评价和长期效果，但仍有部分评价侧重于形式性指标和短期效果，对思想政治教育的长期价值引导和人格塑造的科学评价仍需加强。

其次，评价方法的多样化程度需要进一步提高。思想政治教育是一个复杂的系统工程，涉及认知、情感、行为等多个维度。评价方法已经开始多元化发展，但仍需进一步创新和完善，以更全面准确地评估教育效果。

最后，评价主体的多元化程度需要进一步提高。近年来，评价主体逐渐多元化，研究生参与度有所提高，但仍以教育管理者或教育者为主导，研究生和社会参与度仍有提升空间，需要形成更加全面客观的评价结果。

第三章　习近平新时代中国特色社会主义思想对研究生思想政治教育的科学指导

党的十八大以来，习近平总书记高度重视研究生思想政治教育工作，围绕研究生培养和思想政治教育提出了一系列重要论述，为新时代研究生思想政治教育事业提供了根本遵循和行动指南。本章将深入阐述习近平新时代中国特色社会主义思想对研究生思想政治教育的理论指导作用，阐释其科学内涵与理论品格，分析新时代研究生思想政治教育的理论创新与发展，以及航空航天领域思想政治教育理论体系的完善与创新。

第一节　习近平新时代中国特色社会主义思想的科学内涵与理论品格

一、习近平新时代中国特色社会主义思想的科学内涵

习近平新时代中国特色社会主义思想是马克思主义中国化时代化的最新成果，是党和国家必须长期坚持的指导思想。

（一）理论内核："十个明确"的基本内容

"十个明确"是习近平新时代中国特色社会主义思想的核心内容的进一步概括，"十个明确"系统回答了新时代坚持和发展什么样的中国特色社会主义、怎样坚持和发展中国特色社会主义重大时代课题，构成了习近平新时代中国特色社会主义思想的理论内核[103]。坚持全面学习领会习近平新时代中国特色社会主义思想的科学体系，是党中央关于深入开展学习贯彻习近平新时代中国特色社会主义思想主题教育的要求，思想政治教育

工作者要肩负起研究阐明习近平新时代中国特色社会主义思想科学体系的神圣职责。

“十个明确”全面系统地阐述了坚持和发展中国特色社会主义的总目标、总任务、总体布局、战略布局和发展方向、发展方式、发展动力、战略步骤、外部条件、政治保证等基本问题，明确了新时代坚持和发展中国特色社会主义的基本方略，为研究生思想政治教育提供了理论指导和行动指南。

（二）理论创新路径：“两个结合”的方法论指引

习近平总书记强调，新时代坚持和发展中国特色社会主义，必须“坚持把马克思主义基本原理同中国具体实际相结合、同中华优秀传统文化相结合”[104]。“两个结合”是习近平新时代中国特色社会主义思想实现理论创新的方法论指引，体现了马克思主义中国化时代化的最新成果。将马克思主义同中国具体实际和中华优秀传统文化相结合，既坚持了科学社会主义基本原则，又赋予其鲜明的中国特色和深厚的中华文化底蕴，为研究生思想政治教育提供了深厚的理论根基和文化滋养。

（三）实践要求：“十四个坚持”的基本方略

“十四个坚持”是习近平新时代中国特色社会主义思想的重要组成部分，是对治国理政实践经验的科学总结。这些基本方略涵盖了政治、经济、社会、文化、生态、国防、外交等各个领域，构成了系统完整的实践体系[105]。

经过新时代十多年的形成发展，习近平新时代中国特色社会主义思想的理论体系概括正当其时。理论体系包括时代背景、重大时代课题、主要内容、根本途径、世界观和方法论、历史地位等基本要素。“十四个坚持”是习近平新时代中国特色社会主义思想在实践层面的具体体现，为研究生思想政治教育提供了基本遵循。

（四）世界观和方法论：“六个必须坚持”

党的二十大报告强调，习近平新时代中国特色社会主义思想的世界观和方法论集中体现为“六个必须坚持”：必须坚持人民至上，必须坚持自信自立，必须坚持守正创新，必须坚持问题导向，必须坚持系统观念，必须坚持胸怀天下[106]。

“六个必须坚持”是习近平新时代中国特色社会主义思想的世界观和方法论的集中体现，是逻辑严密、彼此联系的有机整体。必须坚持人民至上是根本立场，必须坚持自信自立是精神特质，必须坚持守正创新是理论品格，必须坚持问题导向是实践要求，必须坚持系统观念是思维方法，必须坚持胸怀天下是世界眼光。

（五）历史使命：实现中华民族伟大复兴

实现中华民族伟大复兴是习近平新时代中国特色社会主义思想的核心关切和历史使命。中国特色社会主义进入了新时代，这是我国发展新的历史方位。新的历史方位、新的矛盾变化赋予了高等教育新的历史使命，也锚定了研究生思想政治教育创新发展的时代坐标[107]。

中国特色社会主义是实现强国建设、民族复兴伟业的必由之路。在历史逻辑上，中国特色社会主义是世界社会主义长期发展演进的结果，是党和人民历经千辛万苦取得的根本成就；在文化逻辑上，“走自己的路”在本源上是由中华民族独特的文化基因决定的；在理论逻辑上，中国特色社会主义符合科学社会主义的理论逻辑；在现实逻辑上，中国特色社会主义是实现强国建设、民族复兴伟业的必由之路[108]。

研究生思想政治教育必须以实现中华民族伟大复兴为目标导向，引导研究生树立远大理想，增强历史使命感和责任感，自觉将个人成长与民族复兴紧密结合。

二、习近平新时代中国特色社会主义思想的理论品格

（一）坚持人民至上的价值立场

党的二十大报告指出，“江山就是人民，人民就是江山”[109]。人民是历史的创造者，是决定党和国家前途命运的根本力量。一切为了人民、一切依靠人民，是习近平新时代中国特色社会主义思想的理论底色。

人民性是习近平新时代中国特色社会主义思想的本质属性和最鲜明的理论品格，可以从四个维度对其进行理解和阐释：人民至上是习近平新时代中国特色社会主义思想的价值立场，富民惠民是习近平新时代中国特色社会主义思想的神圣职责，情系人民是习近平新时代中国特色社会主义思想的民生之情，奉献人民是习近平新时代中国特色社会主义思想的实践品格。

在研究生思想政治教育中，必须将人民至上的价值立场融入教育全过程，引导研究生树立人民情怀，将个人理想与人民群众对美好生活的向往紧密结合，在服务人民中实现人生价值。

（二）坚持自信自立的精神特质

自信自立是习近平新时代中国特色社会主义思想的精神特质。习近平总书记强调，“文化自信是一个国家、一个民族发展中更基本、更深沉、更持久的力量”[110]。中华民族伟大复兴，绝不是轻轻松松、敲锣打鼓就能实现的，必须增强“四个自信”，保持历史耐心，坚持自力更生，坚定不移走自己的路。

习近平新时代中国特色社会主义思想以“六个必须坚持”继承、运用和发展了马克思主义世界观和方法论。其中，“必须坚持自信自立”是贯通习近平新时代中国特色社会主义思想的精神气节。在研究生思想政治教育中，要着力培养研究生的文化自信和民族自豪感，引导他们树牢增强“四个意识”、坚定“四个自信”、做到“两个维护”、捍卫“两个确立”、推进“四个伟大”，在中华民族伟大复兴征程中展现自信自立的精神风貌。

（三）坚持守正创新的理论品格

守正创新是习近平新时代中国特色社会主义思想的鲜明理论品格。坚持和发展中国特色社会主义，必须坚持马克思主义的指导地位，同时要坚持和运用辩证唯物主义和历史唯物主义，创造性地回答时代课题。

党的二十大将守正创新作为开辟马克思主义中国化时代化新境界必须把握好的立场之一。习近平新时代中国特色社会主义思想通过守正创新而不断拓展其理论形态的深度和广度。研究生思想政治教育要引导研究生坚持守正创新，在继承中华优秀传统文化的基础上，创造性地开展科学研究和学术创新，推动马克思主义中国化时代化进程。

（四）坚持问题导向的实践要求

必须坚持问题导向深刻彰显了习近平新时代中国特色社会主义思想的世界观、方法论和贯穿其中的立场观点方法。深入学习习近平新时代中国特色社会主义思想，牢牢把握必须坚持问题导向在习近平新时代中国特色社会主义思想中的重要地位，明确必须坚持问题导向的实践要求。坚持问题导向，就是要把解决问题作为打开工作局面的突破口。

准确理解和深入把握问题意识、问题导向，是学深悟透习近平新时代中国特色社会主义思想的基本要求。坚持问题导向，解答时代问题，是习近平新时代中国特色社会主义思想形成和发展的思维机制。习近平总书记在十八届中共中央政治局第一次集体学习时指出：“党的十八大提出的基本要求，是对当前我国经济社会发展中存在的突出问题、改革攻坚和加快转变经济发展方式面临的难点问题、干部群众普遍关注的热点问题的积极回应。”[111]习近平总书记连用“突出问题”“难点问题”“热点问题”三个词着重强调了问题意识和问题导向的重要性，要求全党立足于中国发展的现实问题来开展各项工作[112]。在研究生思想政治教育中，要注重引导研究生树立问题意识，培养解决实际问题的能力，在科学研究和学术创新中解决实际问题，推动社会发展和科技进步。

（五）坚持系统观念的思维方法

系统观念是习近平新时代中国特色社会主义思想的科学思维方法[113]。系统观念是具有基础性的思想和工作方法，党的二十届三中全会通过的《中共中央关于进一步全面深化改革 推进中国式现代化的决定》把“坚持系统观念”作为进一步全面深化改革的原则之一。

从世界观和方法论的高度深入领悟习近平新时代中国特色社会主义思想，是理论研究的重大使命，而坚持系统观念则是其重要切入点。系统观念确立了事物普遍联系和变化发展的本性，揭示了它的整体性存在方式和系统性运动的本质。研究生思想政治教育要培养研究生的系统思维能力，引导他们从整体上、全局上、系统上认识和把握问题，在世界秩序不断重塑的进程中保持清醒头脑和战略定力。

（六）坚持胸怀天下的世界眼光

胸怀天下是习近平新时代中国特色社会主义思想的世界眼光。习近平总书记强调，中国人民的梦想与世界人民的梦想息息相通，实现中国梦离不开和平的国际环境和稳定的国际秩序[114]。

习近平新时代中国特色社会主义思想是植根于中华优秀传统文化的当代中国马克思主义，具有马克思主义国际主义精神的理论品格，具有中华文化和中国精神“天下大同”的世界情怀[115]。研究生思想政治教育要培养研究生的国际视野和全球胸怀，引导他们树立人类命运共同体意识，为促进世界和平与发展贡献智慧和力量。

第二节　习近平总书记关于教育的重要论述对研究生思想政治教育的科学引领

一、立德树人：研究生思想政治教育的根本任务

党的十八大以来，习近平总书记着眼强国建设、民族复兴伟业后继有人，从党和国家事业发展全局的高度，深刻阐释“培养什么人、怎样培养人、为谁培养人”这一教育的根本问题和教育强国建设的核心课题，反复强调要坚持把立德树人作为根本任务，提出要培养担当民族复兴大任的时代新人，培养德智体美劳全面发展的社会主义建设者和接班人，为教育事业发展领航掌舵。这个重要论述明确了研究生思想政治教育的根本任务和价值导向。立德树人作为研究生思想政治教育的根本任务，突出强调了培养德才兼备、全面发展的高层次人才的重要性。

坚持不懈用习近平新时代中国特色社会主义思想铸魂育人，加强习近平总书记关于教育的重要论述的学理阐释。实施新时代立德树人工程，要坚持思政课建设与党的创新理论武装同步推进，加快构建以习近平新时代中国特色社会主义思想为核心内容的课程教材体系，把学校思想政治教育贯穿各学科体系、教学体系、教材体系、管理体系，融入思想道德、文化知识、社会实践教育，确保广大学生始终忠于党、忠于国家、忠于人民、忠于社会主义，坚定马克思主义信仰，坚定中国特色社会主义是实现中华民族伟大复兴的必由之路。

在研究生教育实践中，立德树人要求实现知识传授与价值引领相统一，专业培养与思想政治教育相融合。研究生思想政治工作是高校思想政治工作的重要环节，肩负培养国家高层次创新人才的重要使命[116]。强调要构建以研究生导师、专业课教师、思政课教师为主体的全员联动机制，以科研实践、理论教学、就业创业为核心的全程引领机制，以课内课外、校内校外、线上线下为场域的全方位服务机制，以思想修养、学识涵养、能力素养为取向的全面发展机制。

二、“四个服务”：研究生思想政治教育的价值指向

2022 年 4 月 25 日，习近平总书记到中国人民大学考察调研。面对热

情洋溢的师生们，他殷殷嘱托："要坚持党的领导，坚持马克思主义指导地位，坚持为党和人民事业服务，落实立德树人根本任务，传承红色基因，扎根中国大地办大学，走出一条建设中国特色、世界一流大学的新路。"[117]高校要扎根中国大地办大学，坚持为人民服务，为中国共产党治国理政服务，为巩固和发展中国特色社会主义制度服务，为改革开放和社会主义现代化建设服务。"四个服务"明确了高等教育的价值指向和根本使命，对研究生思想政治教育提出了明确要求。

研究生作为高层次创新人才的重要组成部分，其成长成才与国家发展息息相关。研究生思想政治教育必须坚持"四个服务"的价值指向，引导研究生树立正确的世界观、人生观、价值观，增强使命担当和家国情怀。研究生思想政治教育是研究生教育的重要组成部分，对于培养德才兼备的高层次拔尖创新人才具有重要作用。推动研究生思想政治教育协同育人，是立足发展大局，把握研究生教育教学规律的必然要求，符合一流大学建设发展的根本要求、高层次拔尖创新人才成长的现实需求和高校思想政治工作质量提升的实践诉求。

面对复杂严峻的外部环境，研究生培养更需要强化爱国主义教育和家国情怀培养，引导研究生将个人理想与国家发展紧密结合，自觉将"四个服务"作为实践准则，在服务国家重大战略需求和民族复兴伟业中实现自身价值。

三、"五育并举"：研究生思想政治教育的实践路径

2018 年 9 月，习近平总书记在全国教育大会上就如何培养德智体美劳全面发展的社会主义建设者和接班人提出明确要求[118]。2024 年 9 月召开的新时代第二次全国教育大会上，习近平总书记再次强调，建设教育强国是一项复杂的系统工程，需要我们紧紧围绕立德树人这个根本任务，着眼于培养德智体美劳全面发展的社会主义建设者和接班人[119]。"德智体美劳全面发展"即"五育并举"教育理念是新时代新征程上为加快教育强国建设作出的系统部署。"五育并举"是一个多维度的概念，其核心是通过"德育铸魂""智育固本""体育强健""美育浸润""劳育淬炼"的协调育人机制，实现德智体美劳各领域工作整体融合推进，促进学生身心健康、全面发展、成长成才[120]。在研究生培养中，要注重德育为先、智育为重、体育为基、美育为辅、劳育为补，全面提升研究生的综合素质。

对研究生思想政治教育而言，“五育并举”既是培养方向，也是实践路径。德育引导研究生树立正确的理想信念和价值追求；智育促进研究生掌握专业知识和创新能力；体育保障研究生身心健康发展；美育提升研究生的审美情趣和人文素养；劳育培养研究生的劳动精神和实践能力。

当前研究生的理想信念、价值理念和道德观念总体向好，但部分研究生仍存在“重个人、轻社会”的倾向，价值观念模糊，家国情怀淡薄，缺乏社会担当。为此，进一步加强和改进思想政治教育工作需从研究生的培养特点出发，在师生互动、朋辈交往和实践训练中逐步提升研究生思想政治素养。“五育并举”在研究生思想政治教育中的实践路径应当是多元化、全方位的，需要综合运用各种教育方法和手段，促进研究生全面发展。

四、以人民为中心：研究生思想政治教育的价值立场

坚持以人民为中心发展教育，是中国共产党坚持人民至上的理念，坚持以人民为中心的发展思想在教育领域的集中体现。《教育强国建设规划纲要（2024—2035年）》提出，到2035年，高质量教育体系全面建成，基础教育普及水平和质量稳居世界前列，学习型社会全面形成，人民群众教育满意度显著跃升，教育服务国家战略能力显著跃升，教育现代化总体实现[121]。坚持以人民为中心发展教育，是建设教育强国的价值旨归。

从理论维度看，“以人民为中心”的价值立场深刻改变了研究生思想政治教育的理论范式。以人民为中心的思想发展了马克思主义的群众史观，强调江山就是人民，人民就是江山，打江山、守江山，守的是人民的心[122]。这一理念升华了马克思主义群众观，为研究生思想政治教育提供了坚实的理论支撑。教育部关于研究生思想政治教育的文件明确指出：“育人为本、德育为先，立德树人是教育的根本任务”[123]，这与“以人民为中心”的价值取向高度契合。

从实践维度看，“以人民为中心”的价值立场重塑了研究生思想政治教育的实践路径。将人民群众生命安全和身体健康放在第一位，既是社会主义制度的优势所在，也是思想政治教育的重要内容。在研究生思想政治教育中贯彻“以人民为中心”，就是要引导研究生树立正确的世界观、人生观和价值观，引导他们将个人成长与人民利益、国家发展紧密结合，培养他们的家国情怀和社会责任感。

从历史维度看，“以人民为中心”的价值立场赋予了研究生思想政治

教育新的时代内涵。这个理念明显区别于西方的个人中心主义，后者容易导致自我中心和自私自利行为，破坏社会公平与和谐。研究生思想政治教育要以此为指引，帮助研究生辨别和抵制西方错误思潮，坚定中国特色社会主义道路自信、理论自信、制度自信、文化自信。

从发展维度看，“以人民为中心”的价值立场引领着研究生思想政治教育的创新发展。研究生教育是大学教育的最高层次，获取知识的逻辑遵循是尝试、探索、创新，目标是生产知识。在此过程中，“以人民为中心”的价值立场能够确保研究生的学术创新和知识探索始终服务于人民的根本利益，为中国式现代化提供强大的人才支撑和智力保障。研究生思想政治教育要注重培养研究生的使命担当，引导他们将个人成长与国家发展、民族复兴紧密结合，厚植爱党情怀、爱国情怀、为民情怀。

五、思政引领力：研究生思想政治教育的首要特质

2024 年 9 月，习近平总书记在全国教育大会上指出：“我们要建成的教育强国，是中国特色社会主义教育强国，应当具有强大的思政引领力、人才竞争力、科技支撑力、民生保障力、社会协同力、国际影响力，为以中国式现代化全面推进强国建设、民族复兴伟业提供有力支撑。”[124]思政引领力作为思想政治工作的内核提炼和外在表征，不仅是一种价值追求，更是一种动态化的实践力量。

（一）思政引领力的科学内涵

思政引领力是在思想政治教育实践中生成的引导教育对象成长成才的现实力量。作为一个多维度的系统概念，主要包括政治领导力、思想指导力、价值塑造力和理想感召力。政治领导力体现为坚持党对研究生教育的全面领导；思想指导力表现为用习近平新时代中国特色社会主义思想铸魂育人；价值塑造力是培育和践行社会主义核心价值观；理想感召力则是引导研究生树立远大理想和崇高信念。思政引领力的本质是一种意识形态力量，反映了马克思主义在意识形态领域的指导地位，体现了主流意识形态建设的历史性成就[125]。

（二）思政引领力的生成机理

思政引领力的生成是一个综合调用多重环节、要素的实践过程。首先，教育强国建设是思政引领力生成的现实语境，为其提供了宏观背景和发展动力。其次，思政引领力有着明确的价值导向性，“立德树人”的根

本任务成为思政引领力生成的价值方向。再次，思政引领力生成于中国特色社会主义教育实践，尤其是学校思想政治教育体系成为思政引领力生成的实践基础。最后，满足研究生主体的内在需求构成思政引领力生成的关键环节，良性运行的育人生态为思政引领力的有效生成提供保障[126]。

在研究生思想政治教育中，思政引领力的生成一是靠主导推动，通过顶层设计和制度安排推动思政引领力的整体提升；二是靠具体发展，通过具体工作领域的创新实践推动思政引领力的系统建构；三是靠参与提升，通过研究生主体的积极参与推动思政引领力的内生发展；四是靠协作共建，通过多主体共同参与推动思政引领力的协同提升。

（三）思政引领力在研究生思想政治教育中的功能

思政引领力在研究生思想政治教育中具有举旗定向、凝聚共识和铸魂育人的价值功能。举旗定向功能体现为确保研究生教育的正确政治方向，引导研究生坚定理想信念，树立正确的世界观、人生观、价值观。凝聚共识功能表现为凝聚研究生思想共识，增强政治认同、思想认同、理论认同和情感认同。铸魂育人功能则是通过思想政治教育培育理想信念坚定、专业本领过硬的时代新人。

思政引领力通过方向引领、动力激发、力量凝聚、矛盾化解的方式，实现对研究生未来走向所预设的“理想的意图”。方向引领就是确立研究生成长的正确方向；动力激发就是激发研究生的内生动力；力量凝聚就是汇聚研究生的奋斗力量；矛盾化解就是解决研究生成长过程中的矛盾和问题[127]。

（四）提升研究生思想政治教育思政引领力的路径

强化研究生思想政治教育的思政引领力，要在深刻把握其本质内涵和战略定位的基础上，采取多元路径进行系统提升。一是强化政治引领，坚持党对研究生教育的全面领导，保障研究生思想政治教育的正确方向。二是提升价值引领，引导研究生树立正确的价值观念，增强对社会主义核心价值观的认同。三是完善制度引领，健全研究生思想政治教育体系，推动思政引领力落地见效。四是创新课程引领，发挥思想政治理论课的主渠道作用，提升研究生思想政治教育的实效性。五是加强队伍引领，建设高素质研究生思想政治教育工作队伍，为强化思政引领力提供人才支撑。

在提升路径上，应坚持以人民为中心的引领导向，坚持解决思想问题与解决实际问题相结合，坚持有效知识教育与高尚情感培育有机统一，不断提升思政引领力在研究生思想政治教育中的实践效应。

（五）思政引领力视域下研究生思想政治教育的创新发展

在思政引领力视域下，研究生思想政治教育需要不断创新发展。一方面，要加强顶层设计，构建研究生思想政治教育的大思政格局，推动形成全员全过程全方位育人的协同效应。另一方面，要深化内容创新，围绕研究生成长成才需求和时代要求，不断丰富思想政治教育内容。此外，要创新方式方法，运用现代信息技术手段提升思想政治教育的吸引力和感染力。还要强化实践导向，通过社会实践、志愿服务等方式增强思想政治教育的实效性。

思政引领力是教育强国建设的首要特质，是研究生思想政治教育的质量标准和价值追求。提升研究生思想政治教育的思政引领力，对于培养堪当民族复兴重任的时代新人，建设教育强国具有重要意义。在新时代新征程上，我们要不断增强思政引领力，为研究生思想政治教育高质量发展提供强大动力，为培养高水平创新人才贡献力量。

习近平新时代中国特色社会主义思想为研究生思想政治教育提供了科学理论指导和根本遵循。习近平新时代中国特色社会主义思想以其鲜明的理论品格、系统的科学内涵和深刻的实践智慧，为新时代研究生思想政治教育工作指明了前进方向。从“十个明确”的理论内核到“六个必须坚持”的世界观和方法论，从立德树人的根本任务到思政引领力的首要特质，习近平总书记关于教育的重要论述构建了一个逻辑严密、内涵丰富的理论体系，为培养担当民族复兴大任的高层次人才提供了行动指南。

面向未来，研究生思想政治教育必须始终坚持以习近平新时代中国特色社会主义思想为指导，坚持党对教育工作的全面领导，全面贯彻党的教育方针，落实立德树人根本任务，构建科学完善的思想政治教育体系。我们要不断增强思政引领力，创新教育内容和方法，深化教育教学改革，提升教育质量和实效，将“四个服务”的价值指向、“五育并举”的实践路径和以人民为中心的价值立场贯穿于研究生培养全过程，为培养德才兼备、创新能力强、具有国际视野的高水平人才提供坚实保障，为实现中华民族伟大复兴的中国梦提供强大的人才支撑和智力支持。

在新时代新征程上，研究生思想政治教育工作者要以更加坚定的信念、更加务实的态度、更加创新的精神，推动习近平新时代中国特色社会主义思想在研究生教育中的创造性转化和创新性发展，不断开创研究生思想政治教育工作新局面。

第四章　新时代研究生思想政治教育的理论体系与创新发展

当今中国特色社会主义迈入新的历史阶段，我国高等教育体系，特别是研究生培养模式，正面临前所未有的变革与挑战。本章试图在现有研究基础上，勾勒新时代研究生思想政治教育的要素体系框架，探究要素之间错综复杂的内在联系，为深入把握和科学推进思政教育提供理论参照与方法论思考。

面对新形势、新任务、新要求，需要在基本要素及其内在逻辑层面实现突破与创新，才能打开理论与实践创新的新局面。研究生教育构成高等教育人才培养的最高层次，是国家培育创新型人才的重要途径。而思想政治教育则是研究生培养体系中不可分割的有机组成部分，是贯彻落实立德树人根本任务的必由之路。深入剖析其要素体系与内在逻辑关系，不仅有助于我们更加科学地认识研究生思想政治教育的规律性特征，也为思政教育实践工作者提供了更为可靠的行动指南。

第一节　新时代研究生思想政治教育的要素体系

研究生思想政治教育作为思想政治教育体系的重要组成部分，既遵循思想政治教育的一般规律，又具有自身的特殊性。构建新时代研究生思想政治教育的要素体系，需要辩证把握教育规律与时代特征，形成具有鲜明政治属性和教育特性的整体结构。

一、思想政治教育要素体系的理论构建

（一）马克思主义理论视域下的要素分析与范畴提炼

思想政治教育要素体系的构建须以马克思主义理论为指导，特别是以辩证唯物主义和历史唯物主义为方法论基础。思想政治教育学科的建设必须坚持以马克思主义为指导，运用马克思主义的立场、观点和方法分析思想政治教育的基本要素及其相互关系[128]。从马克思主义理论视域出发，思想政治教育要素体系不是静态的结构叠加，而是在特定历史条件下各要素之间相互联系、相互作用的动态有机整体。

在马克思主义理论指导下，要素分析方法强调把研究对象作为一个有机整体，分解为若干相互联系的基本构成部分，并探究各部分间的内在联系与作用机制。思想政治教育的方法必须与一定的教育内容、教育客体和教育环境相适应，彰显了思想政治教育要素之间的辩证统一关系[129]。将要素分析提升为范畴提炼，则是对思想政治教育本质属性和内在规律的更高层次把握。

（二）思想政治教育要素的政治属性与教育特性统一

思想政治教育要素体系具有鲜明的政治属性和教育特性统一的特点。政治属性体现在思想政治教育的目的性、意识形态性和价值引领性上；教育特性则表现为其教育性、规律性和实践性等方面。这两种属性在思想政治教育的各要素中交织呈现，形成了其独特的学科特质。

研究生思想政治教育在强调政治属性的同时，更需要关注其教育特性的科学性、学理性和系统性，实现政治性与学理性的辩证统一。一方面，思想政治教育的政治方向必须坚持不变；另一方面，其教育方式、方法和载体需要与时俱进，适应研究生群体的特点和时代发展的要求。

（三）新时代背景下要素体系的重构与创新

新时代背景下，研究生思想政治教育要素体系需要在继承传统的基础上进行重构与创新。习近平新时代中国特色社会主义思想为研究生思想政治教育提供了根本遵循，要求我们在要素体系重构中坚持立德树人根本任务，落实“四个服务”要求，实现“五育并举”的教育目标。同时，新时代的信息技术发展、社会环境变化和研究生群体特点的演变，也对思想政治教育要素体系的创新提出了新的挑战和要求。

要素体系的重构需要处理好继承与创新、理论与实践、政治性与学理

性、普遍性与特殊性的关系，形成既符合思想政治教育一般规律又体现研究生教育特点的科学体系。在此基础上，要素体系的创新应聚焦于价值引领、协同育人、数智赋能等方面，形成具有时代特色的研究生思想政治教育新模式。

二、价值引领：思想政治教育的核心要素

（一）价值引领的政治维度与理想信念塑造

价值引领是研究生思想政治教育的核心要素，它直接关系到研究生正确世界观、人生观、价值观的形成。从政治维度看，价值引领的根本任务是用习近平新时代中国特色社会主义思想武装研究生头脑，引导他们树立共产主义远大理想和中国特色社会主义共同理想。

理想信念是思想政治教育的灵魂，是研究生成长成才的精神支柱。研究生处于世界观、人生观、价值观形成的关键时期，价值引领要重点解决好他们的理想信念问题，引导他们将个人理想与国家发展、民族复兴紧密结合，自觉肩负起时代赋予的使命与责任。

（二）价值引领在研究生群体中的特殊重要性

研究生是国家高层次人才队伍的重要来源，肩负着全面建成社会主义现代化强国，实现中华民族伟大复兴中国梦的历史使命。相比于本科生，研究生群体具有更高的学术素养、更强的独立思考能力和更为复杂的价值认知结构，这决定了价值引领在研究生思想政治教育中具有特殊重要性。

研究生既是知识的学习者，又是科学研究的参与者和创新的实践者，其价值取向不仅影响个人发展，还可能影响学科建设和社会进步。因此，价值引领要在研究生中深入贯彻社会主义核心价值观，引导他们树立正确的学术价值观和科研伦理观，将个人成长与国家需要、学术追求与社会责任有机统一起来。

研究生教育的双重属性决定了价值引领与学术引领必须有机统一。学术研究与价值引领不是割裂的关系，而是相互促进、相辅相成的。一方面，坚实的学术训练和良好的专业素养是价值实践的重要基础；另一方面，正确的价值引领能够为学术研究提供方向指引和伦理规范。

三、主体要素：研究生思想政治教育的组织实施力量

（一）教育主体的概念辨析与本质特征

研究生思想政治教育主体指在教育活动中有意识、有目的、有计划地

对教育客体施加影响的组织者和实施者，包括党和国家机构、教育行政部门、高校及其相关职能部门、教师队伍和导师群体等多元主体。正是教育主体的多元化与层次化特征，赋予了研究生思想政治教育显著的系统性和复杂性特点。

教育主体是研究生思想政治教育系统中的核心要素，承担着组织者和实施者的关键角色。教育主体是指在研究生思想政治教育过程中，有意识地对研究生施加思想政治影响的个人或组织。教育主体与“教育客体”相对应，共同构成了研究生思想政治教育活动的两个基本极。

研究生思想政治教育主体具有目的性、主导性和能动性三大本质特征。目的性表现为教育主体的教育活动具有明确价值导向和目标追求，致力于培养德智体美劳全面发展的社会主义建设者和接班人。主导性体现在教育主体在教育过程中发挥引导和组织作用，通过设计内容、选择方法、优化环境等多种方式，主导教育活动的开展与推进。能动性则意味着教育主体并非被动适应既定条件，而是积极认识和改造教育环境，创造性开展教育活动，不断增强教育效果。

从马克思主义实践观的维度分析，教育主体的实践性是其最为根本的特征。教育主体不仅是认识的主体，更是实践的主体。通过教育实践活动，教育主体既促进教育客体的发展变化，同时也实现自身的成长提升。

（二）教育主体的类型构成与结构层次

观察当前研究生思想政治教育实践不难发现，其教育主体呈现出多元化和层次化的鲜明特点，形成了一个相互协同、各具功能的主体系统。从层次结构来看，研究生思想政治教育主体大致可划分为三个相互衔接的层面：

一是宏观层面上的组织主体，主要包括党和国家机构、教育行政部门和高校党委等。这些主体扮演着总体领导与顶层设计的角色，主要通过制定方针政策，建立规章制度，配置教育资源等战略性举措，为研究生思想政治教育提供根本方向引领和制度保障。党的领导机构作为核心引领力量，确立教育的政治方向与价值取向；教育行政主管部门则负责具体政策的制定与监督实施；高校党委则在学校层面统筹各方力量，确保党的教育方针得到全面贯彻。

二是中观层面的管理主体，主要涵盖研究生院（部）、学院党委、研究生工作部门等中层组织。这些部门在教育主体系统中具有承上启下的作用，主要通过组织协调、方案设计、督促检查等管理活动，推动思想政治教育工作在校园中有序开展。研究生院负责将思想政治教育元素融入培养方案设计；学院党委承担本单位思想政治教育工作的具体落实责任；研究生工作部门则专注于日常思想引导和教育活动的组织实施。

三是微观层面的实施主体，主要包括研究生导师、辅导员、思想政治理论课教师等一线教育者。他们是教育主体系统中与研究生接触最为密切的群体，通过面对面教育、言传身教、学术引领等直接方式，对研究生产生最为直接的思想影响。值得特别强调的是，研究生导师既承担学术引路人的角色，又肩负思想引领者的使命，在研究生思想政治教育中具有不可替代的重要地位；辅导员群体则构成思想政治教育的骨干力量，负责研究生日常思想引导和事务管理；思想政治理论课教师则专注于马克思主义理论的系统传授与信仰培育。

从功能定位角度审视，研究生思想政治教育主体又可分为领导主体、管理主体、教育主体和服务主体等不同类型。领导主体主要发挥决策引领功能，确定教育方向与目标；管理主体主要承担组织协调功能，保障教育活动有序开展；教育主体主要履行教学引导功能，直接实施思想政治教育；服务主体则主要提供支持保障功能，为教育活动创造良好条件。这些功能各异的主体相互配合、协同联动，共同构成了一个有机整体的主体系统。

（三）多元主体的结构与功能定位

研究生思想政治教育主体的职责定位必须立足于对教育规律和研究生群体特点的科学把握。总体而言，教育主体需要在政治引领、价值塑造、知识传授、能力培养和心理疏导等多个层面履行基本职责。根据各自在教育系统中的位置不同，不同主体的职责重点也各有侧重，但都围绕培养德智体美劳全面发展的研究生这个共同目标展开积极工作。

研究生导师作为“研究生培养第一责任人”和“思想政治教育首要责任人”，其责任尤为重大。优秀导师不仅要指导学生的专业学习和学术研究，更要关心学生的思想状况、价值取向和道德品质，真正做到“亦师亦友”“既做学业导师，又做人生导师”。具体而言，导师应重点在以下方面发挥作用：一是引导研究生树立正确的政治信念和学术志向，厚植家国情怀；二是培养研究生严谨求实的学术态度和诚信自律的学术品格；三是关注研究生的学习、生活和心理健康状况，及时给予关怀和帮助；四是以自身的人格魅力和学术成就潜移默化地影响和感染研究生。

研究生辅导员作为高校思想政治工作队伍的重要力量，作为“高等学校学生日常思想政治教育和管理工作的组织者、实施者和指导者”，应当努力成为“学生成长成才的人生导师和健康生活的知心朋友”。辅导员既是研究生日常管理服务的组织者，也是思想引领和价值塑造的践行者。在具体职责方面，辅导员应重点发挥以下作用：一是加强理想信念教育，深入开展习近平新时代中国特色社会主义思想学习教育，引导研究生树立正确的世界观、人生观和价值观；二是组织开展丰富多彩的校园文化活动，搭建学术交流、实践锻炼和创新创业的平台，促进研究生全面发展和综合素质提升；三是关注研究生的学业、生活问题和心理健康，落实对经济困难学生的资助工作，提供及时有效的指导和帮助；四是协调研究生与导师、管理部门之间的关系，当好“连心桥”；五是掌握研究生的思想动态，针对学生关心的热点、焦点问题及时进行教育引导，化解矛盾冲突，参与处理突发事件，维护校园安全稳定。

思想政治理论课教师是研究生思想政治教育的专业力量，作为高等学校教师队伍中承担开展马克思主义理论教育、用习近平新时代中国特色社会主义思想铸魂育人的中坚力量，在理论教育和价值引领方面发挥着关键作用。其主要职责包括：一是始终在政治立场、政治方向、政治原则、政治道路上与以习近平同志为核心的党中央保持高度一致，深入研究马克思主义理论和党的创新理论成果，提升理论素养和学理阐释能力，做到信仰坚定、学识渊博、理论功底深厚；二是按照“政治性和学理性相统一、价值性和知识性相统一、建设性和批判性相统一、理论性和实践性相统一”等要求，全面推动党的创新理论研究成果转化为相应的学科方向和课程教材，增强思政课的思想性、理论性和亲和力、针对性，全面提高思政课质量和水平；三是立足研究生特点和学科专业背景，推动思政课与专业教育的有机融合，将新时代伟大变革成功案例及其蕴含的道理学理哲理融入学校思想政治教育，实现价值引领与知识传授的统一；四是关注学术前沿和社会热点，回应研究生思想困惑和价值关切，增强思政课的时代感和说服力；五是以自身的学识魅力和人格魅力影响和感染研究生，做到“政治强、情怀深、思维新、视野广、自律严、人格正”，成为学生学习和实践马克思主义的典范。

各教育主体只有各司其职、密切配合，才能形成思想政治教育的合力，构建起全员、全过程、全方位的“大思政”工作格局，切实提高研究生思想政治教育质量和水平。不论何种类型的教育主体，在发挥作用时都应当遵循教育规律和人才成长规律，避免生硬僵化的工作模式。首先，要充分尊重研究生的主体地位，激发其内在的学习动力和创造潜能，实现从单向“灌输式”教育向互动“对话式”教育的根本转变。其次，要增强教育内容的针对性和实效性，根据研究生的知识背景、思维特点和接受习惯，精准施教、因材施教。再次，要持续创新教育方法和途径，善于运用信息技术和数字媒体，提升教育的吸引力和感染力。最后，要加强各类教育主体之间的协同配合，形成教育合力，避免各自为政、相互脱节的“孤岛”现象。通过构建“党委统一领导、部门分工负责、导师发挥引领作用、辅导员密切联系、研究生自我教育”的多元主体协同育人机制，形成思想政治教育的强大合力。

四、客体要素：研究生的双重身份与多维发展

（一）研究生群体的思想特征与政治素养

从思想特征观察，研究生群体呈现出学术志向与职业取向并存、独立探索与团队合作并重、个性发展与社会责任并举的复杂特点。多数研究生既关注个人的学术成长和职业发展，也对社会现实和国家需求保持高度关注；既注重独立思考和自主研究，也积极参与团队协作和学术交流；既追求个性化发展和自我实现，也认同社会责任和家国情怀。研究生群体多元的行为特征要求思想政治教育既要关注研究生的个性化需求和发展诉求，又要引导其树立正确的社会责任感和历史使命感，实现个人发展与社会进步的有机统一。

从价值特征判断，研究生群体的价值观念体系已经基本形成，但仍处于深化完善的关键阶段。大多数研究生在核心价值层面认同社会主义核心价值观和中华优秀传统文化，但也不同程度地受到西方思想文化和多元价值观的影响，价值取向呈现出多样化和复杂化的时代特点。研究生群体的价值特征要求思想政治教育既要坚持正确的政治方向和价值导向，又要尊重研究生的价值选择和思想探索权利，通过理性对话和价值引导，促进研究生价值观的逐步成熟与完善。

（二）学术主体与教育对象的身份辩证

研究生兼具学术主体与教育对象的双重身份。作为学术主体，研究生

是科学研究、学术创新的积极参与者，具有较强的学术自主性和批判性思维；作为教育对象，研究生又是价值引领、思想塑造的接受者，需要在政治认同、价值观念、道德规范等方面接受系统引导。

研究生双重身份的辩证关系决定了研究生思想政治教育必须处理好价值引领与学术自由、理论灌输与批判思维、共性要求与个性发展的关系，尊重研究生的学术主体性，同时引导其形成正确的价值取向。在教育过程中，应当充分发挥研究生的主动性和创造性，通过讨论交流、科研实践、学术批评等方式，让研究生在主体性参与中实现自我教育和价值内化。

（三）自我教育能力的培养与实现路径

培养研究生的自我教育能力是思想政治教育的重要目标。自我教育是指研究生通过自我认识、自我反思、自我调控和自我完善，主动实现思想观念、价值取向和行为习惯的调整和优化。研究生文化水平高，民主参与意识突出，自我管理能力较强，在思想政治素质的培养和成长成才过程中，更应体现自身的主动性、自觉性和参与性。

自我教育能力的培养需要通过多种路径实现：一是强化理论武装，引导研究生掌握马克思主义立场、观点和方法，提高辨析能力；二是加强实践锻炼，通过社会实践、学术研究、志愿服务等活动，促进理论与实践的统一；三是优化教育环境，营造良好的学术氛围和民主氛围，激发研究生自我教育的内在动力；四是健全评价机制，引导研究生进行自我反思和自我评价，形成自我教育的良性循环。

五、内容要素：思想政治教育的理论与实践体系

（一）思想政治教育的主要任务和内容

1. 理想信念教育

理想是指人们在实践中形成的、具有实现可能性的、对未来的向往和追求，信念是人们坚信未来美好结果的、稳定的自我意识。理想和信念是人生的精神支柱和力量源泉，是人们的世界观、人生观、价值观在奋斗目标上的集中体现。理想信念教育是思想政治教育的核心。

（1）树立正确的世界观、人生观和价值观

思想政治教育的基本任务之一就是引导受教育者树立正确的世界观、人生观和价值观，促使受教育者对“三观”在思想中自觉认同，在信念中自觉守护，在行为中自觉遵循。一个人只有确立了正确的世界观、人生观

和价值观，才能在实践中自觉调整和校正个人的思想行为，使其符合一定的社会规范和行为准则，成为一个遵纪守法、品德高尚的人，一个健康向上、有益于社会的人。要培养正确的“三观”，最重要的就是要把“三观”教育与受教育者的思想特点和生活环境结合起来，由此培养和提高其辨别是非对错的价值判断能力和抵御不良思想侵蚀的自我觉悟能力。

（2）确立中国特色社会主义共同理想

确立中国特色社会主义共同理想，对于思想政治教育任务而言，既是一个理论问题，也是一个实践问题。只有从理论和实践的结合上准确把握中国特色社会主义共同理想，才能进一步增强树立中国特色社会主义共同理想的自觉性和坚定性。

首先，要正确认识和处理共产主义最高理想与中国特色社会主义共同理想的关系。共产主义远大理想和中国特色社会主义共同理想，是中国共产党人的精神支柱和政治灵魂，也是保持党的团结统一的思想基础。实现共产主义是我们的远大目标，是共产党人的最高理想。建设中国特色社会主义，是实现共产主义的必经阶段。

其次，要正确认识和处理个人理想与共同理想的关系。社会成员只有使个人理想服从民族、国家的共同理想，与共同理想保持一致，才能最大限度地实现人生价值和社会价值。

最后，要正确认识和处理理想和现实的关系。理想源于现实，又高于现实。现实与理想之间既有一致性，又有差异性。现实向理想的转变是一个充满曲折的过程，需要我们为改变现实而努力奋斗。

（3）为实现中华民族伟大复兴和共产主义而奋斗

进行理想信念教育的最终任务，就是要使受教育者接受马克思主义科学理论，确立建设中国特色社会主义、实现中华民族伟大复兴和实现共产主义的理想信念，进一步夯实人民群众为实现民族复兴和共产主义而团结一致的思想根基。

马克思主义基于对人类社会发展的正确分析，指出人类社会必然走向共产主义。共产主义社会将是物质财富极大丰富，人们精神境界极大提高，每个人自由而全面发展的社会。实现共产主义是中国共产党的最高理想。

通过理想信念教育，要使人们明确社会主义最终战胜资本主义是历史发展的必然，是不以人的意志为转移的客观规律，从而使他们坚定对于社会主义、共产主义的信心，坚定对于民族复兴的信心。

思想政治教育必须把坚持正确导向贯穿于理想信念教育的各方面和全过程，保证广大人民群众在思想上、政治上、行动上团结一致，巩固全国各族人民团结奋斗的共同思想基础，战胜前进道路上种种困难，共同为实现中华民族伟大复兴和共产主义而努力奋斗。

2. 爱国主义教育

爱国主义是人们忠诚、热爱、报效祖国的一种集思想、情感和意志于一体的社会意识形态。爱国主义教育是思想政治教育的重要内容，是提高全民族整体素质，增强民族凝聚力的基础性工作。

（1）弘扬和培育民族精神

民族精神是一个民族在长期的共同生活和共同的社会实践基础上形成和发展的，为民族大多数成员所认同和接受的思想品格、价值取向和道德规范，是一个民族的理想信念、价值观念、文化传统、道德情感、心理特征和生活方式的精神浓缩和综合反映，是一个民族生命力、创造力和凝聚力的集中体现。

培育和弘扬民族精神，二者相辅相成，缺一不可。相比较而言，培育更根本。民族精神不是民族内部自发形成的，不是由民族外部简单移植的，而是民族共同体自觉地、持续地培育的结果。

今天，我们要把以爱国主义为核心的民族精神和以改革创新为核心的时代精神有机结合起来，把弘扬和培育民族精神贯穿于社会主义现代化建设的全过程，增强全民族的自尊心、自信心和自豪感。

（2）培养爱国报国情怀和改革创新精神

爱国报国情怀是以爱国主义为核心，以报效祖国为重点的思想情感，是国民对自己的祖国和民族的神圣的热爱之情。中华民族是富有爱国主义光荣传统的伟大民族，爱国主义是中华民族精神的核心。

爱国主义教育内容主要包括中华民族悠久历史的教育，中华民族优秀传统文化教育，党的基本路线和社会主义现代化建设成就的教育，中国国情的教育，社会主义民主和法制教育，国防教育和国家安全教育，民族团结教育等。

时代精神是一个社会在创造性实践中激发出来的，反映社会进步的发展方向，引领时代进步潮流，为社会成员普遍认同和接受的思想观念、价值取向、道德规范和行为方式。我们当前进行的新时代精神教育是以改革创新为核心。

依托于中华优秀传统文化中变革思想的土壤而孕育发展起来的改革创新精神，是中华民族富于进取的思想品格，马克思主义与时俱进的理论特征和中国革命、建设、改革实践相结合的伟大成果，是中华民族进步的不竭动力。

3. 民主法治教育

民主法治教育是思想政治教育的重要组成部分，是养成人们良好行为的重要方式。加强民主法治教育是提高人的综合素质，促进社会和谐发展的有效途径，是时代发展的迫切要求。

（1）社会主义民主教育

社会主义民主，是无产阶级和广大人民享有的民主。党的十九大报告指出："我国社会主义民主是维护人民根本利益的最广泛、最真实、最管用的民主。发展社会主义民主政治就是要体现人民意志、保障人民权益、激发人民创造活力，用制度体系保证人民当家作主。"[130]

在我国现阶段，开展社会主义民主教育的主要任务就是要着力培养人们的民主意识，提升公民的民主素养。在社会主义民主的教育中，还要引导人们深刻认识社会主义民主形成发展的历史背景、现实基础、自身特点和优越性。

我们也要看到，我们的民主法治建设同扩大人民民主和经济社会发展的要求还不完全适应，社会主义民主政治的体制、机制、程序、规范以及具体运行上还存在不完善的地方，必须继续加以完善。

（2）社会主义法治教育

全面依法治国是建设中国特色社会主义的本质要求和重要保障，是实现国家治理体系和治理能力现代化的必然要求，事关我们党执政兴国，事关人民幸福安康，事关党和国家长治久安。

党的十九大报告正式将"坚持全面依法治国"作为新时代坚持和发展中国特色社会主义的基本方略之一。全面推进依法治国，总目标是建设中国特色社会主义法治体系，建设社会主义法治国家。

加强社会主义法治教育，是推进社会主义法治国家建设的根本要求，其主要任务就是要培养法治意识、法治素养、法治能力，引导人们知法、守法、用法。

知法是要使人民了解国家的基本法律制度，掌握基本的法律知识，熟悉我国社会主义法律的运行机制。守法是要依法办事，自觉遵守法律。用法是要逐渐养成从法律角度思考、分析、解决法律问题的思维习惯。知法是守法、用法的前提，但法治教育最终要落到守法、用法上来，因而提高人们的法治意识，提高人们遵守法律、依法办事的自觉性，更应成为法治教育的重点。

开展社会主义法治教育，就是要大力弘扬社会主义法治精神，建设社会主义法治文化，增强全社会厉行法治的积极性和主动性，形成守法光荣、违法可耻的社会氛围。

4. 全面发展教育

人的全面发展具有丰富而深刻的内涵，主要包括：思想道德素质、科学文化素质、心理健康素质、审美艺术素质和劳动技能素质，其中，思想政治素质是最重要的素质。

（1）思想道德素质教育

思想道德素质教育，是以提高受教育者的思想道德素质为目的的教育。首先，思想道德素质教育向受教育者传授世界观、人生观、价值观和道德观的理论知识，即解决“知”的问题。其次，思想道德素质教育有助于受教育者把掌握的世界观、人生观、价值观和道德观的理论知识内化为自身的思想信念、人生目标和道德理想。最后，思想道德素质教育还可以帮助受教育者把自身的思想信念、人生目标和道德理想外化为具体的行为。把这三个环节连接起来，就构成了一个从“知”到“信”再到“行”的发展过程。正是在这个知—信—行的动态发展过程中，思想政治教育将使受教育者的思想道德素质不断提高。

（2）科学文化素质教育

科学文化素质教育，是以提高受教育者的科学文化素质为目的的教育。科学文化素质教育的任务包括：培养崇尚科学的精神；培养正确的科学价值观；传授现代科学文化知识；培养创造性思维能力。

（3）心理健康素质教育

心理健康素质教育是以提高受教育者的心理素质为目的的教育，是思想政治教育的重要任务，也是培养高素质合格人才的重要途径。良好的心理素质是优良的思想品德形成和发展的基础。心理健康素质教育要遵循思想政治教育和人的心理发展规律，坚持心理健康教育与思想教育相结合，引导人们提高心理调节能力，培养良好的心理素质。

（4）审美艺术素质教育

审美艺术素质教育，是以提高受教育者的审美艺术素质为目的的教育，它直接关系到受教育者审美能力的提升和审美理想的实现。审美艺术素质教育是运用美的事物陶冶人的情感，并且在情感陶冶活动中净化人的灵魂，其教育过程本质上是审美情感培养、陶冶的过程。审美艺术素质教育有助于审美主体分清美与丑、善与恶、真与假的界限，并且对其作出正确的评价和选择。

（5）劳动技能素质教育

劳动技能素质教育是以提高受教育者的劳动技能素质为目的的教育。劳动是人类创造物质财富和精神财富的活动，是人类生存发展的根本途径，是推动人类社会进步的根本力量。必须牢固树立劳动最光荣、劳动最崇高、劳动最伟大、劳动最美丽的观念，让全体人民进一步焕发劳动热情，释放创造潜能，通过劳动创造更加美好的生活。劳动技能素质教育包括劳动技术的教育和劳动能力的培养两个方面。总之，加强劳动技能素质教育是思想政治教育的一项任务，我们不仅要让受教育者掌握相应的劳动技能，还要让他们通过学习劳动技能丰富和完善自身，实现全面发展。

（二）理论引领：马克思主义中国化时代化理论成果的学习与认同

理论教育是研究生思想政治教育的基础内容，马克思主义中国化理论成果构成研究生思想政治教育的基础内容，其核心在于促进马克思主义中国化时代化理论成果的系统学习与深度认同。通过系统性理论教育，引导研究生准确把握马克思主义基本原理、中国特色社会主义理论体系与习近平新时代中国特色社会主义思想的科学内涵与精神实质，进而增强理论认同、政治认同与情感认同，自觉运用马克思主义立场观点方法分析思考问题。

理论教育应注重系统性、时代性与创新性的有机统一。一方面，系统阐释马克思主义基本原理与中国化理论成果的核心内容；另一方面，结合时代发展与现实问题进行创新性阐释，积极回应研究生关心的理论与现实问题，增强理论教育的针对性与说服力。同时，理论教育形式应当多样化，教育方法应当创新化，通过学术研讨、专题讲座、理论沙龙等多种形式，提升理论教育的吸引力与感染力。

（三）学科融合：专业教育与思想政治教育的协同统一

研究生教育的显著特征在于其专业性与学科性，思想政治教育内容应当与专业教育有机融合，实现“课程思政”与“思政课程”的双向互动与良性循环。一方面，思想政治教育应善于从专业教育与学科建设中挖掘思想政治教育资源，使价值引导融入知识传授与能力培养的全过程；另一方面，专业课程与学科活动也应自觉承担思想政治教育功能，将社会主义核心价值观、科学精神、学术规范等内容有机融入专业教学与科研实践。

专业融合的实现路径主要包括三个层面：知识层面的融通，即挖掘专业知识体系中蕴含的思想政治教育元素；能力层面的融通，即将思想政治素养融入专业能力培养体系；价值层面的融通，即引导学科专业服务国家发展战略与人民根本利益。通过多层次的融通机制，促进思想政治教育与专业教育的有机统一。

（四）实践育人：社会责任意识与创新能力的综合培养

实践教育是研究生思想政治教育的关键环节，重点在于培养研究生的社会责任意识与创新能力。通过社会实践、科研活动、社会服务等多元形式，引导研究生深入了解国情社情，把握时代脉搏，在实践中检验与深化理论认识，在服务社会中提升责任担当。

实践教育的系统构建需要建立健全研究生实践育人体系，整合校内外实践平台，拓展实践育人空间。具体而言：加强社会调查与专业实践，组织研究生深入基层、企业与社区，了解国情民情，培育家国情怀；推进科研育人，通过参与科研项目、学术交流、创新创业等活动，提升研究生的创新精神与实践能力；开展志愿服务与公益活动，引导研究生关注社会问题，培养社会责任感与使命担当；加强国际交流，拓展研究生的国际视野，增强文化自信与民族自豪感。

实践是认识的来源，也是检验真理的唯一标准。研究生思想政治教育必须立足实践、回归实践，方能实现知行合一。社会调查使研究生深入基层一线，了解国情民生，这种“沾泥土、带露珠、冒热气”的体验，往往能够引发思想上的深刻共鸣；志愿服务则在服务他人、奉献社会的过程中，培养了家国情怀与社会责任感；学术研讨通过问题导向的深入探讨，不仅提升专业素养，也锻炼理论思辨能力；挂职锻炼则使研究生提前适应职业环境，将专业知识与实际工作相结合，实现了从“学生”到“社会人”的角色转变。

六、方法要素：思想政治教育的实现途径

（一）思想政治教育方法的政治性与学理性统一

思想政治教育方法是实现教育目标的途径和手段，具有鲜明的政治性和学理性统一特征。政治性体现在方法的价值取向和目标指向上，要求教育方法必须服务于社会主义核心价值观的培育和中国特色社会主义事业后继人才的培养；学理性体现在方法的科学性和规律性上，要求教育方法必须符合思想政治教育规律，遵循人的认知规律和发展规律。

研究生思想政治教育方法的选择和运用，必须坚持政治性与学理性的辩证统一。一方面，坚持正确政治方向，把握正确价值导向；另一方面，注重方法的科学性和有效性，遵循教育规律和学生成长规律。通过政治性与学理性的有机结合，提高思想政治教育的针对性和实效性。

（二）研究生思想政治教育的差异化方法设计

研究生群体的异质性和多样性要求思想政治教育采取差异化的方法设计。根据研究生的学习阶段、学科背景、成长环境等因素，有针对性地选择和运用教育方法，提高教育的精准性和有效性。

针对不同学习阶段的研究生，应关注其思想特点与发展需求的阶段性特征。入学初期重点引导其适应角色转变，强化理想信念教育；中期阶段注重科研道德与学术规范教育；毕业阶段则侧重就业观念与社会责任感教育。针对不同学科背景的研究生，应结合其专业特点与思维方式，采取相应的教育方法。理工科研究生可侧重案例教学与实证分析；人文社科研究生则更适合理论探讨与价值反思。从认知特征视角看，分析型思维者适宜采用逻辑推理与系统分析方法；综合型思维者则更适合整体思考与创造性探索方法。

（三）信息技术与思想政治教育方法的创新融合

当前，人工智能作为新一轮科技革命和产业变革的战略性技术，在各行各业都发挥着强大的“头雁”效应，在教育行业也具有溢出带动性强的特点。充分利用人工智能的优势，以其思维之新、方法之新赋能高校思想政治教育改革，将起到事半功倍的效果。

作为新兴数字技术，人工智能可以帮助思政工作者精准把握对象，丰富内容，优化教育场景，全面评价教学效果等，人工智能赋能高校思想政治教育方法创新旨在最大限度地利用数字技术，为思想政治教育高质量发

展提供新效能。人工智能技术以数智化理念、多技术集成、全场域共生等优势，推动高校思想政治教育教学方法因时而进，管理方法智能升级，评价方法提质增效。技术赋能思想政治教育主要表现在四个方面：首先，拓展教育空间，构建线上线下相结合的思想政治教育新生态；其次，丰富教育手段，开发数字化、可视化、交互式的教育资源与平台；再次，优化教育过程，运用大数据分析研究生思想特点与发展需求，实现精准化教育；最后，提升教育效果，通过虚拟现实、增强现实等技术创设沉浸式学习环境，增强教育的感染力与实效性。

在具体应用实践中，借助人工智能的“智能教学”“智能伴学”“智能模型”等技术，发挥思想政治教育教学方法、管理方法和评价方法的最大效能[131]。技术应用过程中应避免工具理性对价值理性的遮蔽，始终坚持技术为教育服务的基本原则。

七、环境要素：思想政治教育的生态系统

（一）政治生态与学术生态的协同构建

环境系统是影响思想政治教育效果的重要外部条件。研究生思想政治教育的环境体系主要包括政治生态与学术生态两个关键维度。政治生态指由政治制度、政治文化、政治价值等要素构成的环境系统，直接影响研究生的政治认同与价值取向；学术生态则是由学术规范、学术文化、学术评价等要素构成的环境系统，深刻影响研究生的学术品格与创新精神。

良好的政治生态与学术生态是研究生健康成长的重要保障。政治生态建设应坚持党的领导，加强思想引领，营造积极健康的政治氛围；学术生态建设则应倡导学术诚信，尊重学术自由，培育创新文化，构建风清气正的学术环境。通过政治生态与学术生态的协同构建，为研究生思想政治教育创造良好的环境条件。两种生态的协同发展既要防止学术自由泛化导致价值失范，也要避免政治过度干预限制学术创新，在辩证统一中寻求最佳平衡点。

（二）线上线下融合的思想政治教育空间

数字时代背景下，研究生思想政治教育空间呈现线上线下深度融合的特点。线下空间包括课堂、实验室、图书馆、学生活动中心等物理场所，是传统思想政治教育的主要载体；线上空间则包括网络平台、社交媒体、学习应用等虚拟场域，是新兴的思想政治教育阵地。

网络环境在网络育人活动中发挥着条件保障和环境育人的双重作用：第一，网络环境是网络育人活动得以开展与运行的必备条件。任何网络思想政治教育都要在一定的环境中进行，没有一定的环境条件，网络育人活动就无法开展。网络环境制约着网络思想政治教育从可能性向现实性的转化，对网络思想政治教育主体的教育决策、客体的思想行为变化以及介体的选择发挥着重要的作用。第二，网络环境自身具有重要的育人作用。网络环境中蕴含着丰富的育人因素，它潜移默化地影响人的思想政治品德的形成与发展，并且对培养人的思想政治品德起着重要的熏陶、约束与导向作用[132]。

线上线下融合的思想政治教育空间建设应注重四个方面：一是整合资源，将线上线下教育资源有效融合，形成育人合力；二是优化流程，打通线上线下教育环节，实现无缝衔接；三是创新形式，开发线上线下相结合的教育模式与活动形式，增强教育的吸引力；四是规范管理，加强线上空间的引导与管理，营造清朗的网络环境。线上线下的辩证统一既要防止虚拟性弱化现实教育，也要避免传统性限制创新发展，在互补互促中构建全方位育人空间。

（三）校内外一体化的实践环境整合

校内外一体化的实践环境是研究生思想政治教育的重要支撑系统。校内环境主要包括学术环境、文化环境与组织环境等，重点在于营造浓厚的学术氛围、健康的文化氛围与规范的组织氛围；校外环境则包括社会实践基地、企业合作单位、国际交流平台等，重点在于拓展研究生的实践空间与视野格局。

校内外一体化的实践环境整合需要从三个层面推进：首先，政策支持层面，完善校内外协同育人的制度保障与资源保障；其次，平台建设层面，构建校内外实践教育基地网络，为研究生提供多样化的实践场所；最后，机制创新层面，建立校内外协同育人的组织协调机制与评价激励机制。通过校内外实践环境的有效整合，为研究生思想政治教育提供丰富多样的实践载体与成长空间。整合过程中既要突破体制机制障碍促进协同育人，也要克服资源分散问题形成育人合力。

八、评价要素：思想政治教育的效果与质量保障

（一）政治认同与价值内化的评价维度

评价系统是检验思想政治教育效果、保障教育质量的关键环节。在研

究生思想政治教育评价中，政治认同与价值内化构成核心评价维度。政治认同指研究生对马克思主义理论、中国特色社会主义制度与中国共产党领导的认同程度；价值内化则指社会主义核心价值观转化为研究生内在价值信念与自觉行为的程度。

政治认同与价值内化的评价应注重定性与定量相结合、过程与结果相统一的辩证原则。评价内容上，既关注研究生的思想观念、政治态度与价值取向，又关注其实际行为与社会实践；评价方法上，既运用问卷调查、访谈观察等定量定性方法，又重视日常表现与实践活动的综合评价；评价主体上，既发挥导师、辅导员等教育者的评价作用，又重视研究生的自我评价与同伴评价。评价中应避免简单量化倾向与形式主义取向，注重把握思想政治素质发展的内在规律。

（二）学术发展与思想进步的统一评价

研究生思想政治教育评价应将学术发展与思想进步统一起来，既关注研究生的专业学习与科研成果，又关注其思想素质与价值取向，避免将学术评价与思想评价割裂对立。学术发展与思想进步的统一评价，体现了研究生培养的整体性要求与全面发展目标。

具体评价可从四个维度展开：一是学术素养维度，评价研究生的专业知识、科研能力与创新精神；二是思想素质维度，评价研究生的政治立场、理想信念与道德品质；三是能力发展维度，评价研究生的批判思维、实践能力与社会责任感；四是综合素质维度，评价研究生的全面发展与综合素质。通过多维度的评价体系，全面反映研究生的发展状况与教育成效。评价中需处理好适应性与引导性的关系，既要客观反映发展现状，又要发挥评价的导向功能。

（三）多元参与的思想政治教育评价机制

思想政治教育评价应当构建多元主体参与的评价机制，充分发挥学校、导师、辅导员、同伴、社会等多方力量在评价中的作用。多元参与的评价机制有利于从不同角度、多个层面全面反映研究生思想政治教育的效果，提高评价的科学性和客观性。

多元评价机制的构建应当注重三个方面：一是评价主体的多元化，吸引导师、辅导员、管理人员、同学和研究生本人等多方主体参与评价；二是评价方式的多样化，定量评价、定性评价、过程评价、结果评价等多种方式相结合；三是评价结果的应用化，将评价结果应用于教育改进、奖励激励和发展规划等方面，发挥评价的导向和促进作用。通过多元参与的评价机制，形成思想政治教育的质量保障体系。

第二节　研究生思想政治教育理论体系的创新发展与趋势演进

习近平新时代中国特色社会主义思想是马克思主义中国化时代化的最新成果，为研究生思想政治教育理论体系的创新发展提供了根本遵循。深入把握习近平新时代中国特色社会主义思想的世界观和方法论，是推动新时代思想政治教育高质量发展的基础前提和根本遵循。“两个结合”是推进马克思主义中国化时代化的基本途径。习近平新时代中国特色社会主义思想是把马克思主义基本原理同中国具体实际相结合、同中华优秀传统文化相结合的光辉典范，其中蕴含一以贯之的中华优秀传统文化基因：“人民至上”是整个思想的价值支撑，“坚持和加强党的全面领导”是整个思想贯彻落实的根本保障，“守正创新”是整个思想建构的基本方式。在研究生思想政治教育中，必须坚持“两个结合”，既要坚持马克思主义的指导地位，又要结合中国具体实际和中华优秀传统文化，不断推进研究生思想政治教育理论的创新发展。

一、研究生思想政治教育理论体系的创新

（一）全过程育人：研究生思想政治教育的整体观

全过程育人是新时代研究生思想政治教育的整体观，强调思想政治教育要贯穿研究生培养全过程。全过程育人理念摒弃了传统思想政治教育片段化、碎片化的局限，构建起一种整体性、系统性的育人观。季伟峰和任宝龙分析了研究生思想政治教育面临的现实困境，发现存在“第一课堂推进研究生‘德学共育’的融合力不强，第二课堂跟进推动研究生思想政治教育的协同力不够，网络云课堂提升研究生思想政治教育的吸引力不足，社会大课堂有效促进研究生成长的创新力受限”等思想政治教育融入研究生培养全过程的时代诉求与现实梗阻。并提出了“立足第一课堂、深耕‘主阵地’，打造第二课堂、盘活‘补充形势’”等思想政治教育融入研

究生培养全过程的路径建构[133]。

首先，全过程育人理论强调的是育人工作的全时段覆盖。从研究生入学教育、学位论文开题、科学研究到学术交流、社会实践直至毕业就业，思想政治教育需贯穿始终，实现无缝衔接。研究生思想政治教育不再是某些特定时段的专项工作，而是融入人才培养全流程的常态化教育。

其次，全过程育人理论注重育人环节的全方位渗透。《教育部关于进一步加强和改进研究生思想政治教育的若干意见》中明确提出，要“把思想政治教育渗透到研究生培养和管理的各个环节，贯穿到研究生培养和管理的全过程，做到思想政治教育与业务培养紧密结合，努力形成全员育人、全方位育人、全过程育人的格局”[134]。这就要求将思想政治教育元素融入课程教学、科研训练、学术活动、管理服务等各个环节，实现思想政治教育的全覆盖。

再次，全过程育人理论强调育人空间的全域拓展。研究生思想政治教育不再局限于课堂空间，而是延伸至实验室、学术会议、社会实践、网络空间等多元场域，构建起“教室、实验室、宿舍、网络”四位一体的思想政治教育空间体系，实现线上线下结合、课内课外互通、校内校外融合的立体化育人空间布局。

最后，全过程育人理论注重育人主体的全员参与。研究生思想政治教育不再是辅导员的“独角戏”，而是形成以学校党政领导为主导，以导师为关键，以思政工作队伍为骨干，以行政管理人员为辅助，以研究生自我教育为基础的多元主体协同育人格局，实现育人责任的全面压实与育人合力的有效凝聚。

（二）协同育人：研究生思想政治教育的方法论

协同育人作为新时代研究生思想政治教育的重要方法论创新，其核心在于整合多元育人资源，构建多主体参与、多渠道协作、多要素联动的育人机制，形成思想政治教育的整体合力。新形势下构建研究生思想政治教育协同育人机制，要从责任协同、阵地协同、队伍协同、保障协同四个方面入手，不断增强工作的系统性、统筹性、能动性和创新性，努力开创研究生思想政治教育新局面[135]。

首先，协同育人强调打破传统思想政治教育中的“孤岛效应”和“碎片化”现象，构建起“思政课程”与“课程思政”同向同行、协同共进的育人体系。在实践中，通过将思政元素有机融入专业课程教学，实现了专业知识传授与价值引领的有机统一，增强了思想政治教育的亲和力和实效性。

其次，协同育人注重构建校内外协同联动的育人网络。高校通过与政府部门、企事业单位、科研院所、社会组织等建立合作关系，拓展研究生思想政治教育的社会资源，形成校内外优势互补、资源共享的协同育人格局。例如，通过开展产学研合作项目，建立研究生社会实践基地，组织研究生参与社会服务等形式，将思想政治教育与社会实践有机结合，增强研究生的社会责任感和创新创业能力。

再次，协同育人重视虚拟与现实空间的协同。随着信息技术的快速发展，网络已成为思想政治教育的重要阵地。高校通过构建网络思政平台，开发数字化思政资源，开展线上思政活动等形式，实现线上线下协同育人，提升思想政治教育的时代感和吸引力。

最后，协同育人强调显性教育与隐性教育的协同。高校在重视思政课堂显性教育的同时，也注重发挥校园文化、学术氛围、管理服务等隐性教育因素的育人功能，形成了显性教育与隐性教育相互促进、协同发力的育人机制。

（三）“导学思政”理论体系的构建

“导学思政”理论体系是新时代研究生思想政治教育的重要理论创新。其核心在于充分发挥研究生导师在研究生思想政治教育中的关键作用，构建导师与学生思政工作的协同互动机制。

“导学思政”的核心内涵是以“立德树人”根本任务为出发点，紧密结合研究生思想政治教育的需求与特点，以及导师队伍师德师风建设的现状与要求，凝聚多主体协同育人的合力，畅通“导学互动”这个研究生人才培养的关键渠道，创设多元化的导学互动场景，使得师生能够在学术科研、校园文化、社会实践等共同的场域中展开沉浸式沟通交流，并在互动中不断凝聚共识和价值认同，实现研究生思想政治工作和导师思想政治工作的有效协同，从而推进“三全育人”改革在研究生思政领域的内容拓展、方法创新和路径延伸[136]。

“导学思政”理论体系的构建基于研究生教育的特殊性。研究生教育以“研”为主，研究生在课堂教学环节参与较少，主要精力集中在科研工作上，其培养场景多发生在以实验室、科研团队为单位的空间中。在此过程中，导师是研究生接触频次最高、关系最紧密的人，导师的言传身教对研究生影响甚深。因此，构建“导学思政”理论体系，将思想政治教育融入导学关系，具有重要的现实意义。

在本质上，“导学思政”不是专门实施某种特殊类型的研究生思想政治教育，而是指研究生教育坚持价值塑造、知识传授、能力培养的三维融合[137]。“导学思政”理论体系包含四个核心要素：一是以立德树人为目标导向，将研究生思想政治教育成效作为评价指标；二是强调多主体协同、全员参与，充分发挥思政工作者的沟通枢纽作用；三是注重构建多元化的导学互动场景，将思想政治教育融入学术科研、校园文化、职业规划、社会实践、人文关怀等多个维度；四是坚持长效机制建设，将“导学思政”作为一项持续、长效的育人体系。

（四）“课程思政”理论体系的创新

“课程思政”的实质是一种广义的课程观，它以德育为目标，以课程为载体，从高校立德树人的本质出发，发挥专业课、通识课、实践课及其他课程中的德育功能，构建全员、全程以及全课程的综合性思想政治教育体系，实现从原有单一的思想政治课程式教育向立体化的德育模式转化，引导学生将理论化为方法，将知识践于德行，成为德智体美劳全面发展的社会主义建设者。

首先，“课程思政”理论体系重视挖掘专业课程的思政元素。研究生专业课程具有很强的专业性和学术性，如何在专业知识传授中有机融入思想政治教育，是“课程思政”理论体系创新的关键。高校通过深入挖掘专业课程中蕴含的思政元素，如学科发展史中的爱国情怀、科学家精神、学术诚信等，将思想政治教育自然融入专业教学，增强思想政治教育的针对性和实效性。

其次，“课程思政”理论体系注重构建多元化的实施路径。在实践中，高校探索了多种“课程思政”实施路径，如修订课程教学大纲，更新教学内容，创新教学方法，改革考核评价等，形成了系统完整的“课程思政”实施体系。特别是在教学方法上，通过案例教学、情境教学、研讨式教学等方式，将思政元素自然融入教学过程，增强了思想政治教育的吸引力和感染力。

再次，“课程思政”理论体系强调课程体系的整体设计。高校通过构建“思政课程”与“课程思政”协同联动的课程体系，实现了全课程育人的目标。在此过程中，思政课程发挥主导作用，专业课程发挥协同作用，两者相互配合、相互促进，形成了思想政治教育的整体合力。

最后，“课程思政”理论体系注重教师队伍的培养。高校通过开展“课程思政”教师培训，举办教学研讨会，组建教学团队等形式，提升了教师的“课程思政”意识和能力，为“课程思政”理论体系的实施提供了人才保障。

（五）“大思政”格局：研究生思想政治教育的整体视野

“大思政”格局是新时代研究生思想政治教育的整体视野，强调要整合各种教育资源和育人力量，构建全方位、全过程、全员育人的教育格局。

首先，“大思政”格局注重构建多元主体协同育人机制。通过构建以学校党政领导为主导、以导师为关键、以思政工作队伍为骨干、以行政管理人员为辅助、以研究生自我教育为基础的多元主体协同育人机制，形成了思想政治教育的整体合力。特别是强调了导师在研究生思想政治教育中的关键作用，将“导学思政”作为“大思政”格局的重要组成部分。

其次，“大思政”格局重视构建多维度的育人体系。通过整合课程育人、科研育人、实践育人、文化育人、网络育人、心理育人、管理育人、服务育人、资助育人、组织育人等多个维度，构建了立体化的育人体系，实现了思想政治教育的全方位覆盖。

再次，“大思政”格局强调构建多渠道的育人网络。通过整合校内外育人资源，构建了校内外协同、线上线下互通、课内课外融合的育人网络，拓展了思想政治教育的空间维度，增强了思想政治教育的实效性。

最后，“大思政”格局注重构建多层次的评价体系。通过建立健全多元主体参与、多维指标体系、多种评价方式相结合的评价机制，对思想政治教育的过程和效果进行全面评价，为思想政治教育的改进和创新提供了科学依据。

二、研究生思想政治教育的规律探索

（一）规律层次性的理论基础

教育规律是对教育现象内在联系的理性概括。纵观研究生思想政治教育的实践过程，其内在规律呈现出明显的层次性、递进性与系统性特征。其层次性深刻体现了部分与整体、要素与系统、现象与本质之间的辩证关系，不仅反映了研究生思想政治教育系统的内在复杂性，更揭示了各规律之间深层的联系机制与演化轨迹。借鉴系统科学的理论视角，我们可从微观基础规律、中观互动规律和宏观涌现规律三个既相对独立又相互联系的层次来剖析研究生思想政治教育规律。

1. 微观规律：单元要素的运行法则

微观基础规律关注教育系统的基本单元，深入探究各要素的内在运行机制，为整个教育系统的稳定运行奠定基础。微观层次的规律具有相对确定性和稳固性，是把握整体规律的起点。

（1）认知发展的阶段性与跃迁性规律

研究生认知结构的发展呈现螺旋上升的辩证发展轨迹。研究生的学习成长历程通常经历“知识获取—理论困惑—范式质疑—理论重构—创新突破”的认知发展路径。这个过程表现出鲜明的阶段性特征：前期以接受性学习为主，致力于掌握学科基础知识和研究方法；中期进入认知冲突期，面临理论困境和方法困惑；后期则步入整合创新期，能够批判性地整合多元理论视角，构建自主的理论框架。

在此发展过程中，研究生的认知结构在量上扩展，也在质上发生了跃迁，表现为从单一学科思维向多学科交叉思维的转变，从简单逻辑推理向复杂系统思维的提升，从知识再现向知识创新的转化规律。

（2）情感体验的波动性与深化性规律

研究生在思想政治教育过程中的情感反应呈现出独特的波动性和深化性特征。情感波动首先体现为“认知—情感—意志”的交互反复，我们可以理解为，当接触与原有认知冲突的新观念时，研究生往往经历从认知失调到情感冲突再到价值重构的复杂心理过程。根据情感心理学研究，研究生的情感体验往往遵循“兴奋—挫折—怀疑—调整—重建”的波动规律。尤其在面对重大理论问题和价值选择时，这种情感波动更为明显。

情感体验会经历从知识层面的认同，到价值层面的共鸣，再到行为层面的内化的递进过程。这个过程不是线性平稳的，而是充满了反思、怀疑甚至抵触的情感波动。部分研究生初期对相关内容持学术化、理论化的冷静态度，经过深入学习和讨论后，逐渐产生情感共鸣；而在面对实际问题时，又可能出现理想与现实冲突的情感挣扎，最终通过实践体验和深度反思，达成更为成熟和稳定的情感认同。研究生的情感认同可以大致分为四个阶段：简单认同期（对主流观点的直接接受）、疑惑困扰期（在接触多元信息后产生认知冲突）、深度思考期（通过批判性思维寻求自我解答）、理性认同期（形成基于理性思考的价值判断）。

此外，情感反应的波动性还表现为集体情绪与个体情绪的交互影响。在重大社会事件或国际危急时刻，研究生群体常形成集体情绪场，影响个体的情感反应与价值判断，形成情感共振现象。

（3）教育主体的专业性与创造性规律

研究生思想政治教育主体是指在研究生思想政治教育活动中担负引导责任的个体或组织。在新时代研究生思想政治教育中，教育主体呈现出多元化特征，主要包括学校党政领导、导师队伍、思政工作队伍、行政管理人员等。各类教育主体基于共同育人目标，在各自职责范围内开展工作，通过有效沟通与协作形成教育合力。

作为研究生思想政治教育的引导者，教育主体自身的专业素养和能力发展同样遵循特定规律。从新手到熟手再到专家，教育者的成长路径呈现出明显的阶段性特征，体现为教育敏感性、应变能力和教育智慧的质变过程。与基础教育阶段的教育者专业发展模式不同，研究生思想政治教育者的专业发展呈现出鲜明的“T”形特征——垂直方向上的学科专业深度与水平方向上的教育能力广度相结合。

高校思政教育者成长轨迹大致经历五个阶段：生存期（关注自身表现与课程内容传递）、适应期（开始关注学生反应与教学效果）、成熟期（能够灵活调整教学策略与方法）、创新期（形成个人化教学风格与方法体系）和引领期（能够推动教育理论与实践创新）。每个阶段都有其独特的认知特征、情感状态和能力表现，反映了教育主体专业性发展的内在规律。

2. 中观规律：要素互动的联结机制

中观互动规律聚焦于教育系统中各要素之间的互动关系和联结机制，揭示了要素间的动态耦合过程。中观层次的规律具有关联性、动态性与中介性特征，如同系统的“连接器”和“转换器”，在微观与宏观之间架起桥梁。

（1）主客体协同演进规律

研究生思想政治教育主体的引导规律体现出“多元协同、梯度引领”。“多元协同”是指各类教育主体基于共同的育人目标，在各自职责范围内开展工作，并通过有效的沟通与协作，形成育人合力。“梯度引领”是指各类教育主体基于自身的角色定位和职责范围，在不同层次、不同维度上对研究生进行思想引领，形成由浅入深、由表及里的引领梯度。

研究生思想政治教育客体的成长规律主要表现为“自主发展、分层递进”。“自主发展”是指研究生作为具有独立人格和主体意识的个体，其思想政治素质的形成和发展主要依靠自身的主动参与和积极实践。“分层递进”是指研究生的成长发展呈现出分层次、递进式的特点，不同层次、不同阶段的研究生在思想政治素质上有不同的特点和要求。“分层递进”体现出研究生的思想政治素质形成和发展是一个由浅入深、由简到繁的渐进过程，需要根据不同阶段的特点和需求，采取相应的教育策略。分层递进特征主要体现在培养阶段和培养层次两个维度。

从培养阶段看，研究生的学习和生活可分为入学适应期、学习研究期和毕业就业期三个阶段，每个阶段的特点和需求不同，思想政治教育的重点也应有所侧重。

入学适应期（第一学期）的教育重点是帮助研究生适应角色转换，明确学习目标，形成良好习惯，可通过入学教育、师生交流会等活动实现；学习研究期（第二至倒数第二学期）的教育重点是培养学术品格、科研能力和团队合作精神，可通过学术道德教育、科研方法培训等活动实现；毕业就业期（最后一学期）的教育重点是帮助研究生树立正确就业观和成才观，可通过就业指导、职业规划等活动实现。

教育主体与客体之间的相互作用通过持续互动，形成相互适应、共同发展的动态平衡系统。在情感层面，协同演进表现为情感共振与互动。当教育主体展现出真诚关怀与价值自信时，往往能激发教育客体的情感回应与认同；反之，教育客体的积极反馈又能增强教育主体的职业成就感与使命感，形成正向情感循环。教育实践证明，那些能够与研究生建立良好情感联结的导师，其思想引领效果明显优于仅关注知识传授的导师。

（2）内容方法的匹配协调规律

在研究生思想政治教育实践中，不同类型的教育内容需要与之相匹配的教育方法才能更加行之有效。理论性内容（如马克思主义基本原理）适合采用辩证思考和问题探究的方法；价值性内容（如学术诚信）则更适合案例分析和情境体验的方法；实践性内容（如社会责任）则需要通过实地调研和社会服务等方法来传递。

除此之外，内容方法的匹配协调还体现为结构对应与节奏同步。内容的逻辑结构决定了方法的组织顺序，方法的时间节律又影响内容的接受程度。很多高校创新采用“递进式教学法”，根据研究生理论理解的深化程度，从“讲授为主”逐步转向“讨论为主”再到“研究为主”，有力验证了内容方法匹配的动态协调规律。

理论学习是思想政治教育的基础，为研究生提供了解释世界的“认知地图”和改造世界的“行动指南”。与此同时，实践活动是思想政治教育的重要途径，为研究生提供检验理论和应用理论的宝贵机会。理论与实践相结合的方法创新成为研究生思想政治教育的基本规律。

（3）环境评价的反馈循环规律

教育环境与评价系统之间形成自我调节的反馈循环，通过正负反馈机制不断优化系统运行状态。在此过程中，环境首先提供评价的基础条件和价值标准：开放多元的学术环境往往形成发展性评价取向，注重创新能力和批判思维；而严谨规范的学术环境则倾向于形成规范性评价取向，强调基本素养和学术规范。

与此同时，评价结果又反过来影响环境的调整与优化。当评价发现研究生创新能力不足时，往往会促使教育环境向更加开放、互动的方向调整；当评价显示学术规范意识薄弱时，又会推动形成更加规范、严谨的学术氛围。这种双向作用构成了“环境—评价”的反馈循环系统。

值得注意的是，环境评价反馈循环具有时滞效应和阈值特性。环境变化对评价结果的影响往往需要一定时间才能显现，而评价结果对环境的调整作用也存在时间延迟。同样，只有当环境或评价变化超过一定阈值，才能触发系统的调整反应。在特定条件下，反馈调节机制甚至会触发系统重构。

3. 宏观规律：系统整体的涌现特性

宏观规律是对教育系统整体运行的宏观把握，体现了系统的涌现特性与整体功能，是教育规律体系的“顶层设计”和“战略制高点”。宏观层次的规律具有综合性、创发性与导向性特征，决定着系统的发展方向和整体品质。

（1）价值引领的生成整合规律

研究生思想政治教育中的价值引领不是简单的价值灌输或价值传递，而是价值生成与系统整合的复杂过程。这个过程体现了从“多元并存”到“结构整合”再到“创生进化”的发展路径。这一规律首先表现为价值层级的自然生成：从基础性价值（如诚信、尊重等）到中介性价值（如责任、担当等），再到高级性价值（如家国情怀、人类命运共同体意识等），形成结构清晰的价值层级体系。

价值内化的生态系统效应是价值引领规律的又一重要体现。价值观念的内化不是孤立进行的，而是在整个教育生态系统中通过多种途径、多重关系的交互作用而实现的。实证表明，构建“课程—活动—文化—实践”多位一体价值教育体系的高校，其研究生的价值认同度和践行度明显高于采用单一教育途径的高校，验证了价值引领的生态系统效应[138]。

（2）文化生态的自组织与结构分化规律

研究生思想政治教育系统中的文化要素并非随机分布，而是遵循自组织机制形成具有特定结构和功能的文化生态系统。这个生态系统既有整体性也有层次性，既有稳定性也有变异性，呈现出自组织与结构分化的辩证统一。在特定的师生互动、制度安排和物理空间中，文化场会自然形成，具有独特气质和精神特征，潜移默化地影响研究生的思想观念和行为方式[139]。

文化生态的自组织特征主要体现在文化要素的自发聚合和模式形成。即使没有外部强制干预，研究生群体也会基于共同的学术追求和价值认同，自发形成特定的文化模式和行为规范。不同学科背景的研究生群体往往形成差异化的学术文化生态，理工科研究生群体中“实证导向”和“合作共享”的文化特征更为突出，人文社科研究生群体则更强调“批判反思”和“多元包容”的文化特质。

文化系统的层次构成和功能分异则体现了结构分化的特征。研究生文化生态通常包括表层的行为规范和活动形式，中层的制度安排和组织结构，以及深层的价值理念和思维方式三个层次。这三个层次相互影响、相互渗透，共同构成完整的文化生态系统。在系统演化过程中，不同层次的分化发展速度和方向存在差异，表层文化变化较快，深层文化相对稳定，形成了“变”与“不变”的辩证统一。

此外，文化生态规律还表现为文化网络的自我调节和文化演化的自适应性，使教育系统能够不断适应内外环境变化，保持系统的活力和韧性。

（3）教育创新的周期性规律

研究生思想政治教育创新并非随机发生，而是遵循特定的周期性规律。借鉴熊彼特的创新周期理论，我们可以将研究生思想政治教育的创新发展过程概括为“稳定发展—瓶颈积累—突破创新—扩散应用—再稳定”的周期性变化[140]。教育创新一般经历酝酿期、爆发期、推广期和稳定期四个阶段，构成完整的创新周期。

教育创新往往在特定历史条件下实现突破。例如，改革开放初期适应社会转型需要的创新；互联网兴起时期融合信息技术的创新；新时代背景下回应全球化挑战的创新等。这些创新并非均匀渐进，而是在矛盾积累到一定程度后的质变突破，体现了量变到质变的辩证规律。

创新扩散的空间差异是教育创新规律的另一重要特征。创新往往从特定节点（如重点高校、示范基地等）产生，然后通过多种渠道向外扩散，形成由点到面的创新传播网络。不同区域、不同类型高校的创新接受度和转化能力存在明显差异，导致创新扩散呈现不均衡特征。

并且，教育创新规律还体现为创新动力的内外互动。外部环境变化（如社会需求、政策导向等）和内部系统演化（如理论发展、实践积累等）共同构成了教育创新的动力源泉。当外部压力与内部动力达到临界状态时，往往会触发创新突破。例如，互联网技术发展（外部）与传统教育方式局限（内部）的矛盾积累，催生了“互联网+思政教育”的创新模式，开辟了研究生思想政治教育的新途径。随着人工智能的发展，DeepSeek 等生成式人工智能浪潮袭来，也必将引发新一轮的思想政治教育改革创新。

（四）规律的复合效应及其在实践中的应用

规律的复合效应是指微观、中观、宏观三个层次规律相互作用、相互渗透形成的整体性效应。在研究生思想政治教育实践中，这三个层次的规律不是孤立存在的，而是相互交织、相互影响，形成复杂的规律复合体系。

垂直复合效应是指不同层次规律之间的相互作用和影响。一方面，宏观规律为中观规律和微观规律提供方向指引和价值引领，规定了思想政治教育的基本方向和根本任务；另一方面，微观规律和中观规律为宏观规律的实现提供基础支撑和路径保障，决定了思想政治教育的具体效果和实际成效。思想政治教育规律的垂直复合要求我们既要把握宏观方向，又要注重微观实效，形成从宏观到微观、从战略到战术的完整规律链条。

水平复合效应是指同一层次规律之间的相互作用和协同效应。在微观层次，认知规律、情感规律和行为规律相互交织，形成完整的个体发展过程；在中观层次，主客体互动规律、内容方法匹配规律、环境评价互促规律相互配合，构成系统的教育要素体系；在宏观层次，时代适应规律、社会需求导向规律、历史传承创新规律相互支撑，形成完整的历史发展逻辑。思想政治教育规律的水平复合要求我们注重系统思维和整体推进，避免单一规律的孤立应用和片面强调。

规律复合效应在实践中的应用主要体现在三个方面：一是指导教育规划，基于规律复合效应制定系统全面的教育规划和实施方案；二是优化资源配置，根据规律复合效应整合教育资源，提高资源利用效率；三是提升实施效果，通过规律复合效应的协同作用，增强教育活动的整体性和系统性，提高思想政治教育的实效性和针对性。

规律复合效应的研究和应用，是思想政治教育从理论到实践、从认识到行动的重要桥梁，有助于我们更加科学地把握思想政治教育规律，更加有效地开展思想政治教育实践，实现思想政治教育的科学化和实效化。

三、研究生思想政治教育的创新趋势

随着中国特色社会主义进入新时代，研究生思想政治教育也呈现出一系列创新趋势，这些趋势反映了研究生思想政治教育理论与时俱进、开拓创新的发展态势。

（一）教育理念创新：从“单向灌输”到“价值塑造”

研究生思想政治教育理念正经历深刻的系统性变革，表现为从传统“单向灌输”范式向“价值塑造”范式的转型。传统思想政治教育理念中，教师作为知识与价值的权威输出者，学生则处于被动接受地位，这种单向度传递模式弱化了教育主体间的对话性，导致思想政治教育效能的边缘化与形式化。随着教育理论与实践的深入发展，其内在缺陷日益凸显。

现代研究生思想政治教育更加强调以“价值塑造”为核心的教育理念，尊重教育对象的主体性地位，充分发挥研究生的能动性与创造性。这种理念不再囿于简单的价值传递，而是通过价值浸润、情感共鸣、理性对话等多维路径，促使研究生主动内化社会主义核心价值观，转化为自觉的价值追求与行为准则。其本质在于实现教育逻辑的三重转向：由外部强制的“他律”向内在自觉的“自律”转变，由单向灌输的“传授式”向互动的“启发式”转变，由消极的“被动接受”向积极的“主动认同”转变。

“价值塑造”理念强调导师在研究生思想政治教育中的关键作用。作为研究生成长的学术引路人，导师的学术品格与人格魅力对研究生价值体系的形成产生深远影响。“导学思政”育人实践充分发挥导师在价值塑造中的示范引领功能，实现思想政治教育由外在要求向内在追求的转化。

同时，“价值塑造”理念注重理论与实践的辩证统一。通过组织研究生参与社会实践、科研项目、学术活动等形式，引导研究生在实践中感悟价值、检验价值、践行价值，实现了价值认同从理性层面到行为层面的深化转化，提升了思想政治教育的实效性与针对性。

（二）教育内容创新：从“单一维度”到“多元融合”

研究生思想政治教育内容正由“单一维度”向“多元融合”深度转型。传统思想政治教育内容过于集中于政治理论与意识形态范畴，缺乏与研究生专业学习和生活实践的有机联结，难以回应研究生成长发展的多元诉求。当前，研究生思想政治教育内容呈现出多元融合的发展趋向，主要表现在四个方面的深度融合。

首先，政治引领与学术规范的深度整合。研究生思想政治教育在强化理论武装的同时，将学术规范、学术伦理、学术诚信等内容有机融入教育体系，引导研究生构建正确的学术价值观，培育良好的学术品格，形成了内容丰富、层次分明的思想政治教育内容体系。

其次，专业教育与人文素养的有机融通。研究生思想政治教育积极推动专业教育与人文素养培育的协同发展，通过构建交叉融合的课程体系、学术活动和文化平台，拓展研究生的人文视野，培养其人文情怀和文化自信，实现了专业素养与人文精神的辩证统一。

再次，理论学习与实践锻炼的互动增益。研究生思想政治教育注重将理论学习与实践锻炼相互融通，通过构建多层次、多领域的实践体系，促进研究生在社会实践、志愿服务、创新创业等活动中将理论认知转化为实践智慧，增强了思想政治教育的实效性与生成性。

最后，国内教育与国际视野的互融共生。随着研究生教育国际化程度不断提升，思想政治教育积极拓展国际维度，通过系统化的国际问题研讨、跨文化交流实践等形式，培养研究生的全球胜任力与跨文化理解能力，引导其在开放环境中树立正确的国际认知，坚定文化自信与民族自豪感。

（三）教育方法创新：从“传统单一”到“现代多样”

研究生思想政治教育方法体系呈现由“传统单一”向“现代多样”的系统性变革。传统方法主要依托课堂讲授、文本阅读、理论学习等单向传递模式，缺乏实践体验与互动生成的维度；现代方法则整合课堂教学、实践体验、网络教育、情境模拟等多元形式，构建了立体化、多维度的教育方法体系。

教学方法的多样化创新是首要表现。研究生思想政治教育积极采用案例教学、情境教学、研讨式教学、项目式教学等多元方法，增强了教学过程的互动性与参与度，激发了研究生的学习兴趣与主体性。特别是研讨式教学的深度应用，为研究生提供了充分表达与思想交锋的空间，促进了批判性思维的培养与创新能力的提升。

教育载体的现代化转型是重要特征。伴随信息技术的迅猛发展，研究生思想政治教育积极整合网络平台、社交媒体、移动应用等现代载体，拓展了教育的时空维度，增强了教育的时代感与亲和力。通过构建数字化教育资源体系，推动了思想政治教育从传统物理空间向虚拟数字空间的延伸，实现了教育方式的深度变革与创新发展。

教育方式的个性化定制是显著趋势。研究生思想政治教育更加注重尊重个体差异、回应多元需求，针对不同学科背景、不同培养阶段、不同成长诉求的研究生群体，实施差异化、精准化的教育方式，推动了教育从“一刀切”向“精准化”的转变。这种个性化教育方式有效回应了研究生群体的发展需求，提升了教育的针对性与实效性。

教育资源的整合化配置是核心路径。研究生思想政治教育积极整合校内外育人资源，构建多元协同的教育生态系统。通过深度对接企业、科研院所、社会组织等多元主体，形成了产学研协同育人机制，拓展了思想政治教育的资源维度与社会影响力，增强了教育的实践性与创新性。

（四）教育评价创新：从“单一标准”到“智能多元”

研究生思想政治教育评价体系正经历由“单一标准”向“智能多元”的系统性变革。传统评价模式以知识掌握和考试成绩为主要衡量标准，缺乏对价值认同、能力素质、实践表现的综合评估；现代评价体系则涵盖知识、能力、素质、价值等多元维度，通过智能化手段将定量与定性、过程与结果、自评与他评有机融合，构建全面客观的评价生态。

智能化评价技术的创新应用是突破性变革。人工智能、大数据、云计算等前沿技术正在重构教育评价模式与方法。现代思想政治教育评价系统通过深度学习、自然语言处理、情感分析等技术手段，对研究生的学习行为、思想动态和价值取向进行系统监测与智能分析，实现了评价的精准化与科学化。并且 DeepSeek 深度求索横空出世后，高校争先定制 AI 智能体，比如 AI 辅导员等。智能化评价不仅提升了评价效率，更重要的是突破了传统评价的主观性与滞后性限制，为个性化教育提供了数据支撑与决策依据。

生态化评价理念的理论创新是深层转变。现代教育评价不再是割裂的独立环节，而是融入思想政治教育全过程的有机组成部分。通过构建“评价—反馈—改进—再评价”的闭环生态系统，将评价与教育教学深度融合，形成动态循环的生态评价机制。生态化评价突破了传统评价与教育教学相脱节的局限性，实现了评价与教育的协同发展与共生进化。

参与式评价机制的深化完善是制度创新。现代评价体系中，评价主体不再局限于教师和管理者，研究生作为评价的重要参与者和建构者，其主体地位得到凸显。许多高校在国家奖学金、助学金的政策要求下进一步制定分学科的奖助学金评定细则时，都会组成包括研究生导师、研究生辅导员、研究生秘书、研究生代表等在内的评定小组，通过建立师生共同参与的评价设计机制，邀请研究生参与评价标准制定、评价过程实施和评价结果反馈，形成了更加民主、开放的参与式评价文化。参与式评价不仅提高了评价的接受度和针对性，更重要的是培养了研究生的评价素养和自我教育能力，实现了评价的育人功能。

第三节　思想政治教育的范畴构建与理论深化

在研究生思想政治教育要素体系的基础上，通过范畴构建实现理论提升和深化，是思想政治教育学科建设的重要环节。范畴是对特定学科领域中各种现象之间最本质、最普遍、最稳定特性与关系的反映和概括，是构建学科理论体系的基石，也是该学科区别于其他学科的重要标志。思想政治教育作为一门极具中国特色的哲学社会科学，要适应新时代中国特色社会主义的发展要求，提高高校思想政治教育工作的原则性、系统性、预见性和创造性，就必须深化范畴研究[141]。思想政治教育的成熟程度很大程度上取决于其范畴体系的科学性与完备性。对研究生思想政治教育范畴的深入研究，有助于我们更全面、更深刻地把握思想政治教育的本质与规律，为实践工作提供更有力的理论指导。

本节从马克思主义范畴观出发，结合思想政治教育学科发展的新成果和研究生教育的实际，尝试构建新时代研究生思想政治教育的范畴体系，以期为研究生思想政治教育的理论研究与实践工作提供一定的思路启示。

一、范畴思维在思想政治教育学科建设中的价值

（一）范畴的政治哲学基础与学科建设意义

1. 马克思主义范畴观的基本内涵

范畴一词源于古希腊哲学家亚里士多德的术语“kategoria”，原意为“断言”或“判断”，指对事物性质和关系的最一般的表述。在哲学发展史上，范畴理论经历了从古希腊哲学到德国古典哲学再到马克思主义哲学的发展历程，形成了丰富的理论内涵。马克思主义范畴观是对前人范畴理论的批判继承与创新发展，为我们理解范畴的本质与特征提供了科学的理论视角。

马克思主义认为，范畴是客观世界本质属性和关系在人脑中的反映，是人们在长期的社会实践和认识活动中形成的对客观事物本质联系的概括。列宁在《哲学笔记》中指出：“范畴是区分过程中的梯级，即认识世界的过程中的梯级，是帮助我们认识和掌握自然现象之网的网上纽结。”[142]这一论断揭示了范畴在认识过程中的重要作用，即范畴作为认识工具，帮助人们把握事物的本质联系。

马克思在《资本论》中运用了一系列范畴，如商品、价值、剩余价值等，并将这些范畴纳入一个有机统一的范畴体系，形成了科学的政治经济学理论。马克思范畴观的一个重要特点是强调范畴的历史性与实践性。他认为：“哪怕最抽象的范畴，虽然正是由于它们的抽象而适用于一切时代，但是就这个抽象的规定性本身来说，同样是历史条件的产物，而且只有对于这些条件并在这些条件之内才具有充分的适应性。”[143]这表明，范畴不是先验的、永恒不变的，而是在特定历史条件下产生的，随着实践的发展而不断丰富和完善。

马克思主义范畴观的另一重要特点是强调范畴之间的辩证关系。恩格斯认为，辩证法把事物及其概念的变化理解为必然的运动、变化、发展；这种运动具有一定的方向，尽管暂时会出现循环和倒退[144]。在辩证思维中，范畴不是孤立的，而是形成一个相互联系、相互制约、相互转化的有机整体，反映了事物发展的内在逻辑。

2. 思想政治教育范畴的本质属性

思想政治教育是运用马克思主义理论与方法，专门研究人们思想品德

形成、发展和思想政治教育规律，培养人们正确世界观、人生观、价值观的学科。思想政治教育范畴是指反映思想政治教育所研究的特殊领域中各种现象之间本质联系的基本概念。与一般概念不同，思想政治教育范畴具有更高的抽象性、更强的规律性和更广的统摄性。它既反映思想政治教育研究对象的本质，又彰显思想政治教育学科特色的独立性。

我国的思想政治教育，以马克思主义理论体系为学科理论基础，以马克思主义理论教育为学科主旨和灵魂，以巩固和发展马克思主义在我国意识形态领域的指导地位为学科使命。因而思想政治教育突出而鲜明的本质属性，就是社会主义意识形态性，它是一门马克思主义的学科。思想政治教育与我国社会主义意识形态的关系，是思想政治教育的基本关系。

各个社会、各个国家的思想、政治、道德教育，与该社会、该国家意识形态的关系，同样是基本关系。因而，思想政治教育的意识形态性，是各个社会、各个国家思想政治教育的共同特性。思想政治教育范畴的主要特征可概括为：第一，思想政治教育范畴具有高度的抽象性，是对思想政治教育实践活动中心理现象和心理问题普遍本质的抽象反映和一般规律的深刻揭示。第二，思想政治教育范畴具有明显的实践性，它源于思想政治教育实践，又指导思想政治教育实践，是理论与实践统一的产物。第三，思想政治教育范畴具有鲜明的意识形态性，反映了一定阶级、政党、社会集团的价值取向和政治立场。第四，思想政治教育范畴具有显著的民族性，不同国家、民族的思想政治教育形态不同，其范畴体系也具有特定的民族特质。第五，思想政治教育范畴具有一定的历史继承性，它承载着思想政治教育发展的历史积淀，同时又不断发展创新。

范畴对于学科建设具有不可替代的重要价值。首先，范畴是学科理论体系的基础。每一门成熟的学科都建立在一系列基本范畴之上，这些范畴构成了学科的理论框架和知识体系。“任何一门学科的理论形态都是由一系列范畴构成的，它是人们对该学科领域问题研究进入理性阶段的重要标志，反映着该学科发展与成熟的程度。”[145]通过构建科学的范畴体系，学科能够更加系统、全面地反映其研究对象的本质和规律，形成完整的理论体系。

（二）从要素分析到范畴构建的理论提炼

要素分析和范畴构建是思想政治教育理论研究的两个不同层次。要素分析侧重于对思想政治教育系统构成部分的辨识和分类，关注的是“是什么”的问题；而范畴构建则在要素分析的基础上，追求对思想政治教育本质和规律的把握，关注的是“为什么”和“怎么样”的问题。从要素分析到范畴构建，实现了从现象描述到本质揭示、从静态结构到动态机制、从经验总结到理论提炼的飞跃。

理论提炼体现了认识深度的提升，从对思想政治教育表面特征的把握转向对内在本质和规律的揭示，也体现了思维层次的提高，从分析性思维转向辩证性思维，更加注重矛盾分析和系统思考，并且是研究方法的转变，从经验归纳转向理论演绎与实践检验相结合的方法。通过理论提炼，思想政治教育研究能够更加深刻地把握思想政治教育的规律性认识，为实践创新提供更为科学的理论指导。

（三）范畴体系对思想政治教育特殊规律的揭示

范畴体系的构建对于揭示思想政治教育的特殊规律具有重要意义。思想政治教育规律是指思想政治教育过程中各要素之间的本质联系和必然趋势，包括思想政治教育的内在规律、发展规律和方法规律等。范畴体系通过对思想政治教育基本范畴的系统构建和逻辑展开，反映了思想政治教育各要素之间的内在联系和发展趋势，从而揭示思想政治教育的特殊规律。

研究生思想政治教育范畴体系对特殊规律的揭示主要体现在三个方面：一是揭示了研究生思想政治教育的内在机制，通过价值引领、政治认同、思想转化、实践内化等范畴的逻辑关联，展现了研究生思想转变的内在机制和规律；二是揭示了研究生思想政治教育的发展趋势，通过范畴体系的历史演进分析，把握思想政治教育的发展方向和趋势；三是揭示了研究生思想政治教育的方法规律，通过范畴的内在关联和实践适用分析，提炼思想政治教育的有效方法和途径。

（四）思想政治教育范畴的分类视角

思想政治教育学科范畴研究的早期阶段，主要聚焦于对基本范畴的确认和整理，尚未形成系统化的范畴体系。张耀灿等学者编著的《思想政治教育原理》等教材中总结出一些学科基本范畴，如个人与社会、思想与行为、教育主体与教育客体、教育与管理、内化与外化等。这些范畴多以对应关系的形式呈现，反映了思想政治教育的辩证特性。这些早期提出的范畴大多以“对应范畴”的形式出现，即以一对相互联系、相互对立的概念共同构成一个范畴，如思想与行为、教育主体与教育客体等，“对应性”特征成为思想政治教育范畴的重要特点。在不断地研究与实践探索中，学者们从不同角度对思想政治教育范畴进行了分类，形成了多种分类视角。这些分类视角反映了对思想政治教育范畴的不同理解和把握，为构建完整的范畴体系提供了理论基础。

目前存在基本范畴一元论（思想与行为）、二元论（思想与行为、教育与组织）、三元论（灌输与互动、理解与激励、内化与外化）、四元论（教育者和受教育者、目标和内容、原则和方法、环境和载体）、五元论（持五元论学者较多，且五元具体内容有所不同）、六元论（思想与行为、教育者与受教育者、内化与外化、疏通与引导、教育与管理、物质鼓励与精神鼓励）、七元论（有学者提出七范畴为：思想与行为、教育者与受教育者、教育与管理、个体与群体、自教与他教、物质鼓励与精神鼓励、理论与实践等）、八元论（持该论点的学者从不同分析框架出发提出了不同的八对范畴）等诸多观点。虽观点尚未完全统一，但思想和行为、内化和外化、教育者和受教育者、教育和管理、沟通和疏导、个人和社会、言传和身教、疏通与引导、物质鼓励与精神鼓励等构成思想政治教育的基本范畴得到学界较为广泛的认可[146]。

1. 系统层次维度的分类：基本范畴、重要范畴和具体范畴

一种分类视角是按照思想政治教育范畴的重要性和作用大小进行分类，分为基本范畴、重要范畴和具体范畴。基本范畴反映思想政治教育现象和过程中最本质、最普遍、最稳定的特性和关系，是思想政治教育理论体系的基础，具有普遍意义和长期稳定性。

重要范畴是对思想政治教育实践及其发展具有重大影响的范畴，如科学性与价值性、阶级性与意识形态性、理论性与实践性等。这些范畴虽不如基本范畴那样具有普遍性和基础性，但在特定领域或特定阶段发挥着关键作用，是思想政治教育理论体系的重要组成部分。如价值引领被认为是思想政治教育的核心范畴，它贯穿于思想政治教育全过程，统领其他各类范畴。

具体范畴是在思想政治教育实践中用于分析和解决具体问题的范畴，它们数量最多，内容最为丰富，广泛分布于思想政治教育的各个领域。这些范畴往往直接指向实践问题，具有很强的应用性和操作性。例如，思想政治教育的评价、效果、环境等都属于具体范畴的范围。

按重要性和作用大小的分类视角强调范畴的层次性和重要性差异，为范畴研究提供了优先顺序，但对范畴间的逻辑关系关注不足。

2. 存在形态维度的分类：实体范畴、属性范畴和关系范畴

从存在形态和状态角度划分，思想政治教育范畴可分为实体范畴、属性范畴和关系范畴[147]。实体范畴反映思想政治教育客观内容、实在基础和过程环节，如思想、思想工作、思想政治工作等概念表征着思想政治教育的核心所指，构成思想政治教育学科的重要实体范畴。研究生思想政治教育的实体范畴还包括研究生思想政治教育过程、研究生思想政治教育目标原则、研究生思想政治教育方式方法等。

属性范畴是对思想政治教育及其要素基本性质的反映，如意识形态性、阶级性、真理性等。在研究生思想政治教育语境中，学术性、专业性、创新性等也成为重要的属性范畴，反映了研究生思想政治教育的特殊性质和要求。

关系范畴则是成对出现的，反映思想政治教育现象间的普遍联系。如思想与行为、教育者和受教育者、内化和外化、理论与实践等均属于对应范畴。相较于实体范畴的独立存在，关系范畴是对思想政治教育现象联系的揭示，蕴含着思想政治教育的辩证原则。

3. 过程逻辑维度的分类：起点范畴、中心范畴、中介范畴、成果范畴和终点范畴

过程逻辑维度分类是思想政治教育范畴体系研究的重要视角，通过建立范畴间的逻辑链条，揭示思想政治教育的内在规律。徐志远系统构建了思想政治教育范畴的逻辑结构模型，认为“思想政治教育学基本范畴的逻辑结构，是一个由相互联系、相互作用的，从简单到复杂、从抽象到具体的起点范畴（思想与行为）、中心范畴（教育主体与教育客体）、中介范畴（疏通与引导、言教与身教、物质鼓励与精神鼓励、教育与管理）、成果范畴（内化与外化）和终点范畴（思想和行为）构成的立体动态结构”[148]。该分类体系强调范畴间的辩证发展和内在联系。

孙文营提出的“五维一体”思想政治教育学科范畴体系，同样采用了五个环节的逻辑分类[149]，起因范畴（个人与社会）、主体范畴（教育者与教育对象）、客体范畴（教育环境、目标、内容、方法）、过程范畴（内化和外化）以及终点范畴（思想和行为）。与徐志远不同的是，孙文营将思想与行为定位为终点范畴，而非起点范畴。思想政治教育的最终目标是形成正确的思想认识和行为习惯。在这一视角下，思想与行为不再是最抽象的范畴，而是经过教育过程后形成的具体成果。思想和行为是整个思想政

治教育贯穿始终的核心范畴。认为其是核心范畴实际上也就是以之为最高追求，以之为落脚点和归宿点，以之为衡量标准的范畴。

4. 核心关系维度：人的发展、社会的发展、特色理论、学科发展

刘学坤提出了思想政治教育发展的四个核心关系范畴，这个视角关注思想政治教育与其相关领域的互动关系，探讨了思想政治教育发展的动力机制[150]。

首先，思想政治教育发展与人的发展关系，强调思想政治教育促进人的发展，是思想政治教育发展与人的发展的最重要的关系。思想政治教育的直接目的是不断提高人的思想政治素质，其根本任务是用马克思主义理论武装人，这一切的最终指向是人的发展。人的发展是思想政治教育的目标和归宿，而思想政治教育是促进人的发展的重要途径。

其次，思想政治教育发展与社会的发展关系，揭示了思想政治教育与社会发展的互动机制。思想政治教育是社会发展的产物，社会发展中不断出现的新元素是思想政治教育发展的重要现实推动力。一方面，社会发展为思想政治教育提供物质条件和时代背景；另一方面，思想政治教育为社会发展培养人才，提供精神动力。

再次，思想政治教育发展与中国特色社会主义理论的发展关系，强调思想政治教育必须以马克思主义中国化最新成果为指导。中国特色社会主义理论发展是思想政治教育发展最重要的驱动力量之一。党的理论创新成果是我国思想政治教育的基本内容，它不断补充、更新和丰富思想政治教育的内容，揭示了思想政治教育与理论创新的内在联系。

最后，思想政治教育发展与思想政治教育学科的发展关系，揭示了教育实践与学科建设的辩证关系。思想政治教育学科发展为思想政治教育发展整体上提供理论支持和高级专门人才支持。学科发展为教育实践提供理论指导和人才支持；教育实践则为学科发展提供经验材料和研究课题，二者相互促进、共同发展。

核心关系范畴分类视角突破了传统的范畴分类模式，从思想政治教育的发展动力和关系网络出发，揭示了思想政治教育发展的动力机制和方向，为范畴体系研究提供了新的思路。

二、研究生思想政治教育范畴体系的构建原则

研究生思想政治教育范畴作为思想政治教育范畴在特定群体中的具体

展开，具有其特殊性与复杂性。一方面，研究生思想政治教育范畴需要立足于思想政治教育学科的一般范畴体系；另一方面，又需要考虑研究生群体的特殊性以及研究生教育的特点，构建具有针对性的范畴体系。科学构建新时代研究生思想政治教育基本范畴体系，不仅是研究生思想政治教育理论研究的基础性工作，也是指导研究生思想政治教育实践的重要前提。思想政治教育范畴体系的构建不是随意的，而是需要遵循一定的科学原则。构建思想政治教育学基本范畴及其体系必须遵循三个方法论原则和五个基本原则[151]。

三个方法论原则是：逻辑与历史相一致的原则，从抽象上升到具体的原则，辩证法、认识论和逻辑学三者统一的原则。逻辑与历史相一致的原则要求范畴体系的构建要与思想政治教育的历史发展相符合；从抽象上升到具体的原则要求范畴体系的构建要从最抽象、最简单的范畴出发，逐步过渡到更具体、更复杂的范畴；辩证法、认识论和逻辑学三者统一的原则要求范畴体系的构建要体现辩证思维的特点，反映客观世界的辩证发展规律。

五个基本原则是：客观全面性原则、实践求是性原则、动态开放性原则、创新前瞻性原则、系统综合性原则。客观全面性原则要求在构建范畴体系时，必须采取客观的实事求是的态度，从时空整体上全面考察思想政治教育的运动发展和辩证联系；实践求是性原则要求范畴体系的构建要建立在思想政治教育实践的基础上，反映实践的本质和规律；动态开放性原则要求范畴体系要具有动态发展性和开放包容性，能够适应思想政治教育的发展变化；创新前瞻性原则要求范畴体系要有创新性和前瞻性，能够反映思想政治教育的未来发展趋势；系统综合性原则要求范畴体系要形成有机整体，各范畴之间相互联系、相互作用。

基于以上探索，构建新时代研究生思想政治教育基本范畴体系，需要遵循一系列科学的原则，以确保范畴体系的科学性、系统性和实用性。

（一）历史与逻辑相统一原则

历史与逻辑相统一是马克思主义的重要方法论原则。范畴体系的构建既要尊重思想政治教育历史发展的客观规律，又要遵循思维发展的逻辑规律。一方面，要考察思想政治教育范畴的历史形成和发展过程，把握其在不同历史时期的内涵变化；另一方面，要按照逻辑的内在要求，对范畴进行系统化、规范化的梳理和整合，形成具有严密逻辑结构的范畴体系。

（二）普遍性与特殊性相结合原则

普遍性与特殊性相结合是辩证法的基本原则之一。在范畴体系构建中，既要把握思想政治教育的普遍规律和一般特征，又要关注研究生思想政治教育的特殊性和独特性。一方面，要继承和发展思想政治教育的一般范畴，保持范畴体系的稳定性和连续性；另一方面，要根据研究生群体的特点和新时代的要求，创新和发展特殊范畴，增强范畴体系的针对性和时代性。

（三）理论与实践相结合原则

深化范畴研究需要在理论思维和实践导向两大方面着力[152]。在理论思维方面，要运用本质抽象思维、辩证逻辑思维和反思批判思维，将高校思想政治教育工作的丰富经验上升为规律性认识；在实践导向方面，要扎根中国大地，突出问题意识，强化应用意识，使范畴研究真正服务于实践。理论与实践相结合是马克思主义的基本原则和方法。范畴体系构建既要有扎实的理论基础，又要有丰富的实践依据。一方面，要深入研究马克思主义理论、思想政治教育理论和相关学科理论，为范畴体系提供理论支撑；另一方面，要密切关注研究生思想政治教育实践，从实践中总结经验，提炼规律，发现新问题，创新新范畴，使范畴体系更加符合实际需要，更好地指导实践。

（四）系统性与开放性相统一原则

系统性与开放性相统一是科学理论建构的重要原则。范畴体系构建既要注重内部的系统性和完整性，又要保持外部的开放性和包容性。一方面，要构建结构严密、层次清晰、内在联系紧密的范畴体系，使各个范畴之间形成有机整体；另一方面，要保持范畴体系的开放性和发展性，随着实践发展和理论创新不断吸收新内容，调整完善范畴体系。

（五）继承与创新相结合原则

继承与创新相结合是学科发展的内在要求。范畴体系构建既要继承已有的研究成果，又要勇于创新和发展。一方面，要尊重和继承思想政治教育范畴研究的传统和积累，保持范畴体系的连续性和稳定性；另一方面，要根据新时代的要求和研究生思想政治教育的特点，创新范畴内涵，拓展范畴外延，发展新范畴，使范畴体系更加符合时代发展的需要。

三、研究生思想政治教育范畴体系模型构建

基于前文对思想政治教育范畴体系研究的梳理和分析，结合研究生教

育的特殊性，尝试构建以价值引领为核心的研究生思想政治教育范畴体系模型。

（一）核心层：价值引领范畴

价值引领是新时代研究生思想政治教育范畴体系的核心范畴，具有统领性和导向性，统领整个范畴体系。价值引领范畴在研究生思想政治教育中具有特殊重要的地位。

首先，价值引领是研究生思想政治教育的本质所在。社会主义核心价值观是当代中国价值观的“最大公约数”。“价值引领可以具象化为政党或社会团体及其代言人为实现特定目标，而对其内部成员或社会其他人士进行一定的价值观引导，使其具备符合该政党或社会团体长远利益的思想观念与行为规范。”[153]研究生思想政治教育的根本目的，就是引导研究生树立正确的世界观、人生观、价值观，坚定理想信念，这本质上就是一种价值引领。价值引领范畴反映了研究生思想政治教育的根本任务和使命，是其他范畴的逻辑基础和出发点。

其次，价值引领是研究生思想政治教育的贯穿线索。在研究生思想政治教育的各个环节和各个方面，价值引领都起着核心作用。无论是思想引导、理论武装，还是行为规范、社会实践，都离不开价值引领的指导。价值引领贯穿于研究生思想政治教育的全过程，是连接各个范畴的红线。

再次，价值引领在新时代具有特殊重要性。当前，随着全球化和信息化的发展，各种思想文化和价值观念相互交融，价值多元化趋势明显。在这种背景下，如何引导研究生坚定理想信念，抵御错误思潮的侵蚀，成为研究生思想政治教育的重要任务。价值引领范畴的提出，正是对这一时代课题的回应。

最后，价值引领体现了研究生思想政治教育的特殊要求。研究生作为高层次人才，肩负着推动国家发展和民族复兴的重要使命。这就要求研究生思想政治教育必须将价值引领放在首位，引导研究生树立正确的价值观念，承担社会责任。

价值引领范畴在研究生思想政治教育中的内涵十分丰富，主要包括以下几个方面：一是理想信念引领。引导研究生树立共产主义远大理想和中国特色社会主义共同理想，坚定对马克思主义的信仰、对中国特色社会主义的信念，立志为中国特色社会主义事业奋斗终身。二是社会主义核心价值观引领。引导研究生认同和践行社会主义核心价值观，将社会主义核心价值观内化为自己的精神追求，外化为自己的实际行动。三是家国情怀引领。引导研究生增强爱国意识和民族自豪感，树立家国情怀，关心国家发展和民族振兴，将个人的前途命运与国家的前途命运紧密结合。四是学术道德引领。引导研究生树立良好的学术道德和学术品格，遵守学术规范，坚守学术诚信，追求学术卓越，为学术进步和科技发展贡献力量。五是社会责任引领。引导研究生增强社会责任感，关心社会发展，服务社会需求，用自己的专业知识和能力为社会作出贡献。

价值引领范畴与其他范畴有着密切的联系。一方面，价值引领范畴为其他范畴提供价值导向和理论基础；另一方面，其他范畴又是价值引领范畴的具体展开和实践体现。这种相互关系，使得价值引领范畴能够在范畴体系中发挥核心作用，指导研究生思想政治教育的理论和实践。

（二）基础层：矛盾动力范畴

矛盾动力范畴是研究生思想政治教育范畴体系的基础，为价值引领提供动力源泉和路径依据。思想政治教育学科的基本矛盾“集中表现为社会对人们思想政治品德的要求和人们思想政治品德现有水平之间的矛盾”。于研究生思想政治教育而言，基础层主要指国家对高层次创新人才思想政治素质的要求与研究生思想政治素质现状之间的矛盾。一方面，国家对研究生的思想政治素质有更高要求，不仅要具备坚定的政治信念，还要具备良好的学术道德和创新精神；另一方面，研究生思想政治素质现状呈现多元化、复杂化特点，面临学术压力、就业压力等多重挑战。这一矛盾的存在，决定了研究生思想政治教育的必要性和特殊性。

矛盾动力范畴主要包括：①国家需求与个人发展矛盾：国家对高层次创新人才的培养要求与研究生个人成长需求之间的矛盾，是研究生思想政治教育的基本矛盾之一。②学术规范与学术自由矛盾：学术活动中规范要求与创新探索自由之间的矛盾，是研究生学术发展的关键矛盾。③理想追求与现实条件矛盾：研究生理想追求与现实条件限制之间的矛盾，是研究生成长过程中面临的普遍性矛盾。作为基础层，矛盾动力范畴为价值引领提供了现实基础和动力来源，同时也受到价值引领的指导和规范。

（三）主体层：教育互动范畴

教育互动范畴关注研究生思想政治教育的实施主体和接受主体，以及它们之间的互动关系。

1. 教育主体与教育客体

教育主体与教育客体是研究生思想政治教育的中心范畴，反映了研究生思想政治教育的参与者及其关系。

教育主体范畴指的是实施研究生思想政治教育的主体，包括学校、学院、导师、辅导员、思想政治理论课教师等。在研究生思想政治教育中，教育主体具有多元化特点，各类主体在教育过程中发挥着不同的作用。特别是导师，既是学术指导者，又是思想引路人，在研究生思想政治教育中具有特殊重要地位。

教育客体范畴指的是接受研究生思想政治教育的对象，即研究生群体。研究生作为教育客体，具有较高的思想水平和较强的独立性，这要求教育过程必须尊重其主体地位，发挥其主观能动性。同时，研究生群体内部也存在差异，如学术型研究生与专业型研究生、不同学科背景的研究生等，这要求教育过程必须因材施教，有的放矢。

刘新庚和张博文指出："主体范畴与客体范畴之间呈现出一种变幻神奇的内化与外化关联关系，形成了思想政治教育学科范畴体系球体模型的基本骨架。"[154]在研究生教育层面，这种关系更为复杂，因为研究生既是受教育者，又在不断发展成为教育者和知识生产者，这种身份的转变使主体间性与主体性范畴的辩证关系更为突出。一方面，教育主体引导教育客体，通过教育活动影响研究生的思想和行为；另一方面，教育客体也会反过来影响教育主体，研究生的反馈和需求会促使教育主体调整教育内容和方法。在研究生思想政治教育中，必须处理好教育主体与教育客体的关系，构建平等对话、相互尊重的教育关系，实现教育主体与教育客体的共同发展。

教育主体与教育客体范畴在研究生思想政治教育中的应用，要特别注意以下几点：一是发挥教育主体的引导作用，明确各类主体的职责和任务；二是尊重教育客体的主体地位，发挥研究生的主观能动性；三是构建主体间性教育关系，促进教育主体与教育客体的平等对话和交流。

在研究生思想政治教育中，必须重视"双主体"理念，充分发挥研究生的主体性和能动性。很多高校仍然延续本科生思想政治教育的传统模式，将研究生视为被动的接受者，这种做法明显不符合研究生群体的特点和需求。有效的研究生思想政治教育应当是教育者与受教育者共同参与、共同探索、共同成长的过程。

2. 个人与社会

个人与社会是研究生思想政治教育的关系范畴。个人范畴指的是研究生个体的发展和成长，包括个人素质的提升、能力的培养、价值的实现等。在研究生思想政治教育中，个人发展是重要目标，通过教育活动促进研究生全面发展，成为德智体美劳全面发展的高素质人才。

社会范畴指的是社会整体的发展和进步，包括国家的繁荣昌盛、民族的伟大复兴、人类的共同进步等。在研究生思想政治教育中，社会发展同样是重要目标，通过教育活动培养研究生的社会责任感，引导其为社会发展做出贡献。

个人与社会之间存在着辩证统一的关系。一方面，个人发展离不开社会环境，社会为个人发展提供条件和机会；另一方面，社会发展又需要个人贡献，个人的创造性劳动推动社会进步。在研究生思想政治教育中，必须处理好个人与社会的关系，引导研究生将个人发展与社会发展紧密结合，在服务社会中实现个人价值。

个人与社会范畴在研究生思想政治教育中的应用，要特别注意以下几点：一是关注个人发展，尊重研究生的个性和特长；二是强调社会责任，培养研究生的家国情怀；三是促进个人与社会的协调发展，实现二者的有机统一。

（四）功能层：实践实现范畴

1. 思想与行为

思想与行为是思想政治教育学的起点、过程与归属范畴，反映了研究生思想政治素质的两个基本方面。思想与行为是研究生思想政治教育学中最普遍、最基本的范畴，既是思想政治教育学研究的主要内容，又是思想政治教育活动目标、内容、评价的主要体现。

思想范畴指的是研究生的思想意识、观念形态，包括世界观、人生观、价值观有关的哲学思想、政治思想、法律思想、道德思想等。思想可以继承、借鉴、传播、交流和创造。思想是行为的内在驱动力，研究生的思想决定其行为方向和质量。在研究生思想政治教育中，思想范畴的重要性尤为突出，因为研究生的主要任务是学术研究和知识创新，这些活动的本质是思想活动。

行为范畴指的是研究生的外在表现、实践活动，包括研究生的学习行为、科研行为、社会实践行为、人际交往行为等。行为是思想的外在表现，研究生的行为反映其思想状况。在研究生思想政治教育中，行为范畴同样重要，因为行为是检验思想的唯一标准，只有通过行为，才能验证研究生的思想状况。

研究生的思想决定其学术研究的方向和质量，而研究实践又反过来强化或改变思想认识。思想与行为之间存在着辩证统一的关系。一方面，思想决定行为，研究生的思想观念会引导其行为方向；另一方面，行为又会反过来影响思想，研究生在实践活动中形成的经验和感受会加深或改变其思想认识。在研究生思想政治教育中，必须处理好思想教育与行为引导的关系，既要加强思想教育，培养研究生正确的思想观念；又要注重行为引导，促进研究生将正确思想转化为自觉行动。

思想与行为的关系在研究生思想政治教育中呈现出特殊性。一方面，研究生的专业学习和科研训练本身就是一种特殊的思想活动和行为实践，专业知识的学习和科研能力的培养不仅是技能的获取，也是思想的深化；另一方面，研究生的思想与行为又直接关系到国家的学术创新和科技发展，具有更为广泛的社会影响。

思想与行为范畴在研究生思想政治教育中的应用，要特别注意以下几点：一是重视思想的科学性和前沿性，引导研究生树立科学思想，掌握科学思维方法；二是注重行为的规范性和创新性，引导研究生既遵守行为规范，又勇于创新实践；三是促进思想与行为的一致性，避免出现“知行脱节”的现象。

2. 灌输与疏导

灌输与疏导是思想政治教育的功能性范畴，在研究生思想政治教育中具有特殊意义。灌输指的是正确、先进的思想体系不可能在头脑中自发产生，只有通过学习、教育、实践才能自觉形成。灌输所蕴含的自觉，包含着主观能动性、目标导向性，具有思想政治教育的导向功能。

然而，灌输在西方话语体系中往往具有贬义，被视为强制灌输和洗脑。这种偏见源于冷战思维，是对马克思主义思想政治教育的误读。马克思主义认为，人的思想是社会关系的产物，不可能凭空产生，必然受到外部因素的影响。灌输只是一种教育手段，其价值取向由所灌输内容的性质决定。西方国家同样进行价值观灌输，只是包装得更为隐蔽。

思想政治教育中的“疏”，是指广开言路，集思广益，让人们把各自的观点和意见都充分发表出来。思想政治教育中的“导”，就是说服教育，把各种不同的思想和言论引向正确的轨道。疏导是指对人民内部的思想认识问题，既不堵塞言路，又要善于引导，帮助人民群众提高思想认识。疏与导是辩证统一的关系，疏通是为了正确地引导，是引导的前提；引导是疏通的目的。

在研究生思想政治教育中，灌输与疏导的关系呈现出新的特点。一方面，研究生具有较强的专业背景和批判思维能力，简单的灌输难以有效；另一方面，研究生面临着学术压力和就业压力，更需要及时疏导。因此，研究生思想政治教育必须创新灌输与疏导的方式方法，实现二者的有机统一。

有些学者将灌输与疏导对立起来，认为灌输是"硬"的，疏导是"软"的，这是对二者关系的误解。灌输与疏导不是相互排斥的，而是相辅相成的。灌输可以通过疏导的方式进行，疏导也需要灌输的内容作为支撑。研究生思想政治教育必须将灌输与疏导有机结合，既坚持马克思主义的指导地位，又尊重研究生的主体性和创造性。

3. 内化与外化

内化与外化是研究生思想政治教育的成果范畴，反映了研究生接受思想政治教育的过程和结果。内化是指教育者传授的思想政治教育目标、内容和要求，转化为受教育者个体意识，是由外在的知识、理论、规范向个体内在思想领域转化的过程。外化是指受教育者将自己的个体意识转化为外在的实际行动的过程，是由内在思想向外在行为的转化。

内化范畴指的是研究生将外部教育内容转化为自身思想观念的过程，包括接受、理解、认同等环节。内化是思想政治教育的关键环节，只有通过内化，外部的教育内容才能成为研究生自身的思想认识。在研究生思想政治教育中，内化过程更加复杂，因为研究生具有较强的思考能力和批判精神，会对教育内容进行深入思考和判断。

外化范畴指的是研究生将内部思想观念转化为外部行为实践的过程，包括表现、实践、创造等环节。外化是思想政治教育的最终目标，只有通过外化，内部的思想认识才能转化为实际行动，产生社会价值。内化是研究生将思想政治教育内容转化为内在信念的过程；外化则是将内在信念转化为外在行为的过程。在研究生思想政治教育中，内化过程更为复杂，涉及对学术规范、科研伦理、专业精神的深层认同；外化则表现为学术创新、科研产出、社会责任担当等方面。

思想政治教育的内化与外化，实际上是受教育者在教育者的教育引导下所进行的自我教育、自我改造。思想政治教育的目的是要引导、激发受教育者自觉进行内化与外化的自我教育，实现“教”与“自教”在受教育者身上的统一。受教育者能自觉进行内化与外化，既是思想政治教育的目的，也是思想政治教育的效果。

内化与外化之间存在着辩证统一的关系。一方面，内化是外化的前提，只有先内化为思想认识，才能外化为行为实践；另一方面，外化又是内化的检验和深化，通过外化实践，可以检验内化的效果，并促进内化的深入。在研究生思想政治教育中，必须处理好内化与外化的关系，既要注重内化过程，促进研究生形成正确思想；又要关注外化过程，引导研究生将思想转化为行动。

内化与外化范畴在研究生思想政治教育中的应用，要特别注意以下几点：一是创新内化方式，尊重研究生的认知规律和接受特点；二是拓展外化渠道，为研究生提供多样化的实践平台；三是促进内化与外化的良性互动，形成“内化—外化—再内化—再外化”的循环过程。

在层次模型中，各层范畴之间形成了有机联系的整体。核心层与基础层的关系理解为价值引领为矛盾解决提供方向指导，矛盾动力为价值引领提供现实基础。核心层与其他各层的关系理解为价值引领贯穿于主体层、功能层，统领整个范畴体系。纵向层级关系理解为从基础层到成效层形成了一个完整的逻辑链条，反映了研究生思想政治教育的发展过程。横向互动关系理解为同一层级的各范畴之间相互联系、相互支撑，共同构成该层级的完整内容。

这个模型既体现了思想政治教育的一般规律，又突出了研究生教育的特殊性；既强调了价值引领的核心地位，又注重了矛盾动力的基础作用；既关注了教育过程的各个环节，又突出了最终的发展目标。它为研究生思想政治教育提供了系统的理论框架和实践指导。

四、研究生思想政治教育范畴体系的核心向度

（一）政治认同：思想政治教育之根本向度

1. 政治认同的内涵与生成机理

政治认同系指主体对特定政治共同体、制度架构、价值理念及权威形式所持有的归属感与忠诚度，体现为个体与政治共同体之间形成的稳固联结。作为思想政治教育的本质规定与基础范畴，政治认同映射了思想政治教育培养坚定政治立场、具有政治信仰的社会主义建设者和接班人的根本

目标取向。

政治认同的形成机理呈现为认知、情感、行为三维维度。认知维度通过系统理论学习与思想教育，促使研究生理解并接纳马克思主义基本原理与中国特色社会主义理论体系；情感维度通过价值体验与文化浸润，培育研究生对党和国家的情感依附与价值认同；行为维度则借助实践活动与行为养成，引导研究生将政治认同转化为自觉行动与行为习惯。三个维度相互渗透、相互涵养，共同构筑政治认同的整体生成过程。

2. 研究生政治认同的层阶结构与基本特征

研究生政治认同呈现多元层阶的结构特质，可从四个层次进行剖析：思想层次，包含对马克思主义理论体系与中国特色社会主义理论体系的认同；制度层次，涵盖对中国特色社会主义制度与国家治理体系的认同；价值层次，体现为对社会主义核心价值观与中华优秀传统文化的认同；情感层次，表现为对祖国与人民的热爱及对党的领导的认同。

研究生政治认同彰显出鲜明特征：一是理性思辨特征，研究生政治认同更多基于理性思考与理论认同，超越简单情感认同；二是批判审视特征，认同过程伴随着质疑与批判，需经深入思考方能达成更高层次的认同；三是多元影响特征，受家庭背景、教育经历、社会环境与国际形势等多重因素影响；四是动态发展特征，需要在持续学习、实践与反思中不断深化与巩固。

3. 政治认同与学术自由的辩证关系

政治认同与学术自由构成研究生思想政治教育中一对重要的辩证范畴。从本质而言，政治认同强调政治立场与价值取向的一致性，学术自由则彰显学术研究与思想探索的多样性；从功能而言，政治认同为学术研究提供方向指引与价值导航，学术自由则为政治认同提供理性基础与创新动力。

在研究生思想政治教育实践中，应辩证处理二者关系：一方面，坚持正确政治方向是学术研究的根本保障，政治认同为学术自由提供了基本前提；另一方面，尊重学术规律与学术自由是政治认同深化的重要条件，唯有在自由探索与批判思考的学术环境中，研究生才能形成更加坚定的政治认同。通过二者的辩证统一，引导研究生在坚持正确政治方向中开展学术研究，在保持学术理性中深化政治认同，实现政治素养与学术素养的协调发展。

（二）价值塑造：思想政治教育之核心功能

1. 价值塑造的理论内涵与实践表征

价值塑造是指思想政治教育通过系统化的价值观教育与引导，促使研究生形成正确世界观、人生观、价值观的过程。作为思想政治教育的核心范畴，价值塑造彰显了思想政治教育培育社会主义核心价值观，引导研究生确立正确价值取向的根本任务。

价值塑造的理论内涵包含三个基本维度：价值导向维度，引导研究生确立值得追求的价值目标与理想信念；价值选择维度，培养研究生在多元价值中做出正确价值判断与抉择的能力；价值实践维度，促进研究生将价值理念转化为实际行动与生活方式。其实践表征则体现为理论教育、文化浸润、榜样示范、实践体验等多元形式，通过多渠道、全方位的价值教育，实现价值塑造的整体效应。

2. 价值塑造的实现路径与方法创新

价值塑造的有效实现需要科学的路径设计与方法创新。路径层面上，可归纳为三条主要路径：知识传授路径，通过系统理论教育与价值阐释，使研究生把握社会主义核心价值观的科学内涵与理论根基；情感培育路径，通过文化熏陶、情境体验与榜样示范，培养研究生对社会主义核心价值观的情感共鸣；行为引导路径，通过实践活动、制度规范与行为养成，促进研究生将价值理念内化为自觉行动。

方法创新层面上，应根据研究生特点与时代要求，不断革新塑造方式：一是注重理论与实践的融通，通过理论学习与社会实践的互动，增强价值塑造的实效性；二是强调显性教育与隐性教育的统一，既重视课堂教学等显性教育形式，又注重学术氛围等隐性教育因素；三是推进传统方法与现代技术的结合，善用新媒体与大数据技术，拓展价值塑造的渠道；四是坚持共性要求与个性发展的并重，在价值共识基础上，尊重研究生的个性差异与发展需求，实现价值塑造的精准化与个性化。

3. 价值塑造在研究生成长中的导向作用

价值塑造对研究生成长发挥着全面而深刻的导向作用。首先，为学术研究提供方向指引，引导研究生在学术探索中坚持正确政治方向与价值取向，将学术追求与国家需求、社会责任相结合；其次，为人生发展提供精神支撑，帮助研究生树立远大理想与崇高信念，形成积极向上的人生态度；再次，为行为选择提供规范指导，引导研究生在复杂环境中做出正确价值判断；最后，为创新实践提供动力源泉，激发研究生的创新精神与责任担当，投身中国特色社会主义现代化建设的伟大实践。

在研究生成长的不同阶段，对其的价值塑造应有所侧重：入学初期注重理想信念教育与政治认同培养；中期阶段强化学术道德与科研伦理教育；毕业阶段则突出社会责任感与使命担当教育。通过全过程、分层次的价值塑造，促进研究生全面发展与健康成长。

（三）思想内化：思想政治教育之内在机制

1. 从认知到认同的思想内化过程

思想内化指研究生在思想政治教育影响下，将外部思想观念转化为内在信念与行为准则的心理过程。作为思想政治教育的关键范畴，思想内化揭示了思想政治教育的内在机制与运行规律，为理解思想政治教育效果生成提供了重要理论视角。

思想内化过程可概括为“认知—理解—认同—践行”四个阶段。认知阶段为研究生接触并了解特定思想观念的初始环节，主要是对知识信息的获取；理解阶段体现为研究生通过深入思考与分析，把握思想观念的科学内涵与理论逻辑；认同阶段指研究生在情感与价值层面接受并认同特定思想观念，形成内在信念；践行阶段则是研究生将认同的思想观念转化为具体行动与行为习惯，实现从“知”到“行”的转化。这四个阶段非机械割裂，而是相互交融、循序渐进，构成完整的思想内化过程。

2. 情感共鸣与理性认同的辩证统一

情感共鸣与理性认同构成思想内化过程中两个重要维度，二者辩证统一、相互促进。情感共鸣指研究生在情感层面对特定价值观念产生的共鸣与认同，体现为情感体验与价值共识；理性认同则是研究生在理性层面对特定理论观点与价值判断的接受与认同，表现为理论信服与逻辑自洽。

在研究生思想政治教育实践中，应注重情感共鸣与理性认同的辩证统一：一方面，加强情感教育与价值塑造，通过典型案例、感人事迹、文艺作品等形式，激发研究生的情感共鸣；另一方面，重视理论教育与理性分析，通过系统学习、深入讨论、批判思考等方式，增强研究生的理性认同。通过情感与理性的双重引导，实现思想内化的深层次效果。

3. 批判性思维培养与思想内化的张力处理

批判性思维与思想内化之间存在一定张力关系。一方面，批判性思维是研究生应当具备的重要素质，有助于培养独立思考能力与创新精神；另一方面，批判性思维可能对既有观念与价值体系产生挑战，影响思想内化效果。如何处理这一张力，是研究生思想政治教育面临的重要理论与实践课题。

处理这一张力的基本思路是：将批判性思维纳入思想内化过程，使其成为思想内化的助推器而非阻碍因素。具体做法包括：一是鼓励研究生运用批判性思维深入分析马克思主义理论，通过批判性思考加深对理论的理解与认同；二是引导研究生在批判中把握正确方向，明确批判的前提是坚持马克思主义的基本立场与方法；三是通过开放讨论与理性辩论，引导研究生在批判性思考中凝聚共识，形成更加自觉的思想认同；四是鼓励研究生将批判性思维与创新实践相结合，在解决实际问题中深化理论认识与价值认同。通过这种方式，既培养研究生的批判性思维能力，又促进思想内化的深化与巩固。

（四）行为外化：思想政治教育之外显路径

1. 理论学习与实践体验的螺旋上升

行为外化是指研究生通过社会实践、科研活动等实践形式，将理论知识与价值理念转化为实际能力与行动自觉的过程。作为思想政治教育的重要范畴，行为外化揭示了思想政治教育从理论到实践、从认识到行动的转化机制，是思想政治教育成效外显的重要路径。

理论学习与实践体验之间的关系呈现螺旋上升特征。理论学习为实践体验提供思想指导与理论支撑，实践体验则为理论学习提供生动素材与检验标准。在此过程中，理论与实践、认识与行动不断相互转化、相互促进，形成“学习—实践—再学习—再实践”的螺旋式上升结构。通过螺旋式发展，促进研究生的理论认识不断深化，实践能力不断提高，思想政治素质不断提升。

2. 知行合一的行为外化机制

知行合一构成行为外化的核心机制，强调知识与行动、理论与实践的统一。知行合一思想源于中国传统文化，经过马克思主义实践观的发展，成为思想政治教育的重要理论范畴。在研究生思想政治教育中，知行合一体现为三个层面的统一：认识层面的统一，即理论认识与实践经验的统一；价值层面的统一，即价值认同与行为选择的统一；能力层面的统一，即理论思维与实践能力的统一。

实现知行合一的行为外化需要注重以下几个方面：一是强化实践导

向，将社会实践作为思想政治教育的重要环节；二是创新实践形式，拓展科研实践、社会实践、志愿服务等多种实践形式，满足研究生多样化的实践需求；三是深化实践反思，引导研究生在实践中进行深入思考与理论升华，实现从实践经验到理论认识的提升；四是完善评价机制，将实践表现作为评价研究生思想政治素质的重要指标。

3. 学术实践与思想政治教育的融合创新

学术实践既是研究生培养的核心环节，也是思想政治教育的重要载体。研究生学术实践主要包括课题研究、学术交流、科技创新等活动，这些活动既是专业能力培养的重要途径，也是思想政治教育的有效平台。通过学术实践与思想政治教育的融合创新，可以实现专业教育与思想政治教育的有机统一，提高思想政治教育的针对性与实效性。

学术实践与思想政治教育的融合创新可从三个方面展开：一是价值塑造融入学术实践，在学术研究中融入社会主义核心价值观与科研伦理教育，引导研究生树立正确的学术价值观；二是学术规范强化思想养成，通过学术规范教育培养研究生的学术诚信与学术道德，促进良好思想品质的形成；三是社会责任贯穿科研活动，引导研究生将科研选题与国家需求相结合，将学术成果与社会发展相联系，培养研究生的社会责任感与使命担当。通过这种融合创新，使学术实践成为思想政治教育的生动课堂与有效载体。

五、研究生思想政治教育基本范畴体系的内在逻辑

研究生思想政治教育基本范畴体系不是各个范畴的简单堆积，而是一个有机统一的整体，具有内在的逻辑关联。这种内在逻辑主要表现为以下三个方面。

（一）价值引领的贯穿性逻辑

价值引领作为新时代研究生思想政治教育的核心范畴，贯穿于整个范畴体系，形成了一种贯穿性逻辑，这种逻辑主要表现在以下几个方面：

第一，价值引领是所有范畴的价值基础和理论源头。价值引领规定了研究生思想政治教育的价值取向和目标方向，为其他各类范畴提供了价值支撑和理论依据。在思想与行为范畴中，价值引领确定了引导研究生形成什么样的思想，采取什么样的行为；在主体间性与主体性范畴中，价值引领规定了教育主体引导研究生的价值方向；在内化与外化范畴中，价值引

领决定了内化什么、如何内化、外化什么、如何外化；在学科社会化范畴中，价值引领指明了学科社会化的价值取向和目标追求；在学术责任与社会责任范畴中，价值引领确定了责任的内容和方向。

第二，价值引领贯穿于研究生思想政治教育的全过程。从研究生入学到毕业，从课程学习到科研实践，从校园生活到社会实践，价值引领始终贯穿其中，成为研究生成长发展的红线。在学习初期，价值引领帮助研究生确立正确的学习态度和学术追求；在科研过程中，价值引领引导研究生坚持学术诚信，遵守学术规范；在实践活动中，价值引领促进研究生将个人发展与社会责任相结合；在毕业走向社会时，价值引领帮助研究生明确职业方向和人生追求。

第三，价值引领连接各类范畴，形成有机整体。价值引领将辩证对立统一的关系范畴群、层次递进的过程范畴群、情境介导的环体范畴群有机联系起来，形成一个统一的范畴体系。通过价值引领，各类范畴之间形成内在联系和逻辑关系，相互支持，相互促进，共同服务于研究生思想政治教育的总体目标。

第四，价值引领体现了研究生思想政治教育的时代性和创新性。新时代的价值引领不是简单的价值灌输，而是在尊重研究生主体性的基础上，通过对话、交流、互动等方式，引导研究生在理性思考和实践体验中形成正确的价值取向。这种新型的价值引领方式体现了新时代研究生思想政治教育的创新性和时代性，适应了新时代研究生群体的特点和需求。

总之，价值引领的贯穿性逻辑是新时代研究生思想政治教育基本范畴体系的内在逻辑之一，它将各类范畴有机联系起来，形成一个统一的范畴体系，为研究生思想政治教育提供了理论指导和实践指南。

（二）理论与实践的辩证逻辑

理论与实践的辩证逻辑是新时代研究生思想政治教育基本范畴体系的重要内在逻辑，这种逻辑主要表现在以下几个方面：

第一，范畴体系既反映理论思维的规律，又基于实践的需要。深化思想政治教育范畴研究需要“在理论思维和实践导向两大方面着力”。新时代研究生思想政治教育基本范畴体系的构建既遵循理论思维的内在要求，如抽象思辨性、辩证逻辑性、反思批判性，又基于研究生思想政治教育实践的现实需要，关注实践中的新情况、新问题、新挑战，体现了理论与实践的辩证统一。

第二，范畴内容既有理论的深度，又有实践的厚度。范畴内容既包含深刻的理论内涵，又包含丰富的实践经验。以价值引领范畴为例，它既有马克思主义价值观、社会主义核心价值观等理论内涵，又有具体的价值教育实践和价值实现路径，体现了理论与实践的有机结合。同样，思想与行为、内化与外化等范畴也都既有深刻的理论蕴含，又有具体的实践指向。

第三，范畴关系既有理论的逻辑性，又有实践的关联性。范畴之间的关系既体现了严密的理论逻辑，如从抽象到具体的逻辑展开，又反映了实践中的真实关联，如教育过程中各要素的相互作用和影响。例如，学科社会化、理论自觉与实践自觉、学术责任与社会责任这三个过程范畴，既有从入门到深入再到成熟的理论逻辑，又有研究生成长过程中的实际发展轨迹。

第四，范畴功能既指向理论建构，又指向实践指导。范畴体系既服务于思想政治教育学科的理论建构，推动学科发展和理论创新，又服务于思想政治教育实践的改进和发展，为教育工作提供指导和参考。例如，价值引领范畴既是思想政治教育理论的核心概念，也是指导思想政治教育实践的重要方法和手段。

徐志远和周政龙指出，构建思想政治教育学基本范畴及其体系必须遵循“实践求是性原则”[155]，既要立足于实践，从实践中提炼理论，又要用理论指导实践，形成理论与实践的良性互动。新时代研究生思想政治教育基本范畴体系正是遵循这一原则，在理论与实践的辩证互动中不断丰富和发展。

总之，理论与实践的辩证逻辑是新时代研究生思想政治教育基本范畴体系的重要内在逻辑，它体现了范畴体系的科学性和实用性，使范畴体系既具有理论的深度和系统性，又具有实践的针对性和有效性。

（三）学科特性与时代要求的融合逻辑

思想政治教育范畴研究需要在“契合思想政治教育实践，遵循现代社会科学研究规律，推动多学科视野融合，聚焦学科改革创新需求”等方面不断提升[156]。学科特性与时代要求的融合逻辑是新时代研究生思想政治教育基本范畴体系的另一重要内在逻辑，这种逻辑主要表现在以下几个方面：

第一，范畴体系既体现思想政治教育的学科特性，又反映新时代的时代要求。思想政治教育作为一门学科有其特定的研究对象、范围和方法，这些学科特性在范畴体系中得到充分体现。同时，新时代对思想政治教育提出了新的要求和挑战，这些时代要求也在范畴体系中得到反映。例如，价值引领范畴既体现了思想政治教育的价值塑造功能这一学科特性，又反映了新时代对价值引领方式创新的时代要求。

第二，研究生思想政治教育范畴体系在继承传统的基础上实现了创造性转化。范畴体系中的诸多范畴如“思想与行为”“内化与外化”等，作为思想政治教育理论的传统概念范畴，承载了学科发展的基本规律与理论精髓。然而，这些概念范畴在当代语境下经历了深刻的内涵重构与外延拓展，呈现出鲜明的时代特色。

在研究生教育的特殊语境中，这些传统范畴获得了新的理论意蕴。以“思想与行为”范畴为例，其不再局限于一般意义上的政治思想与日常行为的关系探讨，而是深入到学术思想与学术实践的特殊领域，聚焦于研究生群体的思想品格与学术行为之间的辩证关系，揭示了学术伦理、科研诚信等议题的深层机理。同样，“内化与外化”范畴在研究生思想政治教育中也呈现出新的理论维度，强调理论学习与科研实践的有机统一，关注知识内化与创新实践之间的转化机制，彰显了研究生思想政治教育的学术特质与创新导向。

第三，研究生思想政治教育范畴体系在建构过程中表现出学理逻辑与现实需求的辩证统一。一方面，范畴体系的构建严格遵循思想政治教育学科的内在理论逻辑，保持了概念范畴之间的层次关联与理论衔接，确保了学科理论的系统性与连贯性；另一方面，范畴体系又积极回应新时代研究生思想政治教育的现实挑战与实践难题，融入了时代发展的新要素与新议题，增强了理论的现实解释力与实践指导性。

这种学理与现实的辩证统一集中体现在一系列新范畴的提出与应用中。“学科社会化”揭示了研究生从学术新手向学术共同体成员转变的社会化过程，理论上丰富了思想政治教育的社会学视角，实践上回应了研究生学术社会化过程中的价值引导问题；“学术共同体”则从集体层面探讨了研究生的学术归属与价值认同问题，理论上拓展了思想政治教育的群体维度，实践上对接了研究生学术共同体建设的现实需求。这些新范畴的提出与应用，既体现了学科理论的逻辑延展，又呈现出对时代问题的现实回应，实现了学理探索与实践创新的有机统一。

第四，范畴功能既服务于学科建设和发展，又满足时代发展和变革的需要。范畴体系的构建既推动思想政治教育学科的理论创新和发展，又为新时代研究生思想政治教育实践提供指导和参考，服务于新时代人才培养和社会发展的需要。例如，价值引领、批判思维与创新思维、学术责任与社会责任等范畴，既丰富了思想政治教育的理论体系，又为培养德智体美劳全面发展的高层次创新人才提供了理论指导。

研究生思想政治教育范畴体系呈现出整体性与开放性的系统特征。从整体性看，各范畴之间构成了一个相互联系、相互支撑的有机整体，形成了从本质到现象、从抽象到具体的层次结构，反映了研究生思想政治教育的系统性与复杂性；从开放性看，范畴体系并非封闭静止的理论构架，而是与时俱进、不断发展的动态系统，能够不断吸收新的理论成果与实践经验，持续丰富和完善自身的理论内涵与实践意义。

总之，学科特性与时代要求的融合逻辑是新时代研究生思想政治教育基本范畴体系的重要内在逻辑，它体现了范畴体系的继承性和创新性，使范畴体系既保持学科的连续性和系统性，又具有时代的创新性和适应性。

综上所述，新时代研究生思想政治教育基本范畴体系是一个多维度、多层次、多要素的复杂体系，既有对思想政治教育一般范畴的继承，又有基于研究生群体特点的创新和发展。通过系统构建这一范畴体系，可以为研究生思想政治教育理论研究和实践创新提供重要的思想武器和理论工具，促进研究生思想政治教育的科学化、规范化和现代化。

六、新时代研究生思想政治教育基本范畴体系构建的路径

（一）理论思维路径：从抽象到具体的逻辑建构

理论思维路径是新时代研究生思想政治教育基本范畴体系构建的重要路径，它遵循从抽象到具体的逻辑建构过程。第一，运用本质抽象思维，提炼基本范畴。本质抽象思维是区别于经验思维、表象思维的抽象思维，它透过现象看本质。马克思曾说：“分析经济形式，既不能用显微镜，也不能用化学试剂。二者都必须用抽象力来代替。”[157]通过本质抽象思维，我们可以从丰富多彩的研究生思想政治教育实践中，提炼出反映本质特性和规律的基本范畴，如价值引领、思想与行为、主体间性与主体性等。

第二，运用辩证逻辑思维，构建范畴体系。辩证逻辑思维强调对范畴之间关系的审视，从而使独立的范畴有了存在的语境，使未成体系的范畴成为范畴体系。列宁指出，辩证法就是“一切概念的毫无例外的相互依

赖”“一个概念向另一个概念的转化”[158]。通过辩证逻辑思维，我们可以构建起从抽象到具体、从简单到复杂的范畴体系，形成价值引领—关系范畴群—过程范畴群—环体范畴群的层次结构。

第三，运用反思批判思维，推动范畴发展。反思批判思维是一种后思、反思的思维方式，它对既有概念、范畴进行反思和批判，从而推动范畴的创新和发展。恩格斯认为，理论思维是哲学思维，哲学的思维特性是反思。只有具有后思、反思的维度，才能充分开掘实践经验的价值，深刻理解基本范畴的意义。通过反思批判思维，我们可以对传统范畴进行批判性思考，提出新的范畴概念，如主体间性与主体性、批判思维与创新思维、学科社会化等，丰富和发展研究生思想政治教育的范畴体系。

第四，坚持历史与逻辑统一，确保范畴的科学性。马克思主义强调历史与逻辑相统一，逻辑思维的过程应当与客观事物历史发展的过程相一致。在范畴体系构建中，我们既要考察范畴的历史形成和发展过程，把握其在不同历史时期的内涵变化，又要按照逻辑的内在要求，对范畴进行系统化、规范化的梳理和整合，形成符合研究生思想政治教育客观规律的范畴体系。

构建思想政治教育学基本范畴及其体系必须遵循“从抽象上升到具体的原则”，即从最简单、最抽象的范畴出发，通过分析和综合，不断丰富范畴内涵，形成更加具体、丰富的范畴体系。新时代研究生思想政治教育基本范畴体系的构建正是遵循这一原则，在理论思维的指导下，从价值引领这一核心范畴出发，逐步展开和丰富其他范畴，形成系统、完整的范畴体系。

（二）实践导向路径：从实践到理论的经验提炼

深化思想政治教育范畴研究应当“着力于理论思维与实践导向，立足思想政治教育范畴研究的基本论域，契合思想政治教育实践”[159]。这个观点为新时代研究生思想政治教育基本范畴体系的构建提供了重要指导，要求我们在理论思维和实践导向的统一中推进范畴体系的构建和发展。实践导向路径是新时代研究生思想政治教育基本范畴体系构建的另一重要路径，它遵循从实践到理论的经验提炼过程。

第一，扎根中国大地，从研究生思想政治教育实践中提炼范畴。扎根中国大地了解中国国情，把握中国实践，既要把握规律性，又要把握特殊性，不断推进马克思主义中国化时代化大众化。新时代研究生思想政治教育基本范畴体系的构建，必须立足中国特色社会主义教育实践，特别是研究生教育实践，从中提炼和概括出具有中国特色、中国风格、中国气派的范畴概念。

例如，在研究生培养过程中，导师在思想政治教育中发挥着特殊作用，这一实践特点可以提炼为“导师引领”这一特殊范畴；研究生在科研过程中面临的学术诚信、学术道德等问题，可以提炼为“学术伦理”这一特殊范畴；研究生在学科学习过程中的专业认同和身份转变，可以提炼为“学科社会化”这一特殊范畴。这些都是从研究生思想政治教育实践中提炼出来的具有特殊意义的范畴。

第二，突出问题导向，从研究生思想政治教育问题中发现范畴。习近平总书记强调：“坚持问题导向是马克思主义的鲜明特点。问题是创新的起点，也是创新的动力源。”[160]新时代研究生思想政治教育面临许多新情况、新问题、新挑战，如研究生价值多元化、科研压力增大、学术不端行为等问题。通过分析和研究这些问题，可以发现新的范畴概念，如“学术诚信”“学术压力与心理健康”“科研伦理”等，丰富研究生思想政治教育的范畴体系。当今新媒体环境已深刻改变了研究生获取信息、交流互动与认知形成的方式，传统思想政治教育模式面临前所未有的挑战。这种现实困境促使我们对“新媒体思想政治教育”“网络话语权”等新范畴进行深入探索，推动范畴体系的创新发展，增强理论对实践的解释力与指导力。

第三，强化应用意识，从研究生思想政治教育效果中检验范畴。范畴体系构建不仅是理论建构，更是为指导实践服务。通过在研究生思想政治教育实践中应用范畴体系，可检验其科学性与有效性，进而不断完善发展理论体系。

“价值引领”范畴在实际教育过程中的运用，能够检验其对研究生价值观塑造的实际效果；“主体间性与主体性”范畴在导师指导与课程教学中的应用，可以检验其对师生关系与教学成效的实际影响。通过实践检验，我们得以持续优化范畴内涵，提升范畴体系的科学性与实用性。

第四，增强时代意识，从研究生思想政治教育创新中发展范畴。新时代是快速变革与创新发展的时代，研究生思想政治教育也处于不断创新与演进的过程中。通过系统总结与科学提炼研究生思想政治教育的创新实践与成功经验，可以发现并发展新的范畴概念，推动范畴体系的更新迭代。

例如，近年来“课程思政”“科研思政”“实践思政”等创新实践的推进，可以提炼为“全课程育人”“全方位育人”等新范畴；“导师立德树人第一责任人”制度的实施，可以提炼为“导师责任”“导师引领”等新范畴；研究生思想政治工作队伍建设的加强，可以提炼为“思政队伍协同”等新范畴。在国际化背景下，“全球胜任力”“文化自信”等范畴日益彰显；在技术赋能教育的浪潮中，“智慧思政”“数字素养”等范畴逐渐形成。这些新范畴的提出和发展，丰富了研究生思想政治教育的范畴体系，增强了范畴体系的时代性和创新性。

（三）改革创新路径：立足学科发展的体系创新

学科改革创新路径是新时代研究生思想政治教育基本范畴体系构建的第四条重要路径，它立足学科发展，推动体系创新。

第一，明确学科定位，构建符合学科特性的范畴体系。思想政治教育作为一门独立学科，有其特定的研究对象、内容、方法和价值取向。范畴体系的构建必须明确思想政治教育的学科定位，构建符合学科特性的范畴体系，彰显学科特色，巩固学科地位。

在当前学科体系、学术体系、话语体系建设的背景下，研究生思想政治教育范畴体系的构建应突出思想政治教育的独特价值和功能，形成区别于其他学科的特色范畴体系，增强学科的独立性和特殊性。例如，价值引领、内化与外化、思想政治教育语境等范畴是思想政治教育学科的特色范畴，应在范畴体系中得到充分体现和发挥。

第二，把握学科前沿，拓展范畴体系的创新空间。学科发展的前沿是理论创新的活跃地带，也是范畴创新的重要源泉。范畴体系的构建必须把握思想政治教育学科的前沿动态和发展趋势，拓展范畴体系的创新空间，推动范畴体系的创新发展。

数字技术的迅猛发展正深刻重塑教育生态，为思想政治教育范畴创新开辟了新维度。从技术赋能视角出发，可以构建“数字素养”“算法伦理”“智能协同”等前沿范畴，探索数字环境下研究生思想引领的新机制；基于大数据与人工智能技术，可以开发“精准画像”“个性化引导”等新型范畴，提升思想政治教育的针对性与实效性。

全球视野下，思想政治教育的国际维度日益凸显，从全球胜任力培养角度，可以构建“跨文化能力”“全球公民意识”等创新范畴，引导研究生在国际化环境中坚定文化自信；从国际学术共同体视角，可以发展“学术共同体责任”“全球学术伦理”等新型范畴，培养研究生的国际学术规范意识；从人类命运共同体理念出发，可以形成“全球治理参与”“共同价值追求”等前沿范畴，拓展研究生思想政治教育的国际视野。

第三，强化学科整合，构建开放包容的范畴体系。随着学科交叉融合趋势的加强，思想政治教育学科的发展越来越需要多学科的支持和滋养。范畴体系的构建必须强化学科整合，构建开放包容的范畴体系，吸收和借鉴不同学科的理论成果和研究方法。

如前所述，当代学科发展呈现出明显的跨界融合特征，思想政治教育与心理学、社会学、传播学等学科的交叉融合为范畴创新提供了肥沃土壤。通过跨学科视角，可以引入“认知建构”“情感智能”“心理韧性”等新范畴，深化对研究生思想转化机制的理解；借鉴社会学理论，可以构建“学术场域”“专业认同”等新范畴，拓展对研究生学术社会化过程的分析；应用传播学理论，可以发展“话语建构”“叙事引导”等新范畴，丰富思想政治教育方法论体系。这种学科整合不是简单的拼凑和堆积，而是在思想政治教育学科的框架下，对不同学科的理论和方法进行有机整合和创新发展，形成既有学科特色又有交叉特点的范畴体系。

第四，注重实践创新，构建服务实践的范畴体系。学科发展的根本目的是服务实践，范畴体系的构建必须注重实践创新，构建服务实践的范畴体系，增强范畴体系的实用性和有效性。

新时代研究生思想政治教育面临许多新情况、新问题、新挑战，需要不断创新教育理念、内容、方法和机制，提高教育的针对性和实效性。范畴体系的构建应紧密结合研究生思想政治教育的实践创新，提炼和概括创新实践中的新经验、新做法、新成果，形成服务实践的范畴体系，为研究生思想政治教育实践提供理论指导和实践指南。

深化思想政治教育范畴研究需要不断提升范畴研究的时代性、规范性、系统性和科学性，立足学科发展，推动体系创新，构建既有学科特色又有时代特征的范畴体系。

下篇

融合引领与实践路径

理论的生命力在于实践，思想的价值在于转化。上篇对新时代研究生思想政治教育的理论基础、时代背景、指导思想和理论体系进行了系统探索。下篇聚焦航空航天领域作为典型案例，展示理论如何指导实践、如何在特定学科领域创新发展研究生思想政治教育。

航空航天领域的选择具有深刻的战略意义与典型代表性。作为国家战略科技力量的重要组成部分，航空航天既是科技强国的关键支撑，也是教育强国建设的重点领域。该领域的研究生教育既具有鲜明的理工特色，又肩负着特殊的国家使命，在政治属性、学科特性、价值引领和文化根基等方面都具有独特性和代表性。航空航天领域研究生思想政治教育的实践探索，既是上篇理论成果的具体应用，也是对理论创新的实践检验与丰富发展。

下篇共设四章，按照“特色分析—协同机制—品牌实践—未来展望”的逻辑展开。第五章剖析航空航天领域研究生思想政治教育的特色与方法论体系，揭示其独特的育人规律；第六章探讨多元主体的角色定位与协同机制，构建系统化的协同育人体系；第七章展示“空天之光”融合育人品牌的构建与实践探索，呈现创新理念的实践转化；第八章放眼未来，展望数智时代研究生思想政治教育的创新发展路向，为理论与实践的进一步深化提供前瞻性思考。

第五章　航空航天领域研究生思想政治教育特色与方法

航空航天事业是国家战略安全与科技创新的重要支柱，其发展水平直接关系到国家综合实力与国际地位。作为培养高层次航空航天领域科技人才的关键环节，研究生教育肩负着为国家培养具有崇高理想信念、深厚家国情怀和卓越创新能力的科技人才的历史使命。

第一节　航空航天领域研究生思想政治教育的特色

习近平总书记强调，要“深入实施新时代人才强国战略，加快建设世界重要人才中心和创新高地”[161]。习近平总书记在 2024 年全国科技大会上强调：“坚持推动教育科技人才良性循环，统筹实施科教兴国战略、人才强国战略、创新驱动发展战略，一体推进教育发展、科技创新、人才培养。”[162]在此战略部署下，航空航天学科研究生思想政治教育工作具有鲜明的特点和规律，对其进行系统研究，不仅能够为提高航空航天学科研究生思想政治教育水平提供理论指导，而且对于构建中国特色研究生思想政治教育体系也具有重要的借鉴意义。

本节将从政治属性、学科属性、价值引领特色和文化根基四个维度深入分析航空航天学科研究生思想政治教育的鲜明特点，以期为进一步加强和改进航空航天学科研究生思想政治教育工作提供有益参考。

一、政治属性鲜明：国家战略与安全意识的高度融合

（一）航空航天学科与国家战略安全的紧密关联

航空航天产业是国家战略领域的重要组成部分，在国家总体安全战略中处于核心地位。《中华人民共和国国民经济和社会发展第十四个五年规划和2035年远景目标纲要》特别将航空航天列为九大战略性新兴产业之一，并把强化国家战略科技力量作为关键任务[163]。

航空航天技术作为现代高技术的集成和代表，航空发动机更是被誉为“现代工业皇冠上的明珠”，其技术创新与发展水平直接反映了一个国家的综合国力和科技实力。2024年全国科技大会上，习近平总书记强调“四个面向”的战略导向——“面向世界科技前沿、面向经济主战场、面向国家重大需求、面向人民生命健康，加强科技创新全链条部署、全领域布局，全面增强科技实力和创新能力”[164]。在当今国际科技竞争日趋激烈的背景下，航空航天领域已经成为大国博弈的关键战场，其技术突破和人才培养直接关系到国家安全和长远发展。

航空航天学科研究生思想政治教育必须深刻认识学科的战略属性，将国家战略需求与安全意识深度植入教育全过程。其政治属性的鲜明体现，决定了航空航天学科研究生思想政治教育不仅仅是一般意义上的思想引领和价值塑造，更是国家战略人才培养的重要保障。

（二）国家安全意识培养的特殊重要性

航空航天学科研究生在未来将承担国家重大工程和关键技术攻关任务，其政治立场、国家安全意识和战略思维能力直接关系到国家航天事业的发展。因此，在航空航天学科研究生思想政治教育中，国家安全意识培养具有特殊重要性。

航空航天技术具有显著的军民两用特性，很多研究内容和技术成果直接涉及国防安全和国家机密，要求从业人员必须具备高度的保密意识和国家安全意识。在航空航天研究生培养过程中，必须将保密教育、国家安全教育作为思想政治教育的重要内容，引导学生树立正确的安全观、保密观，增强责任意识和使命担当。

航空航天领域的国际合作与竞争并存，一方面需要开展广泛的国际交流合作，另一方面又面临技术封锁和人才竞争的严峻挑战。这就要求航空航天学科研究生不仅要具备国际视野和合作意识，更要有清醒的国家利益

意识和自主创新的决心，在复杂的国际环境中坚守底线、维护国家利益。

（三）政治忠诚与战略自信的培养路径

基于航空航天学科的战略属性和政治特性，航空航天学科研究生思想政治教育需要构建政治忠诚与战略自信培养的有效路径。

一是强化理想信念教育。通过系统学习习近平新时代中国特色社会主义思想特别是关于航空航天事业发展的重要论述，引导学生树立正确的世界观、人生观、价值观，不断增强“四个意识”、坚定“四个自信”、做到“两个维护”，自觉把个人理想融入国家发展战略和航空航天事业的伟大实践中。

二是深化爱国主义教育。结合航空航天发展历程和重大成就，如载人航天工程、嫦娥六号任务、火星探测等，开展生动的爱国主义教育，引导学生从航空航天事业的发展中感受国家的进步和民族的复兴，增强爱国情怀和民族自豪感，激发报国志向和使命担当。

三是强化责任意识教育。通过参观航空航天重大工程现场、聆听航天英雄和科技专家报告等形式，使学生深刻认识航空航天事业的重要性和艰巨性，强化责任意识和使命担当，自觉肩负起发展国家航空航天事业的历史责任。

四是提升战略思维能力。通过开设航空航天战略专题讲座、组织战略形势分析等活动，引导学生从战略高度认识《国家空间科学中长期发展规划（2024—2050 年）》提出的发展目标和任务，培养战略思维能力和全局意识，为未来在复杂环境中开展工作奠定基础。

总之，航空航天学科研究生思想政治教育的政治属性鲜明，体现在国家战略与安全意识的高度融合上，也是做好航空航天学科研究生思想政治教育工作的前提和基础。

二、学科属性特色：理工学科背景与思想政治教育的结合路径

（一）理工科思维特点与思想政治教育的适配性

航空航天学科属于典型的理工科学科，其研究生群体具有鲜明的理工科思维特点，理解和把握理工科学生的思维特点，是提高航空航天学科研究生思想政治教育实效性的关键。

理工科学生普遍具有逻辑思维强、求真务实、注重实证、崇尚理性的特点。他们习惯于通过数据分析、逻辑推理来理解和认识事物，对于抽象

的理论和概念往往需要具体、明确的解释和论证才能接受。因此，传统的灌输式、说教式思想政治教育方式难以取得良好效果，需要针对理工科学生的思维特点，采取更加科学、理性、实证的教育方式。

同时，航空航天学科研究生往往专业学习和科研任务繁重，对思想政治理论学习的重视程度和投入时间相对有限。如何将思想政治教育有机融入专业学习和科研实践中，是航空航天学科研究生思想政治教育面临的重要挑战。

（二）科教融合：专业教育与思想政治教育的有机统一

针对航空航天学科研究生的特点，科教融合是实现专业教育与思想政治教育有机统一的有效路径。《教育强国建设规划纲要（2024—2035 年）》明确要求“建立科技发展、国家战略需求牵引的学科设置调整机制和人才培养模式”，为科教融合提供了政策指导。科教融合强调将思想政治教育元素融入专业课程教学和科研实践，实现专业知识传授与价值引领的协同育人[165]。

航空航天专业课程本身就蕴含着丰富的思政素材。从钱学森、邓稼先等科学家的爱国奋斗故事，到歼-20 战机研制过程中体现的团队攻关精神，再到北斗导航系统背后的战略自主意识，这些都是鲜活的教育资源。许多高校在教学中巧妙挖掘这些元素，使学生在学习专业知识的同时，潜移默化地接受价值引领。例如，在“航空发动机原理”课程中，教师通过讲述我国航空发动机从仿制到自主研发的艰辛历程，有力地激发了学生的爱国情怀和创新精神。

科研实践同样是育人的重要场域。在航空航天领域，研究生大部分时间沉浸在实验室和科研项目中。一些高校将研究生参与重大科研任务作为思政教育的契机，让他们在攻克“卡脖子”技术难题的过程中，体验科技报国的责任与荣誉。

（三）创新思政教育方法：适应理工科学生特点

航空航天学科研究生普遍展现出鲜明的思维特质：逻辑思维严密，实证倾向突出，实用主义取向明显。这些特点决定了传统说教式、灌输式思想政治教育难以产生理想效果。思想政治教育必须根据理工科学生的认知模式和思维习惯，创新教育方法，提升教育实效。

案例教学法在航空航天领域思想政治教育中普遍且具有优势。通过精心遴选载人航天工程、探月工程、北斗导航系统等重大工程建设过程中的代表性案例，引导学生深入分析其中蕴含的政治因素、战略考量和价值取向，从而增强教育的说服力和吸引力。北京航空航天大学开发的“航空航天概论”系列教学案例，作为近4 000名本科生的必修课，将专业知识与思政教育有机融合。教师通过C919大型客机研制历程分析，引导学生思考航空工业自主创新与国际合作的辩证关系，激发家国情怀[166]。

再比如，“天宫课堂”创新思政教育的生动实践。2021年12月9日，中国空间站“天宫课堂”首次授课活动中，航天员王亚平等人通过太空实验展示物理规律，结合中国航天成就，向全国青少年进行科普和爱国主义教育[167]。西北工业大学积极开发虚拟仿真实验教学资源，其中包括33个虚拟仿真实验教学项目，涵盖国家级和省级资源[168]。通过这些仿真平台，学生沉浸式体验航空航天领域的工程实践，在解决复杂问题的过程中培养责任意识和创新精神，开拓了研究生思政教育新路径。

总之，航空航天学科研究生思想政治教育的学科属性特色体现在理工学科背景与思想政治教育的结合路径上，需要尊重理工科学生的认知规律，摒弃“说教式”灌输，通过科学严谨、形象生动、实践导向的方式，让思想政治教育真正入脑入心。

三、价值引领特色：航天精神与科技伦理的价值导向

（一）航天精神的内涵与时代价值

航天精神是在我国航天事业发展过程中形成的宝贵精神财富，是航空航天学科研究生思想政治教育的重要资源和价值导向。航天精神是一代又一代中国航天人在与祖国同心同向、同力同行，筚路蓝缕、艰苦奋斗的过程中，孕育出的永恒闪耀的精神伟力。深入挖掘和弘扬航天精神，对于培养航空航天领域高素质创新人才具有重要意义。

中国航天精神经历了从航天传统精神到“两弹一星”精神，再到载人航天精神的发展历程。航天传统精神强调“自力更生、艰苦奋斗、大力协同、无私奉献、严谨务实、勇于攀登”；“两弹一星”精神强调“热爱祖国、无私奉献、自力更生、艰苦奋斗、大力协同、勇于登攀”；载人航天精神强调“特别能吃苦、特别能战斗、特别能攻关、特别能奉献”。航天“三大精神”一脉相承，共同构成了中国航天精神的丰富内涵。

此后，随着中国探月工程在2004年正式立项后推进实施而逐渐形成“探月精神”，2019年1月11日，探月工程嫦娥四号任务圆满成功后，“追

逐梦想、勇于探索、协同攻坚、合作共赢”的“探月精神”应运而生。探月之旅的每一步跨越，都汇聚了无数艰辛和漫长等待。以嫦娥五号任务为例，从 2011 年 1 月工程立项，到 2020 年 12 月圆满成功，整整历经十年，3 600 多个日夜。团队里的很多年轻人，十年如一日，从论证到立项再到设计研制，可以说把最美好的青春都奉献给了“嫦娥”。

新时代北斗精神是随着北斗卫星导航系统建设的推进，在北斗二号区域卫星导航系统开通服务后中央提出“北斗精神”的基础上，在北斗三号全球卫星导航系统的建设实践中得到丰富发展，于 2020 年 7 月由中央提出的。新时代北斗精神的主要内涵是“自主创新、开放融合、万众一心、追求卓越”，自主创新就是要勇担利国之任。关键核心技术是要不来、买不来、讨不来的。北斗团队打掉一切依赖思想，秉承原始创新、自主发展理念，让北斗工程坚定地走上了独立运行、自主可控的发展道路。还有“艰苦创业、无私奉献、科学求实、开拓进取”的东风精神，东风出鞘，使命必达，从“自力更生”到“自主创新”，从“隐姓埋名”到“全球合作”，航天精神已成为凝聚中国精神和弘扬社会主义核心价值观的看得见、摸得着、有说服力的参照系。

航天精神不仅是航天事业发展的灵魂，更为实现民族复兴提供了不竭动力。习近平总书记多次对航天精神进行深刻阐述。习近平总书记在 2016 年首个“中国航天日”作出重要指示：“探索浩瀚宇宙，发展航天事业，建设航天强国，是我们不懈追求的航天梦。经过几代航天人的接续奋斗，我国航天事业创造了以‘两弹一星’、载人航天月球探测为代表的辉煌成就，走出了一条自力更生、自主创新的发展道路，积淀了深厚博大的航天精神。”[169]“设立‘中国航天日’，就是要铭记历史、传承精神，激发全民尤其是青少年崇尚科学、探索未知、敢于创新的热情，为实现中华民族伟大复兴的中国梦凝聚强大力量。”[170] 2024 年 9 月 23 日，习近平总书记在北京人民大会堂接见探月工程嫦娥六号任务参研参试人员代表时强调：“要在全社会大力弘扬追逐梦想、勇于探索、协同攻坚、合作共赢的探月精神，进一步增强全体中华儿女的民族自信心和自豪感，凝聚起以中国式现代化全面推进强国建设、民族复兴伟业的磅礴力量。”[171]这些重要讲话为新时代弘扬航天精神提供了根本遵循。

从“两弹一星”精神到载人航天精神，从探月精神到新时代北斗精神，航天精神始终是激励中国航天人砥砺前行的力量源泉。在新时代，航天精神蕴含着丰富的时代价值：是爱国主义教育的生动教材，激发青年学生的爱国情怀和民族自豪感；是科技创新的精神动力，激励青年科技工作者勇攀科技高峰；是艰苦奋斗的优良传统，引导青年学生继承和发扬艰苦奋斗的作风；是团结协作的实践范例，培养青年学生的团队意识和协作能力；是奉献社会的价值取向，引导青年学生树立正确的价值观和人生观。

（二）航天精神在研究生思想政治教育中的运用

航天精神作为航空航天领域的宝贵精神财富，凝聚了几代航天人的集体智慧和实践经验，在航空航天学科研究生思想政治教育中具有独特的育人价值和实践意义。将航天精神融入研究生思想政治教育，需要从以下几个方面入手：

在理论阐释层面，高校可开设专题研讨课程，系统阐释“两弹一星”精神、载人航天精神和探月精神等航天精神谱系的内涵与时代价值，使研究生全面理解和把握航天精神的精髓。航空航天类的学生大多都会学习“航空航天概论”课程，应着力在传授专业知识的同时阐释航天精神的科学内涵，使学生深入理解“自主创新、协同攻关、勇于探索、追求卓越、献身国家”等精神实质。

在典型案例层面，可深入挖掘航天历程中的感人事迹和杰出人物。例如，中国空间站建设过程中的科研团队协作攻关，嫦娥探月工程中科学家坚守数十载的执着追求等。建立“航天精神教育案例库”，围绕中国航天精神，深入挖掘中国航天事业中的典型案例和生动素材，通过历史事件和人物故事剖析中国航天精神的内涵，使抽象的精神变得具体可感，增强思想政治教育的感染力和说服力。

在教育形式层面，可创新开展体验式、互动式的教育活动。如组织研究生参观航天发射基地、航天博物馆，邀请航天领域专家和一线工作者举办报告会，开展航天主题文化节等。例如，哈尔滨工业大学深化“思政课程+课程思政”“大思政课”体系建设，注重将航天精神融入思政实践课。开展参观博物馆、航天馆、实验室等校内“1+X 见学课”，邀请校外航天专家作航天强国产业发展、技术前沿、人才需求等内容的直播课，组建以“航天精神”“航天领域国之重器打造”为主题的学生思政实践团。组织“志在航天 争做时代先锋”思政实践团走进酒泉卫星发射中心，在沉浸式参观见学中感悟航天精神，在与航天总师的对话中激发奋进动力。再比如，南京航空航天大学在中国航天日组织“航天精神大讲堂”活动，来自八院149厂的大国工匠王曙群结合自身参与的载人航天、月球探测等型号任务研制经历，讲述以匠人之心铸航天重器的鲜活故事，为青年学子带来一堂生动的航天精神课程，诠释新时代航天精神的丰富内涵，激励南航学子勇担使命、接续奋斗。

在实践应用层面，可将航天精神转化为科研实践和日常管理的具体标准。在科研项目选题、团队建设、成果评价中，突出自主创新、团队协作、追求卓越等航天精神要素；在研究生日常管理中，将航天精神作为重要评价标准，引导研究生在科研生活中自觉践行航天精神。

（三）科技伦理在航空航天领域的特殊意义

航空航天领域涉及导弹、飞机、火箭等重要的国防设备，这些设备的设计、开发和使用关系到国家安全问题，随着航空航天技术的快速发展和广泛应用，科技伦理问题日益凸显，加强科技伦理教育已成为航空航天学科研究生思想政治教育的重要内容。航空航天技术应用涉及安全伦理、环境伦理、资源伦理、隐私伦理等。这些伦理议题既关系到技术创新的方向和边界，又关系到社会公众的权益和福祉，需要航空航天从业者具备深刻的伦理意识和责任意识。在航空航天学科研究生思想政治教育中，应当突出科技伦理教育的重要地位，培养学生既懂技术又懂伦理的综合素质。

同时，航空航天科技伦理是全球治理的重要内容，不同国家和地区对航空航天活动伦理规范的理解和实践存在差异。在科技伦理教育中，需要引导学生既要遵守国际通行的伦理规范，又要坚持中国立场和原则，在国际科技伦理话语体系构建中贡献中国智慧和方案。

（四）科技伦理教育与价值引领的结合路径

加强科技伦理教育，实现有效的价值引领，需要构建系统化、多元化、实践化的教育路径。

一是构建科技伦理教育课程体系。开设航空航天伦理学、科技伦理与法律、科技伦理案例分析等课程，系统介绍科技伦理的基本理论、规范体系和实践要求，提高学生的伦理意识和判断能力。

二是组织科技伦理论坛和讨论会。围绕航空航天领域的热点伦理问题，如太空探索的伦理边界、无人机城市低空应用的伦理挑战等，组织专题论坛和讨论会，引导学生深入思考和讨论，促进形成理性、负责任的伦理观念。

三是开展科技伦理实践活动。组织学生参与科技伦理评估、科技伦理风险分析等实践活动，培养学生运用伦理原则分析和解决实际问题的能力，增强伦理责任意识。

四是建立科技伦理教育与科研实践的联动机制。按照《科技伦理审查办法（试行）》（2023 年）的要求，在科研项目立项、实施和评估过程中，引入伦理审查和评估环节，使伦理考量成为科研活动的有机组成部分，引导学生在科研实践中自觉遵守伦理规范。

综上所述，航空航天学科研究生思想政治教育的价值引领特色体现在航天精神与科技伦理的价值导向上，通过深入挖掘和弘扬航天精神，加强科技伦理教育，培养学生的家国情怀、创新精神、伦理意识和责任担当，为建设航天强国提供坚实的人才支撑。

四、文化根基深厚：航空航天文化与思政教育的有机统一

（一）航空航天文化的内涵与特征

航空航天文化是在航空航天事业发展过程中形成的独特文化现象，是中华优秀传统文化与现代科技文化的有机结合，是航空航天学科研究生思想政治教育的深厚文化根基。中国古代就有“飞天”梦想和航空探索的历史传承，从战国时期鲁班的“木鸢”到明代万户的“飞椅”，再到近代冯如的飞机制造，中华民族对飞行的追求从未停歇。把握航空航天文化的内涵与特征，对于深化思想政治教育、增强文化自信具有重要意义。

航空航天文化是以航空航天活动为基础，以航空航天精神为核心，以航空航天知识和技术为支撑，以航空航天成就和产品为载体形成的独特文化体系[172]。航空航天文化的主要特征表现在：一是科技特性鲜明。航空航天文化建立在先进科学技术的基础上，体现了人类对科学规律的认识和技术创新的能力，具有强烈的科技性和理性色彩。二是战略意义突出。航空航天活动与国家安全和发展战略密切相关，航空航天文化因此具有鲜明的战略属性和政治意涵，是国家软实力的重要组成部分。三是探索精神浓厚。航空航天活动本质上是人类探索未知世界的伟大实践，航空航天文化因此充满了探索精神和创新精神，激励人们不断挑战极限、追求卓越。四是民族特色鲜明。不同国家的航空航天文化因其历史传统、文化背景和发展道路的不同而呈现出不同的特色。中国航空航天文化深深植根于中华优秀传统文化，融合了社会主义核心价值观，体现了中国特色社会主义文化的本质要求。五是全球视野广阔。航空航天活动本身具有全球性和国际

性，航空航天文化因此具有开放的视野和包容的特点，有助于促进不同文化的交流与融合。

（二）航空航天文化的育人功能与实现路径

航空航天文化作为特定领域的专业文化积淀，承载着丰富的历史底蕴与价值体系，在航空航天学科研究生培养过程中展现出独特优势。作为一种深层次的价值引领方式，文化育人通过多元化路径融入教育实践，实现由外而内、润物无声的教育效果。

首先，航空航天文化具有认知引导功能。航空航天文化中蕴含的科学理性精神与探索意识构成了认识世界的思维框架。这种文化底蕴引导学生形成逻辑缜密的思考模式和系统化的问题解决能力。通过梳理从古代飞行梦想到现代航天技术的发展脉络、前沿动态和未来趋势，使学生在历史纵深中把握科技发展规律，培养宏观视野与微观思辨能力。这种认知层面的引导，使研究生不仅掌握“是什么”，更能理解“为什么”，从而在专业学习中建构完整的知识体系与方法论。

其次，航空航天文化具有情感激励功能。航空航天事业的辉煌成就和感人故事，可以激发学生的爱国情怀和民族自豪感，增强文化自信和价值认同。航空航天事业的发展历程与标志性成就具有强烈的情感激发作用。从“两弹一星”到“神舟飞天”，从“太空漫步”到“探月揽月”，每一个重大航天工程都凝聚着中华民族自强不息的精神与追求卓越的决心。北京航空航天博物馆长空逐梦、银鹰巡空、神舟问天、空天走廊展览区，展出 300 多件航空航天文物精品以及结构、发动机、机载设备等珍贵实物，承载着丰富的科学原理和厚重的历史积淀，不少展品代表了某一时期我国科技发展的最高水平。这样沉浸式的文化环境，使学生在亲历体验中产生强烈的情感共鸣与认同感，并在情感体验中接受教育和熏陶。

再次，航空航天文化具有行为引导功能。航天事业发展史中的每项航天工程都是系统庞大复杂、技术专业性强的高风险重大工程，需要投入大量人力、财力和精力，其成功与否直接关系到航天事业发展进程快慢，甚至会对国家战略、国际形势产生重大深远影响，因此必须以严慎细实、精益求精的态度对待，严格按科学规律、规章制度和工作程序办事。针对航天工程这一特点要求，在航天事业发展初期，周总理就提出了“严肃认真，周到细致，稳妥可靠，万无一失”的 16 字方针，成为当时航天工作的重要指导思想。航天领域常说的“归零法”，指不惜动员一切资源去解决一个小问题，无论问题表现为哪种具体现象，都要不停地追问，揪出现象背后的本质，最终彻底解决问题。“四严”作风，即严肃的态度、严明的纪律、严格的要求、严密的方法，是中国航天人严慎细实、精益求精的工作作风的具体体现。航空航天文化中严谨务实的工作作风与团队协作精神对研究生行为习惯的养成具有导向作用。

最后，航空航天文化具有人格塑造功能。航空航天文化的精神内核包含着爱国奉献、勇攀高峰、开拓创新等价值取向，这些价值元素对研究生人格发展与精神品质培育具有重要影响。钱学森、邓稼先等航天先驱的高尚人格与精神追求，为研究生树立了榜样示范。“国为重，家为轻，科学最重，名利最轻”是老一辈中国航天人价值观的真实写照，他们也用实际行动践行了振兴中华、为国铸剑的爱国主义精神。航空航天文化中的价值取向和精神追求，可以帮助学生塑造健全的人格和高尚的品德。

实现航空航天文化育人功能的主要路径包括：一是构建航空航天文化课程体系。开设航空航天文化概论、航空航天历史与文化、航空航天文化与当代中国等课程，系统介绍航空航天文化的内涵、特征和价值，增强学生的文化认同和自信。二是打造航空航天文化育人平台。建设航空航天文化展示馆、航空航天文化网站、航空航天文化社团等平台，为学生提供接触和体验航空航天文化的机会和渠道。三是开展航空航天文化主题活动。组织航空航天文化节、航空航天知识竞赛、航空航天模型比赛等活动，丰富校园文化生活，增强航空航天文化的吸引力和影响力。四是推进航空航天文化与校园文化融合。将航空航天文化元素融入校园环境、学术氛围和日常管理中，形成独具特色的航空航天学科文化氛围，实现环境育人的目标。

（三）航空航天文化与社会主义核心价值观的契合点

航空航天文化与社会主义核心价值观在多个方面存在内在契合，这为航空航天学科研究生思想政治教育提供了有效的切入点和结合点。

在国家层面，航空航天文化强调的国家利益至上、为国争光的理念，与社会主义核心价值观中的“富强、民主、文明、和谐”高度一致。航空航天事业的发展壮大，直接彰显了国家的富强和文明；航空航天技术的和平利用，体现了和谐的国际关系理念；航空航天决策的科学民主，反映了国家治理的民主精神。

在社会层面，航空航天文化倡导的团结协作、开放包容的精神，与社会主义核心价值观中的“自由、平等、公正、法治”相互呼应。航空航天团队的协同创新，体现了平等和自由的价值理念；航空航天资源的合理配置，体现了公正的分配原则；航空航天活动的规范有序，体现了法治的重要性。

在个人层面，航空航天文化推崇的爱国敬业、创新奉献精神，与社会主义核心价值观中的“爱国、敬业、诚信、友善”高度契合。航天人的爱国情怀和敬业精神，是社会主义核心价值观在个人层面的生动体现；航天人的诚信操守和友善合作，是维系航空航天事业健康发展的重要保障。

在航空航天学科研究生思想政治教育中，可以通过挖掘航空航天文化与社会主义核心价值观的契合点，实现二者的有机统一和相互促进，增强思想政治教育的针对性和实效性。

（四）构建航空航天文化育人体系的策略

基于航空航天文化的特点和育人功能，构建系统、完整、有效的航空航天文化育人体系，需要采取以下策略：

一是加强顶层设计。将航空航天文化育人纳入学科建设和研究生培养整体规划，明确目标、任务和路径，为文化育人提供制度保障和组织支持。制定航空航天文化育人实施方案，明确各部门职责和工作要求，形成协同育人的工作格局。

二是整合育人资源。充分利用航空航天历史文化资源、科技创新资源、行业企业资源和社会资源，构建多元化、立体化的航空航天文化育人资源体系。建立航空航天文化资源库，收集整理航空航天发展史料、科技成果、人物事迹等资料，为文化育人提供丰富的素材和案例。

三是创新育人方式。采用线上线下相结合、课内课外相结合、理论实践相结合的方式，增强航空航天文化育人的吸引力和实效性。利用现代信息技术，开发航空航天文化数字资源和网络平台，拓展文化育人的时空范围和影响力。

四是注重实践体验。组织研究生参与航空航天科技创新实践、社会服务实践和文化传播实践，在实践中感受和传承航空航天文化，增强文化认同和自信。建立航空航天文化实践基地，为研究生提供深入了解和体验航空航天文化的平台和机会。

五是构建评价反馈机制。建立航空航天文化育人效果评价体系，定期开展评估和反馈，及时调整和优化育人策略和方法。将航空航天文化素养纳入研究生综合素质评价体系，引导研究生重视文化素养的培养和提升。

总之，航空航天学科研究生思想政治教育的文化根基深厚，体现在航空航天文化与思政教育的有机统一上。通过深入挖掘航空航天文化的育人功能，找准与社会主义核心价值观的契合点，构建系统的航空航天文化育人体系，可以为航空航天学科研究生思想政治教育提供坚实的文化支撑和内在动力。

总体来说，航空航天学科研究生思想政治教育具有鲜明的特点，表现为政治属性鲜明、学科属性突出、价值引领特色和文化根基深厚四个方面特点。这些特点相互关联、相互促进，共同构成了航空航天学科研究生思想政治教育的整体特征和内在规律。

政治属性鲜明体现在国家战略与安全意识的高度融合上，要求航空航天学科研究生思想政治教育必须紧密结合国家安全和发展战略，培养学生的政治忠诚和战略自信；学科属性特色体现在理工学科背景与思想政治教育的结合路径上，要求针对理工科学生的思维特点和学习习惯，创新教育方法和内容，实现专业教育与思想政治教育的有机统一；价值引领特色体现在航天精神与科技伦理的价值导向上，要求深入挖掘和弘扬航天精神，加强科技伦理教育，培养学生的家国情怀、创新精神、伦理意识和责任担当；文化根基深厚体现在航空航天文化与思政教育的有机统一上，要求充分发挥航空航天文化的育人功能，构建系统的航空航天文化育人体系，为思想政治教育提供深厚的文化支撑。

基于这些特点，航空航天学科研究生思想政治教育应当坚持以下原则：一是坚持政治引领与学术引导相结合，既强化政治意识和安全意识，又尊重学术规律和创新特点；二是坚持价值塑造与能力培养相结合，既注重思想引领和价值观培育，又重视专业能力和实践能力提升；三是坚持文化熏陶与实践养成相结合，既重视文化认同和文化自信的培养，又注重在实践中内化价值理念和行为规范；四是坚持传统传承与创新发展相结合，既继承和弘扬优良传统和精神，又与时俱进、开拓创新，适应新时代的要求和挑战。

总之，深入把握航空航天学科研究生思想政治教育的特点和规律，创新教育理念和方法，构建科学有效的教育体系，是提高航空航天学科研究生思想政治教育质量和水平的关键，也是为国家培养高素质航空航天人才的必然要求。在新时代中国特色社会主义建设的伟大实践中，航空航天学科研究生思想政治教育必将发挥更加重要的作用，为建设航天强国、实现中华民族伟大复兴的中国梦提供坚实的人才支撑和精神动力。

第二节　航空航天学科研究生思想政治教育的方法论体系

基于航空航天特色思想政治教育的政治属性鲜明、学科特色突出、价值引领明确和文化根基深厚等特点，本节将系统分析航空航天特色思想政治教育的价值引领体系、国际视野培养机制、学科交叉融合路径和理论实践互促平台四个核心维度。着眼于方法论层面，探讨航空航天学科研究生思想政治教育的实施路径、方法策略与运行机制，形成可供实践操作的方法论体系。

一、航空航天学科研究生思想政治教育的实施路径

（一）类型化分层的实施路径设计

航空航天学科研究生思想政治教育需基于类型化分层理念构建实施路径，应当根据培养阶段差异、学科专业特色以及个体发展需求，进行多维度、差异化设计。

纵向维度上，可依据培养阶段特点设计阶段性教育路径。入学适应期，侧重于政治认同构建与价值观塑造，引导学生确立正确的价值取向与学术伦理；专业学习期，着力于推动科教融合与价值内化过程，使研究生在专业知识获取中自然感受价值引领；科研实践期，强调在创新实践中培养责任担当，引导学生在科研活动中主动践行价值理念。递进式路径设计体现了思政教育的连续性特征，符合研究生成长发展规律。

横向层面上，可基于不同专业领域特点构建差异化路径。航空航天学科下设飞行器设计、航空宇航推进、航空宇航制造等多个方向，各有侧重。比如，飞行器设计专业可着重培养系统思维能力与全局战略观念；航空宇航推进方向则可侧重培育创新精神与科学严谨态度；而航空宇航制造方向则可突出工匠精神与产品责任意识培养。专业特色引领下的思政教育，能够自然融入专业学习过程，从而提升教育的针对性和实效性。

立体层面上，还应根据个体差异构建个性化发展路径。针对研究生间

在理论潜力、实践能力和创新思维等方面存在的差异，可相应设计学术导向型、实践导向型和创新引领型等不同路径，满足不同类型研究生的成长需求；同时，考虑到学生价值取向、兴趣志向和能力结构的多样性，应当提供多元选择，支持个性发展，实现因材施教、精准育人。

不同类型实施路径并非孤立存在，而是相互交织、相互支撑的有机整体。高校思想政治教育应在“统一性与多样性、共同性与差异性的辩证统一中，形成分类指导、精准施策的实施策略”[173]。航空航天学科研究生思想政治教育应通过类型化分层设计，构建系统完整、层次清晰、重点突出的实施路径，提升教育的针对性和有效性。

（二）问题导向的实施路径创新

问题是实践的起点，也是理论创新的源泉。航空航天学科研究生思想政治教育应坚持问题导向，以实际问题为切入点，创新实施路径。

首先，聚焦理想信念构建问题。针对部分研究生理想信念模糊、价值认同不足等问题，需在理想信念教育路径上寻求突破。一方面，可借助航空航天重大工程实践活动、航天精神专题教育与中国航天发展历程宣讲等形式，赋予理想信念教育以鲜明时代特色与情感吸引力；另一方面，通过组织研究生参与国家重点科研项目、深入体验航空航天事业发展成就等实践活动，促使理想信念教育真正内化于心、外化于行，实现从价值认知到行为转化的有效衔接。

其次，应对学科交叉融合挑战。在航空航天领域前沿问题日趋复杂化、学科交叉日益深入化的背景下，亟须创新学科交融教育路径。可考虑构建跨学科团队协作机制，组织不同学科背景的研究生共同参与科研项目攻关；也可设计跨领域教育项目，在航空航天与人工智能、先进材料、生命科学等交叉领域开展联合培养计划；还可建立学科交叉创新实践平台，为多学科知识融合创造条件。通过这些学科交叉路径的创新尝试，有助于培养研究生跨界思维能力，拓展系统性视野，提升其应对复杂问题的综合素养。

再次，回应国际竞争合作需求。围绕航空航天领域国际竞争日益激烈、国际合作日趋复杂的现实，创新国际视野培养路径。通过“国际视野・中国立场”教育项目，引导研究生在国际交流中保持文化自信；通过“航空航天前沿论坛”，邀请国际知名专家学者与研究生对话交流，拓展国际视野；通过参与国际合作项目，在实践中培养国际合作能力和跨文化交流能力。全球胜任力培养应与文化自信教育相结合，形成国际视野下的家国情怀。

最后，解决科研伦理规范问题。面对人工智能、生物技术等新兴技术与航空航天融合发展带来的伦理挑战，创新科研伦理教育路径。制定科研伦理规范，开发“科技伦理与责任”课程，系统开展伦理教育，组织“负责任创新研讨会”，引导研究生思考技术发展的伦理边界和社会责任。问题导向的实施路径创新，突破了传统思想政治教育的固有模式，增强了教育的针对性和实效性，为航空航天学科研究生思想政治教育提供了新的实践方向。

二、航空航天学科研究生思想政治教育的方法策略

（一）叙事教育：航空航天文化的情感引领

叙事教育是通过讲述、分享和建构叙事来实现教育目标的方法策略[174]，在航空航天学科研究生思想政治教育中具有独特优势。航空航天文化中蕴含丰富的叙事资源，可通过系统运用叙事策略实现情感引领和价值认同。

一是构建典型人物叙事体系。王淦昌、邓稼先、赵九章、姚桐斌、钱骥、钱三强、郭永怀等“两弹一星”功勋人物，他们的光辉事迹和精神具有强大的教育价值。通过系统梳理典型人物的成长经历、科研贡献和精神品质，构建多层次、立体化的人物叙事体系。如可针对不同专业方向，选取相关领域的典型人物；针对不同成长阶段，选取不同发展阶段的典型事迹；针对不同价值元素，选取不同侧重点的典型品质。分层分类的人物叙事体系能够增强典型教育的针对性和实效性，使研究生在多维叙事中感悟航空航天精神。

二是开发重大工程叙事资源。航空航天重大工程如载人航天、探月工程、“天问”探火等，见证了中国航空航天事业的辉煌成就，蕴含着丰富的教育资源。通过系统开发重大工程背后的攻关故事、创新历程和团队精神，形成生动的工程叙事。可采用“项目+故事”的模式，将工程技术内容与团队故事相结合；运用“问题+解决”的框架，讲述工程中遇到的挑战和创新性解决方案；引入“个人+团队”的视角，展现个人成长与团队协作的辩证关系。多元化的工程叙事能够使专业知识学习与价值引领自然融合，增强思想政治教育的吸引力和感染力。

三是创新叙事方式和载体。现代教育技术为叙事教育提供了丰富多样的方式和载体。可运用数字叙事技术，采用视频、动画、虚拟现实等形式，增强叙事的沉浸感和互动性；构建“航空航天故事库”，集成文字、图像、音频、视频等多媒体资源，方便教师和学生随时调用；开发“航空航天文化地图”，将历史事件、人物故事与地理位置相结合，形成可视化的叙事空间；建立“航空航天口述历史档案”，记录老一辈航空航天工作者的亲身经历和心路历程，保存宝贵的精神财富。

叙事教育突破了传统说教式教育的局限，通过情感共鸣和意义建构实现价值引领。叙事是人们理解自我和构建意义的基本方式[175]。在航空航天学科研究生思想政治教育中，叙事教育能够在知识传授与价值引领间架设情感桥梁，使价值教育更加润物无声、深入人心。

（二）体验教育：科研实践的价值内化

体验教育强调通过直接经验和反思性实践促进学习和发展[176]，是航空航天学科研究生思想政治教育的重要方法策略。将价值引领融入科研实践，通过体验活动促进价值内化，形成知行合一的育人效果。

一是构建多层次体验教育体系。根据体验深度和参与度，可将体验教育分为观摩体验、参与体验和沉浸体验三个层次。观摩体验如参观航空航天博物馆、航天发射基地、航空制造企业等，通过实地考察感受航空航天事业发展历程和成就；参与体验如参加航空航天科技创新竞赛、科普宣传活动、模拟飞行训练等，通过亲身参与体验航空航天活动的专业特质与创新价值；沉浸体验如加入科研团队，参与国家重大工程项目，开展长期实习实践等，通过深度参与体验航空航天事业的挑战与使命。多层次体验体系能够满足不同阶段、不同类型研究生的需求，形成递进式体验教育路径。

二是设计体验教育的反思机制。体验本身并不必然导致学习和成长，只有通过有效反思才能实现经验的转化和价值的内化。可采用“体验—反思—内化—实践”的教育模式，在体验过程中设置反思环节，引导研究生进行深度思考和价值澄清。如可运用反思日志、体验分享、群体讨论等方式，促进研究生对体验内容进行个体反思；组织主题研讨、案例分析、经验提炼等活动，引导研究生进行集体反思；邀请导师、专家进行点评指导，帮助研究生进行深度反思。通过多层次反思机制，使体验转化为内在认知和价值认同，实现“知—情—意—行”的有机统一。

三是创新体验教育的实施模式。随着教育技术的发展和社会环境的变化，体验教育的实施模式也在不断创新。可积极探索“线上+线下”混合式体验模式，结合虚拟现实技术开发航空航天虚拟体验项目，突破时空限制提供更加丰富的体验内容；努力构建“校内+校外”联动式体验模式，整合校内实验室、实习基地与校外企业、科研院所等资源，拓展体验空间和深度，校内资源侧重基础能力培养与理论支撑，校外环节则聚焦实战历练与行业融入，实现内外互通、优势互补；精心设计“个体+团队”双向赋能的协作式体验模式，使其在解决复杂航空航天问题的过程中，将个体体验和成长与团队协作和集体智慧相协调，培养研究生的团队精神和协作能力。

（三）数字教育：技术赋能的创新路径

数字技术的快速发展为思想政治教育提供了新的可能性和路径。航空航天学科研究生思想政治教育应积极运用现代信息技术，构建数字化、智能化、沉浸式的教育新模式。

一是数字资源共享体系建设。数字技术为思政教育资源的共建共享提供了便捷途径。可以整合各级各类学校的政策资讯、研究成果、案例材料、练习试题等多种类资源，实现数字化资源的收集和建设，形成集思政课课件、讲义配图、课程解析、辅助文献等优质教学素材于一体的教学资源库。以数智赋能研究生教育，筑牢研究生全周期数据仓，深化与部门及学院间的联动，实现信息资源的互联互通，以数字化手段赋能研究生教育，构建航空航天学科思政教育资源共享平台。

系统开发航空航天特色的数字教育资源，形成内容丰富、形式多样的资源体系。如建设“航空航天数字资源库”，集成文献资料、视频课程、仿真模型、交互案例等多媒体资源；开发“航空航天数字思政课程”，将思想政治教育内容以微课、慕课、翻转课堂等形式呈现；构建“航空航天知识图谱”，将学科知识、人物事迹、价值理念等内容以可视化方式展现，帮助研究生构建系统完整的知识结构和价值体系。数字化资源体系能够突破传统教育的时空限制，为研究生提供随时随地的学习支持。

二是沉浸式思政教育模式构建。虚拟现实技术（VR）、增强现实技术（AR）和混合现实技术（MR）为航空航天专业思政教育提供了沉浸式体验环境。在虚拟现实空间中，学生面对的是鲜活的历史人物和事件，其也不再是旁观者，而是可以亲自加入故事的参与者。这种沉浸式体验突破了传统教育的时空限制，使思政教育更加直观、具体和生动。

三是智能化教学体系创新。人工智能技术为思想政治教育提供了精准化、个性化的可能。可开发“研究生思政 AI 助手”，根据研究生的兴趣、需求和学习情况，提供个性化的学习资源和指导；构建“思政教育知识图谱”，利用自然语言处理和知识图谱技术，帮助研究生构建系统完整的思政知识体系；设计“教育大数据分析平台”，利用大数据技术分析学生的学习行为和思想变化，深入了解研究生的思想状况和发展需求，实现思政教育的精准投放和个性化引导。

数字教育推动了教育形态的变革和教育方式的创新。数字技术不仅改变了信息传递的方式，更重塑了学习的本质[177]。在航空航天学科研究生思想政治教育中，数字教育能够打破传统教育的时空限制和形式局限，创造更加丰富、生动、个性化的教育体验，提升思想政治教育的吸引力和实效性。

第六章　航空航天领域研究生思想政治教育的主体协同

第一节　研究生思想政治教育多元主体的角色定位

研究生思想政治教育主体是指在研究生思想政治教育过程中发挥作用的各类人员或组织。根据范围和性质的不同，可以将其分为宏观主体、中观主体和微观主体。宏观主体主要包括党委、政府、学校等组织机构；中观主体主要包括二级学院、研究所、实验室等部门；微观主体主要包括导师、辅导员、专业课教师、思政课教师等个体。这些主体在研究生思想政治教育中扮演不同角色，发挥不同功能，共同构成了完整的教育体系。科学定位各主体角色，厘清职责边界，构建协同机制，是提升思想政治教育实效性的关键所在。

航空航天领域研究生思想政治教育主体更加凸显出多元协同的特点。一方面，航空航天领域的研究生教育往往与国家重大科研项目紧密结合，涉及国防科工、航天科工、航空工业等多个部门；另一方面，航空航天领域的研究生教育强调理论与实践的结合，需要学校、科研院所、企业等多方主体的参与和配合。因此，航空航天领域研究生思想政治教育主体呈现出多元化、层次化和协同化的特点。

一、研究生导师在航空航天研究生思想政治教育中的角色定位

在研究生思想政治教育中，导师是最直接、最重要的教育主体。研究生导师是研究生培养的第一责任人，在学术指导、科研训练、思想引领等方面发挥着不可替代的作用。

（一）学术引领者：塑造科学精神与学术规范

研究生导师首先是学术引领者，负责指导研究生的学术研究和科研训练。作为学术引领者，导师不仅要传授专业知识和研究方法，更要培养研究生的科学精神和学术规范。航空航天领域是高科技密集型领域，技术复杂、更新快、要求高，这就要求导师具备扎实的学术功底和前沿的科研视野，能够准确把握学科发展趋势，引导研究生开展创新性研究。

导师参与研究生思想政治教育对于增强研究生的综合素质，提升研究生思想政治教育工作的科学化水平具有重要的现实意义。关注导师参与研究生的思想政治教育工作，就是要在明确导师参与研究生思想政治工作的内涵的基础上，全面深入地分析当前导师参与研究生思想政治工作面临的主要问题，并且采取适当有效的培养方式和解决方法[178]。导师在学术引领过程中，不仅要注重科研能力的培养，还要培养研究生的保密意识和安全意识。同时，导师要注重培养研究生的团队协作精神和科研伦理观念，使其在学术研究中遵循学术规范和道德准则。

（二）人生导师：引导价值观塑造与人格养成

研究生导师不仅是学术引领者，还是人生导师，负责引导研究生的价值观塑造和人格养成。作为人生导师，导师要关心研究生的思想状况和心理健康，帮助他们正确认识自我、社会和世界，树立正确的世界观、人生观和价值观。导师要注重培养研究生的爱国情怀和报国志向，使其将个人理想与国家发展紧密结合。

充分发挥导师在研究生思想政治教育中的作用，是加强和完善研究生思想政治教育工作的重要组成部分，有助于推动研究生思想政治教育工作的进一步开展。针对导师参与研究生思想政治教育工作的现状以及目前存在的主要问题，要建立导师在研究生思想政治教育工作中发挥首要责任人作用的新机制[179]。

航空航天领域的研究生教育往往与国家重大工程项目紧密结合，导师自身通常也是这些项目的参与者或负责人，具有丰富的工程实践经验和深厚的爱国情怀。因此，导师可以通过言传身教，将自身的爱国精神、奉献精神和创新精神传递给研究生，影响和塑造研究生的人格品质和价值取向。

（三）思政教育者：融入价值引领与思想引导

研究生导师还是思政教育者，要在教学科研过程中自觉融入价值引领和思想引导，实现知识传授与价值引领的有机统一。导师要注重培养研究生的国家安全意识和战略思维，使其认识到自身工作与国家发展的紧密联系。

航空航天领域许多研究成果直接服务于国家重大工程和国防建设，为思想政治教育提供了丰富的素材和生动的案例。研究生导师可以结合工程实践和科研项目，引导研究生深入思考科技与国家、科技与社会、科技与个人的关系，增强使命感和责任感。同时，导师要注重培养研究生的辩证思维和批判精神，使其能够正确认识国际国内形势，客观评价中外科技实力，既不妄自菲薄，也不盲目自大。

（四）管理者与服务者：关注全面发展与成长成才

研究生导师还是管理者与服务者，要关注研究生的全面发展和成长成才。作为管理者，导师要制定合理的培养计划，监督研究生的学习和研究进展，确保培养质量。作为服务者，导师要关心研究生的生活和身心健康，为其提供必要的支持和帮助，创造良好的成长环境。

研究生研究工作通常具有高强度、高压力的特点，研究生面临着较大的学习和科研压力。此时，导师的管理和服务角色显得尤为重要。导师要采取科学合理的管理方式，既要严格要求，又要因材施教；既要注重科研产出，又要兼顾研究生的全面发展。关注研究生的心理状况和情感需求，通过定期交流、团队活动等方式，缓解研究生的压力，增强团队凝聚力。

（五）科研实践引导者：注重能力培养与实践锻炼

研究生导师也是科研实践引导者，要注重研究生能力的培养和实践锻炼。作为科研实践引导者，导师要通过科研项目、工程实践等途径，培养研究生的创新能力、工程能力和团队协作能力，注重培养研究生的系统思维和工程思维，使其具备解决复杂问题的能力。

理论与实践的结合尤为重要，导师要引导研究生将书本知识与工程实践相结合，通过参与国家重大工程项目，开展实验室研究等方式，提升研究生的实践能力和创新能力。同时，导师要注重培养研究生的团队协作精神和项目管理能力，使其能够适应现代科研的协作化、项目化趋势。

二、辅导员在航空航天研究生思想政治教育中的角色定位

在研究生思想政治教育中，辅导员是重要的教育主体之一，承担着组织、引导、服务等多重职责。《普通高等学校辅导员队伍建设规定》明确

指出，辅导员是开展大学生思想政治教育的骨干力量，是高等学校学生日常思想政治教育和管理工作的组织者、实施者、指导者。辅导员应当努力成为学生成长成才的人生导师和健康生活的知心朋友[180]。2025 年 5 月，教育怀进鹏部长在全国高校辅导员人工智能专题培训班上首次提出，辅导员作为科研教学管理之外的“第四支队伍”，是不可或缺的力量，是战略支撑力量，是全学段思政教育的主力军，全场域服务学生成长的引路人，全链条人才培养的助推者。

2023 年 9 月，全国优秀教师代表座谈会首次系统阐释了“教育家精神”的深刻内涵。2024 年，《中共中央 国务院关于弘扬教育家精神加强新时代高素质专业化教师队伍建设的意见》再次强调，工作中要坚持教育家精神铸魂强师，坚持教育家精神培育涵养，坚持教育家精神弘扬践行，坚持教育家精神引领激励，引导广大教师将教育家精神转化为思想自觉、行动自觉[181]。

高校辅导员作为大学生成长道路上的关键引路人，肩负着思想政治教育、行为引导、生活关怀等多项职责。教育家精神为高校辅导员工作提供了深刻的价值导向和实践指引，辅导员应深入理解并践行教育家精神，提升辅导员工作的能力和育人效果。

（一）思想引领者：强化理想信念与价值引导

研究生辅导员首先是思想引领者，负责强化研究生的理想信念和价值引导。作为思想引领者，辅导员要熟悉马克思主义理论和党的政策方针，了解航空航天领域的发展历程和现状，能够运用专业化的理论和方法开展思想政治教育工作。

航空航天领域具有鲜明的国家战略属性和爱国主义色彩，为思想政治教育提供了丰富的素材。辅导员可以通过开展航空航天精神教育、爱国主义教育、国防教育等活动，引导研究生树立远大理想和崇高追求，增强民族自豪感和责任感。

研究生辅导员应着力提升研究生的意识形态辨别能力和防范意识。在当前国际形势复杂多变的背景下，特别是在航空航天等关键战略领域，研究生面临着多元价值观念的冲击和国际学术环境中的意识形态渗透。辅导员应通过系统的理论引导和案例教育，帮助研究生构建科学的价值判断体系，增强对各种错误思潮的鉴别能力。尤其要引导研究生在国际学术交流中保持清醒认识，既要开放包容地学习先进科技知识，又要警惕隐藏在学术规范、评价体系背后的价值观念输出。辅导员还应定期组织研究生学习相关政策法规和典型案例，增强研究生的保密意识和国家安全意识，筑牢航空航天领域研究生的思想政治“防火墙”。

（二）组织协调者：搭建育人平台与创新活动形式

研究生辅导员是组织协调者，负责搭建育人平台和创新活动形式。作为组织协调者，辅导员要统筹各方资源，设计和实施各类教育活动，为研究生提供成长平台和展示机会。

抓好研究生思想政治教育工作是高校履行为党育人、为国育才重要使命的内在要求。优化研究生辅导员角色定位，加强研究生辅导员队伍建设，是加强和改进研究生思想政治工作的重中之重。应从聚焦主责主业凸显工作价值，细化考核评价指明努力方向，强化职业认同激发内生动力等方面，切实抓好研究生辅导员队伍建设[182]。

辅导员可以组织研究生参观航空航天博物馆、航天发射基地等场所，了解航空航天事业的发展历程；可以邀请航空航天领域的专家学者、杰出校友等进行报告交流，分享成长经历和科研经验；可以组织研究生参加学科竞赛、科技创新活动等，展示专业技能和创新成果。通过这些活动，既丰富研究生的课余生活，又增强专业认同感和使命感。

（三）服务保障者：关注生活需求与心理健康

研究生辅导员是服务保障者，负责关注研究生的生活需求和心理健康。作为服务保障者，辅导员要了解研究生的实际情况和困难，提供必要的帮助和支持，营造温馨和谐的集体氛围。

研究生阶段是一个压力较大的阶段，会面临学业压力、人际关系压力、就业压力等多方面的挑战，心理健康问题在研究生群体中逐渐凸显，在思想政治教育中融入心理健康元素，帮助研究生解决心理压力问题，有助于提升研究生的学习生活质量[183]。

辅导员要密切关注研究生的心理状况，通过谈心谈话、心理咨询等方式，及时发现和解决心理问题，帮助研究生缓解压力，保持积极健康的心态。同时，辅导员要关注研究生的生活状况，特别是经济困难学生、少数民族学生、留学生等特殊群体，提供必要的帮助和指导，使其能够安心学习和研究。

（四）沟通桥梁：协调各方关系与资源整合

由于研究生教育主体众多，研究生辅导员承担着多元主体之间协调联动的重要职责。要做好导学关系、校生关系的“黏合剂”和“润滑剂”，调适研究生与导师团队、学院部门、社会实践单位等多方面的协同关系，通过沟通协调创设育人合力。根据《普通高等学校辅导员队伍建设规定》，辅导员需“组织、协调班主任、思想政治理论课教师和组织员等工作骨干共同做好经常性的思想政治工作”，并“指导学生党支部和班委会建设，做好学生骨干培养工作”。这个定位要求辅导员超越传统管理视角，构建起连接各育人主体的有效桥梁。

一方面，研究生日常培养涉及导师团队、管理部门、科研院所、企业单位等多元主体，形成了“校—院—导—企—所”的复合培养格局；另一方面，研究生思想政治教育本身具有全员育人、全过程育人、全方位育人的系统性特点。在此情境下，辅导员须发挥“轴心”作用，打通育人壁垒，消弭信息断层。辅导员需构建跨系统信息交流平台，确保政策执行的一致性与连贯性，避免出现管理断层或功能重叠现象。尤为重要的是，导学关系紧张，师生间沟通不畅、话语壁垒、信任关系薄弱等问题频发，辅导员应与研究生导师建立常态化沟通机制，共同把握研究生学术进展与思想动态，形成育人闭环。

此外，辅导员还应注重发挥研究生党支部、班委会、学生会等组织的协同育人功能，形成“自我教育、自我管理、自我服务”的良性循环，切实增强思想政治教育的影响力。

（五）管理者：执行规章制度与维护安全稳定

研究生辅导员作为制度执行与安全稳定维护的管理者，承担着规章安全教育与风险防范的双重职责。辅导员必须深入理解高校治理体系的内在逻辑与规范要求，确保各项规章在实践中得到准确贯彻。这不仅是行政职责的体现，更是教育理念的落地实践。

航空航天等战略科技领域具有特殊性，其涉及国家核心利益与战略安全。一方面，辅导员应将保密意识与安全素养的培育融入日常教育工作，通过案例教学、专题讲座等多种形式，强化研究生对涉密事项的敏感度与对安全规程的遵循意识；另一方面，辅导员要构建常态化的危机预警机制，密切关注研究生群体中的思想波动与行为异常，针对学生关心的热点、焦点问题，及时进行教育和引导，化解矛盾冲突，参与处理有关突发事件，做到早发现、早干预、早化解，维护好校园安全和稳定。

在执行过程中，辅导员既要坚持原则性，维护规章制度的严肃性与权威性；又要保持适度弹性，根据具体情境做出恰当判断，体现人文关怀与教育智慧。刚柔并济的工作方法既是管理艺术的体现，也是教育理念的升华。

三、二级学院(系所)在航空航天研究生思想政治教育中的角色定位

二级学院（系所）是高校管理的中观层次，起着承上启下的作用。在研究生思想政治教育中，二级学院（系所）的角色定位非常重要。

（一）政策制定者与执行者：落实上级部署与制定具体措施

二级学院（系所）首先是政策制定者与执行者，负责落实上级部署和制定的具体措施。作为政策制定者，二级学院（系所）要结合航空航天领域的特点和研究生教育的实际情况，制定符合本学科特色的思想政治教育方案和工作计划。作为政策执行者，二级学院（系所）也要认真贯彻执行学校和上级部门的各项决策部署，确保政策落地见效。

二级学院（系所）在制定思想政治教育政策时，要充分考虑航空航天类鲜明的国家战略属性和专业特色，既要体现共性要求，又要突出个性特色。注重培养研究生的爱国情怀、创新精神和责任担当，制定针对性的教育方案和工作计划。

在“三全育人”综合改革背景下，高校加强和改进研究生思想政治教育的关键是创新工作机制。面对新要求，二级学院（系所）要构建纵横结合的协同育人机制，建立教育内容优化机制，完善研究生自我教育激励机制，形成阶段性评价反馈与年度评价反馈机制，最终实现研究生思想政治教育工作的优化提升[184]。

（二）资源整合者：协调各方力量与整合育人资源

航空航天领域二级学院（系所）也是协同育人中的资源整合者，负责协调各方力量和整合育人资源，要统筹校内外各类资源，加强协同育人机制的完善，为研究生成长提供良好环境和条件。

随着研究生教育改革目标从服务需求到支撑引领转变，从注重规模到提高质量转变，从单方发力到各方协同转变，研究生思想政治教育是研究生教育的重要组成部分。推动研究生思想政治教育协同育人，是立足发展大局，在“三个转变”中把握研究生教育教学规律的必然要求，符合一流大学建设发展的根本要求、高层次拔尖创新人才成长的现实需求和高校思想政治工作质量提升的实践诉求[185]。

二级学院（系所）要整合学校、科研院所、企业等资源，建立校企合作、产教融合、科教协同的育人机制，为研究生提供多样化的学习和实践机会。加强与国防科工、航天科工、航空工业等部门的联系与合作，引入行业资源和专业力量，丰富思想政治教育的内容和形式。

（三）组织领导者：建设工作队伍与健全工作机制

二级学院（系所）是组织领导者，负责建设工作队伍和健全工作机制，要高度重视思想政治教育工作，将其纳入重要议事日程，定期研究和部署。同时，要注重队伍建设，培养和造就一支政治强、业务精、作风好的思想政治教育工作队伍。

航空航天领域的研究生教育具有高度专业化的特点，对思想政治教育工作者的素质要求较高。二级学院（系所）要注重培养“双师型”思想政治教育工作者，既懂专业、又懂教育，能够在专业知识传授中融入思想政治教育元素。同时，要建立健全工作机制，明确职责分工，规范工作流程，完善评价体系，确保思想政治教育工作的科学化、规范化和制度化。

（四）环境营造者：创设文化氛围与搭建实践平台

作为环境营造者，二级学院（系所）要注重校园文化建设，营造积极向上、健康文明的文化氛围，为研究生成长提供良好环境。

航空航天领域具有悠久的历史和丰富的文化积淀，蕴含着爱国奋斗、自主创新、严慎细实、协同攻坚、卓越奉献、勇于探索等精神内涵。二级学院（系所）要挖掘和弘扬这些优秀文化传统，通过校园文化活动、主题教育、实践体验活动等形式，使研究生感受和领悟航空航天精神，增强专业认同感和使命感。同时，要搭建多样化的实践平台，如科研项目、学科竞赛、社会实践等，为研究生提供展示才能和锻炼能力的机会。

（五）评价监督者：开展工作评估与完善工作机制

作为评价监督者，二级学院（系所）要建立科学合理的评价体系，定期对思想政治教育工作进行评估和监督，及时发现问题和不足，不断完善和改进工作机制。

航空航天领域的研究生思想政治教育具有特殊性和复杂性，评价监督工作更具挑战性。二级学院（系所）要根据航空航天领域的特点和研究生教育的实际情况，制定科学合理的评价指标和监督机制，既要注重结果评价，又要重视过程监督；既要看显性成果，又要看隐性效果。通过评价监督，及时发现工作中的问题和不足，不断改进和完善工作机制，提高思想政治教育的针对性和实效性。

四、科研院所在航空航天研究生思想政治教育中的角色定位

在航空航天领域研究生培养中，科研院所扮演着重要角色。科研院所更加注重实践能力和工程应用，在研究生思想政治教育中的角色定位也具有特殊性。

（一）科研实践的组织者：搭建实践平台培养工程能力

我国航空航天领域的科研院所大多承担国家重大工程项目和关键科研任务，拥有先进实验设备和一流工程平台，为研究生培养创造了得天独厚的条件。不仅可以为研究生提供宝贵的实践平台，还可以提供系统性的工程训练。

在日常工作中，科研院所积极吸纳研究生参与实际项目研究、开展实验验证和进行工程设计等活动，使得研究生有机会直接接触真实工程问题，深入了解完整工程流程，熟练掌握工程方法，从而显著提升解决复杂问题的能力。许多科研院所还会定期组织研究生参观重大工程现场和技术试验基地，让他们亲身体验国家重大工程的组织管理和技术实现过程，在实践中培养使命感和责任感。

（二）航空航天精神的传承者：弘扬行业文化塑造价值观

航空航天领域科研院所不仅是科技创新的发源地，更是航空航天精神的重要传承者。许多科研院所往往有着悠久历史和丰富文化积淀，自然成为航空航天精神的重要载体和传承场所。

七十多年来，在中国共产党的坚强领导下，我国航天事业取得了举世瞩目的卓越成就，孕育形成了以航天传统精神、“两弹一星”精神、载人航天精神、北斗精神、探月精神为主要代表的中国航天精神[186]。以中国第一个核武器研制基地旧址（两弹一星干部学院）为例，这里不仅成功研制出我国第一颗原子弹和氢弹，生产了多种型号战略核武器装备部队，更孕育了举世闻名的“两弹一星”精神。邓稼先、王淦昌、郭永怀、陈能宽、朱光亚等众多科学家和一大批科技工作者在这里为国家科技事业无私奉献，树立了永垂青史的丰碑。

例如东风航天城，对一般人来说，它是一个神秘而陌生的地方，但如果换一个名字——中国酒泉卫星发射中心，那可能知道的人就多了。东风航天城的历史可以追溯到 1958 年 10 月，它是我国创建最早、规模最大的

卫星发射中心，它不仅是我国唯一的载人航天发射场，还是我国第一个导弹试验基地。我国第一枚国产地地导弹、第一次“两弹结合”试验、第一颗人造卫星、第一艘载人飞船……都是从东风航天线的地平线上起飞。东风航天线这片“承载着民族复兴光荣与梦想的土地”，历经60余载峥嵘岁月，孕育形成了“艰苦创业、无私奉献、科学求实、开拓进取”的东风精神。

再例如中国航空工业集团有限公司（简称“中航工业”）作为中国航空航天领域的核心企业，不仅是先进航空装备的研制者，更是航空航天精神的重要传承者和弘扬者。在70余年的发展历程中，中航工业形成了弘扬“航空报国，强军富民”的宗旨和“敬业诚信，创新超越”的理念，为建设新航空、大航空、强航空而不懈努力。中航工业拥有39个航空科技研发院所，中航工业成都飞机公司在歼7系列、枭龙、歼10等飞机艰难曲折的研制历程中孕育出“两个终将”（祖国终将选择那些忠诚于祖国的人，祖国终将记住那些奉献于祖国的人）价值观，并以践行和弘扬“两个终将”价值观，牢固树立航空报国的崇高信念，升华忠诚奉献的宝贵品质，秉承创新超越的进取意识，发扬光大“型号精神”，传递和凝聚着航空报国强大精神力量。

（三）前沿科技视野的开拓者：学术前沿传递与全球格局把握

航空航天科研院所以独特的行业定位，位于学科发展前沿，构成了连接国内研究生与国际科技发展的重要桥梁。作为行业知识更新与传播的关键节点，科研院所能够为研究生提供超越教材与课堂的前沿科技认知与全球视野培养。科研院所通过构建系统性的学术交流机制，如专题学术讲座、跨学科技术研讨与国际合作项目等多元平台，使研究生能够直接接触并参与航空航天领域的前沿科技探索，形成对学科发展动态的敏锐感知与判断力。

科研院所长期积累的国际合作网络，可为研究生提供宝贵的跨文化学习与交流资源。国际合作资源不仅体现为国际会议与访学机会，更包含了跨国项目合作、联合实验室研究等深度学术融合形式。研究表明，参与这些国际化学术活动的研究生，其专业视野与跨文化交流能力显著高于仅在国内单一环境学习的同行[187]。并且，科研院所在促进国际视野拓展的过程中，特别注重培养研究生辩证看待国际科技格局的能力，引导他们在学习国外先进经验的同时，保持文化自信与战略定力，这对航空航天这类关乎国家安全与核心竞争力的领域尤为重要。

当前全球科技竞争日趋激烈，科研院所肩负着培养具备战略思维与底线意识的高层次人才的重要使命。通过融入国际科技发展现状分析、地缘政治影响因素研究等内容，科研院所可以帮助研究生形成更为系统的国际科技发展认知框架，提升其在复杂多变国际环境中的战略判断与应对能力。

（四）协同育人的参与者：联合培养与共同指导

在研究生教育体系中，航空航天领域的科研院所已成为连接理论教育与工程实践的关键节点，其协同育人功能日益凸显。高校与科研院所构成了相互依存、优势互补的有机整体，共同打造“课堂—实验室—工程现场”的全链条育人环境[188]。校所协同模式突破了传统单一育人主体的局限，形成了多元化、立体化的人才培养格局。

科研院所在协同育人过程中发挥着独特的整合功能。科研院所参与研究生培养，可以将行业最新技术要求与发展趋势及时融入教育过程，确保培养目标与行业需求的动态匹配。并且，科研院所提供了高校难以独立构建的大型实验设施与工程环境，为研究生提供了真实复杂的科研实践场域。这种“理论学习—模拟实验—实际工程”的渐进式培养路径，可显著提升研究生的工程实践能力与创新能力。

在指导体系构建方面，科研院所选派具有丰富工程经验的科学家与高校导师组成“双导师”团队，形成了学术引领与工程指导相结合的立体化指导模式。多元指导体系有效弥补了单一导师在知识结构与实践经验上的局限性，为研究生提供了更为全面的成长支持。

此外，科研院所在协同育人中还承担着衔接高校与产业的桥梁作用，通过构建产学研协同创新平台，将科研成果转化与人才培养有机结合，使研究生在参与真实科研项目过程中既解决工程实际问题，又完成自身学术成长，实现了科研价值与教育价值的双重提升。

（五）思想政治教育的创新者：探索特色模式与提升实效性

航空航天领域科研院所是思想政治教育的创新者，负责探索特色模式和提升实效性。要根据自身特点和研究生特点，探索具有行业特色和科研院所特点的思想政治教育模式，提高思想政治教育的针对性和实效性。

航空航天领域的科研院所与高校相比，具有鲜明的行业特色和工程导向，思想政治教育也应具有相应的特点。科研院所可以结合自身特点，探索“科研育人”“实践育人”“文化育人”等特色模式，将思想政治教育融入科研实践和工程活动中，实现润物无声、潜移默化的教育效果。特别是在航空航天这样的国家战略科技领域，科研院所可以充分发挥爱国主义教育的优势，增强研究生的爱国情怀和使命担当。

五、企业在航空航天研究生思想政治教育中的角色定位

航空航天产业是国家综合国力的集中体现和重要标志，是推动国防建设、科技创新的关键领域。企业作为产学研协同育人的重要主体，在航空航天研究生思想政治教育中扮演着不可替代的角色。

（一）工程实践的“真实课堂”：搭建产学研桥梁

航空航天企业为研究生提供了工程实践的“真实课堂”，这个课堂既是专业技能锤炼的场所，也是思想政治教育的生动载体。

航空航天高校与企业联合开展的卓越工程师培养计划为研究生提供了解决复杂问题的实践场所，使学生在参与国家重大战略任务的过程中形成对国家发展的责任感和使命感。此类工程教育改革着力培养航空发动机等关键领域的卓越工程师，将理论知识与工程实践紧密结合，实践场所成为思想政治教育的“活教材”[189]。

西北工业大学航空工程专业学位开展多学科交叉导师团队建设，企业通过提供实习基地和研究生工作站，让学生直接参与到航空航天领域真实工程项目中，在解决实际问题的过程中接受爱国主义教育和工程伦理教育。通过工程实践，学生的家国情怀和行业认同感显著增强[190]。

南京航空航天大学提出“定领域企业—定项目选题—定企业导师”的模式，以国家重大战略需求为牵引，以共同承担项目为载体，有组织地确定校外导师，并将合作项目转化为育人内容，据此制订个性化的课程方案，形成项目牵引“大师总师+校内导师+企业导师”跨界导师团队，学术大师/工程巨匠/业界领袖/治国栋梁负责引导学术前沿，开阔科研视野，凝练瞄准关键问题。校内导师负责学生在校期间的理论学习指导、学术水平提高和科研能力提升，系统培养研究生的科研能力和创新思维能力。企业导师为合作单位项目骨干或领军工程师，负责工程实践指导，培养学生解决复杂工程技术问题的能力和工程技术创新的能力，提升解决实际问题与应用能力[191]。

（二）创新创业的“实战导师”：点燃科技报国激情

在“双创”热潮下，航空航天企业在航空航天研究生创新创业培养

中，扮演着“实战导师”的角色，通过提供指导、资源和平台，点燃学生科技报国的激情。引导研究生将科研成果转化为实际应用，培育“科技强国梦”与“航天报国志”的情怀结合。

北京航空航天大学“STEP 校企协同育人体系”将院所企业等与卓越工程师教育培养息息相关的社会角色纳入校企协同培养体系。双导师团以兴趣激励、问题导向的项目为牵引，对学生实施从总师小助手到总师助理直至总师的逐层进阶式培养。低年级阶段，双导师团指导学生开展创意探索实践；中高年级阶段，双导师团指导学生围绕选定的技术方向，开展进阶式科学研究，完成从创意到创新的团队科研实践项目；博士阶段，指导学生通过深入开展技术方向研究完成博士阶段研究工作，甚至超越节点深度参与高阶科研项目。进阶式培养模式激发了学生的创新潜能和空天报国热情[192]。

南京航空航天大学瞄准航空航天高端制造业对卓越创新人才的迫切需求，组建了由朱荻院士牵头的“航空航天先进制造技术教师创新团队”，服务国家战略，依托重大科研项目，聚力培养学生的原始创新能力。联合中国航空工业成都飞机工业（集团）有限责任公司、中国航空发动机集团有限公司、中国航天科技上海航天设备制造总厂等航空航天龙头企业，在特种加工、高性能切/磨削加工、数字化制造等前沿学科方向，共同承担国防重大项目，深入开展科技攻关，构建科教融合、校企协同的育人共同体，将“育英才”与“铸重器”融为一体，团队达成了“一个共识”，即每位教师，不管是高校的教师还是企业的专家，都要既做科研又搞教学，科教融合、以研促教；每一个校企合作的科研项目，都要瞄准重大需求，在原始创新中“铸重器”“育英才”[193]。

中国商飞公司举办“大飞机杯”创新创业大赛，吸引各高校航空航天专业研究生参与。大赛以 C919、ARJ21 等国产大型客机为背景，引导学生围绕飞机设计制造、运营管理等方面开展创新实践，在创业实践中培养民族自豪感和科技报国精神。

（三）行业文化的“活教材”：润物无声的价值引领

与传统课堂教育相比，企业文化环境中的价值观教育往往更加自然，更具说服力。航空航天企业的文化底蕴，尤其是其中蕴含的爱国奉献、自主创新、严谨务实等精神特质，成为研究生思政教育的“活教材”。

中国航天科技集团开展“航天精神进校园”活动，邀请航天英雄和资深专家走进高校，向学生讲述我国航天事业发展历程和感人故事。通过这些活动，学生深入了解“两弹一星”精神和载人航天精神，增强航天报国的责任感和使命感，成为航天文化传播的重要平台。

中国商飞公司组织“大飞机文化宣讲团”走进高校，分享大型客机研制历程和创新故事，向学生传递自主创新、团队协作的价值理念。通过“大国大飞机”主题讲座，讲述C919从设计到首飞的艰辛历程，激发学生对国产大飞机事业的热爱，增强投身民用飞机研发的决心。

中国航空工业集团举办“航空强国志，机载报国情”主题教育故事会，讲述了几代机载行业从业者忠诚奉献、逐梦蓝天的航空报国故事，展现了机载行业改革发展成就和加快建设新时代航空强国的信心、决心，让参会者接受了一场异常深刻的思想教育。

这些行业文化教育活动，使研究生深入了解航空航天事业的历史传统和精神内涵，在行业文化熏陶中培养爱国情怀和奉献精神，实现润物无声的价值引领。

（四）职业发展的“引路人”：拓宽就业与成长渠道

在就业压力日益增大的背景下，航空航天企业通过系统化的职业引导，不仅为研究生提供就业机会，更重要的是帮助他们树立正确的职业观和价值观，引导他们将个人成长与国家需求相结合。

成都飞机工业（集团）有限责任公司作为成都市产业建圈强链行动中的链主企业，辐射范围广，带动作用强，积累了大量技术资源和平台优势，充分利用这些资源和优势，在构建“头部引领、集群支撑、链式互补”的航空产业生态圈的同时，深度参与产教融合、校企合作，全方位支持国家市域产教联合体成都市航空航天产教联合体工作，与联合体成员共同探索建立多方协调机制，建设协同育训平台，联合开展技术创新，打造高水平科技创新平台和共性技术服务平台，促进教育链、人才链与产业链、创新链紧密结合，服务航空航天产业的高质量发展。成都市航空航天产教联合体共建航空制造产业学院等7个实体学院、36个实训基地，“订单式”培养规模达1 500人，“成飞班”“川航班”等特色班级实现“入学即入岗、毕业即就业”的无缝衔接。

中国商飞上海飞机设计研究院探索贯通“高校—企业—产业”全链条工程技术人才的培养路径，深化产教融合，把握高校企业共同培养卓越工程师的重大机遇，瞄准软件开发、机载系统、先进材料等急需紧缺专业，与上海交通大学、华东师范大学、上海大学、杭州电子科技大学等11所国内高等院校合作共建“大飞机班”，探索商用飞机卓越工程师培养新模式。“在客户选型中心、在大飞机总装现场、在C919全机试验现场，我们面对真实的大飞机实物现场讲解。不仅我们的学生、旁听的研究生，就连学院的老师们，都争先恐后参加现场课。”上海飞机设计研究院负责机体结构设计与验证的型号骨干人员走进上海交通大学航空航天学院，与高校教师一起开发并讲授《民用飞机机体设计与验证》这门48学时的研究生必修课的感受。

在这些案例中，企业不再是被动的“接收者”，而是主动承担起引导研究生职业规划和价值观塑造的责任。他们通过展示航空航天行业的发展前景和使命担当，吸引越来越多的优秀研究生投身航空航天领域。

（五）协同育人的“好伙伴”：参与培养方案制定与教育评价

航空航天领域企业是协同育人的伙伴，负责参与培养方案制定和教育评价。作为协同育人的伙伴，企业要与高校、科研院所密切合作，共同制定培养方案，共同参与教育评价，形成协同育人的合力。

航空航天领域的研究生培养往往采用校企合作、产教融合的模式，企业参与度不断提高。在此模式下，企业要与高校、科研院所密切合作，共同制定符合行业需求和发展趋势的培养方案，明确各自的职责和任务，形成优势互补、资源共享的协同育人机制。同时，企业要参与研究生的中期考核、毕业答辩等环节，对研究生的培养质量进行评价和反馈，为培养方案的调整和改进提供参考依据。

例如，西安交通大学紧紧围绕“四个面向”的新使命，深度推进产教融合，探索更加务实、更加有效的研究生培养模式，启动实施了“百千万卓越工程人才培养项目”（以下简称“百千万工程”），即引进百家行业龙头企业和科研院所，聘用千名工程科技专家担任导师，培养万名卓越工程人才，以产教融合人才培养推动产业转型升级。由学校相关学院与企业、科研院所共建“四主体一联合”平台（以企业为市场主体、需求主体、投资主体、管理主体和高校联合共建的新型研发平台）、研究院、研究中心、联合实验室等产教深度融合的创新联合体，以创新联合体为平台开展校企协同的卓越工程人才培养。以“揭榜挂帅”为牵引，组建校企联合攻关团队，以创新联合体为平台，订单式培养卓越工程人才[194]。

六、研究生自我管理与朋辈支持在思想政治教育中的角色定位

（一）研究生自主发展：从被动管理走向主动成长

当前研究生培养模式正经历着重要变革，从传统的指导式管理向鼓励自主发展的方向转变。研究生不再只是被动接受教育的对象，而是逐渐成为思想政治教育进程中的积极参与者。这样的转型既反映了研究生群体日益成熟的特点，也回应了高层次人才培养的现实需求。

自我管理已成为思想政治教育效果的关键环节，思想政治教育的效果如何，既要通过研究生的自我管理这个途径来实现，也要通过自我管理的效果来检验[195]。此观点强调了研究生自主性在整个教育过程中的核心地位。

面对不断增加的研究生招生规模和日益激烈的就业竞争，研究生通过有效的自我管理方式，能够更好地适应环境变化，提升竞争优势。研究生自我管理已引起广泛关注，但具体实施方法仍处于不断探索阶段。在自我管理过程中，研究生需要结合自身学习要求和专业提升需求加强自律，自我约束能力也是实现教育目标的重要保障。

（二）学术共同体建设：营造积极健康的学术生态

研究生群体是高校学术文化建设的重要力量。通过自我规范和相互促进，他们共同塑造着学术环境，影响学术风气的形成。

高校研究生自我管理的一个典型领域是学术规范建设。随着学术不端行为受到越来越多关注，研究生自发组织的学术规范学习和讨论活动在许多高校得到推广。这些活动不仅传授知识，更重要的是在研究生群体中培养严谨求实的学术态度。

研究生自主组织的学术交流活动也成为思想政治教育的重要载体。常见形式包括学术研讨会、读书会等，这些活动由研究生自主策划和组织，内容贴近研究生的学术兴趣和专业需求，因而更具吸引力和影响力。研究生会在研究生自我管理中也发挥了重要作用，要进一步充分发挥研究生会的精准育人功能，区分求知、求职、矛盾、迷茫四类研究生人群，做到因“群”施教。随着研究生教育规模扩大、社会环境变化，传统管理模式已不再适用，研究生自我管理成为适应新形势下的有效管理体制[196]。

（三）情感支持网络：构建互助共进的成长环境

研究生阶段面临着学业、就业和人际关系等多重压力，研究生之间的

相互理解和支持，构成了一张重要的情感支持网络，为思想政治教育提供了情感基础。

研究生之间的朋辈支持在心理健康维护中发挥着重要作用。相比于专业心理咨询，朋辈支持具有即时性、亲和性的特点，能够在日常生活中及时发现并缓解心理问题。研究生自发组织的心理互助小组、情绪管理工作坊等活动，为面临压力的同学提供了及时有效的帮助。高校应积极探索创新研究生自我管理路径，通过优化师资团队、培育和谐校园文化、构建帮扶体系等方式，努力消除研究生的不满情绪，激发自我价值实现的发展动力[197]。

（四）社会实践推动：引领价值观践行与能力提升

研究生群体既有扎实的专业知识，又有较强的实践能力和社会责任感，是开展社会服务和价值践行的重要力量。通过自我组织和朋辈协作，研究生能够将思想政治教育融入社会实践，实现知行合一。

研究生自主参与社会实践的形式多种多样，包括专业实践、志愿服务、社会调研等。这些活动既是专业知识的应用场所，也是思想政治教育的重要载体。在服务社会的过程中，研究生深化了对社会主义核心价值观的理解和认同，增强了社会责任感和使命感。

研究生自发组织的跨学科实践团队在解决复杂社会问题方面发挥着独特作用。不同学科背景的研究生通过协作，能够从多角度分析问题，提出解决方案，跨学科合作不仅提高了问题解决能力，也培养了团队精神和创新意识。

（五）组织协调平台：促进多元教育资源整合

研究生自我管理组织是连接学校、导师、企业等多方育人力量的重要纽带，能够有效整合和协调各类思想政治教育资源，提升教育效果。

研究生会等在研究生培养、校园文化传承、学风建设等方面能发挥积极的教育功能[198]，在思想政治教育中发挥着桥梁作用。一方面，向上反映研究生的真实需求和意见建议；另一方面，向下传达学校的政策精神和工作要求，促进了思想政治教育资源的整合和优化。

此外，研究生自我管理组织还是学术交流、生活互助、心理支持等资源的整合平台。通过这些平台，研究生能够更便捷地获取各类资源和支持，提高自我管理的效率和效果。

总体来说，航空航天领域研究生思想政治教育体系中，形成了以导师、辅导员、二级学院、科研院所、企业和研究生自身为核心的多元主体协同育人格局。各主体在育人过程中承担着不同职责，发挥着独特作用。

研究生导师既作为学术引领者塑造科学精神，又作为人生导师引导价值观念，还兼具思政教育者、管理服务者和科研实践引导者等多重角色，全方位影响研究生的成长成才。辅导员则在思政引领、组织协调、服务保障、沟通桥梁和制度管理等方面发挥作用，既是价值传递的前沿阵地，又是联结各育人主体的关键纽带。二级学院作为思政教育的中层组织，在政策落实、资源整合、组织领导、环境营造和评价监督等方面提供系统支撑，是连接学校顶层设计与基层实践的重要环节。科研院所凭借其科研实践平台和航空航天文化传统，在工程能力培养、行业精神传承、前沿信息传递、协同育人参与以及思政教育创新等方面贡献专业力量。企业则通过提供工程实践“真实课堂”、创新创业指导、行业文化熏陶、职业发展引领以及参与培养方案制定等方式，将实战经验和产业需求融入育人全过程。研究生自身既是教育对象，又是教育主体，通过自我管理实现从被动接受到主动成长的转变，并在学术共同体建设、情感支持网络构建、社会实践推动和组织协调平台搭建等方面发挥积极作用。通过科学定位各主体角色，明确各自职责，六大主体相互支撑、优势互补，共同构建了一个多维度、全方位、立体化的思想政治教育体系，为培养德才兼备，堪当民族复兴重任的高层次航空航天人才提供了坚实保障。

第二节　融合育人的多元协同机制

随着研究生教育改革的深入推进，多元主体协同参与研究生思想政治教育已成为共识。然而，如何有效整合各方力量，形成育人合力，构建科学高效的多元协同机制，是当前航空航天领域研究生思想政治教育面临的关键挑战。本节将探讨航空航天领域研究生思想政治教育多元协同机制的理论基础、运行模式和实现路径。

一、航空航天领域研究生思想政治教育多元协同机制的理论基础

多元协同机制的构建离不开坚实的理论基础。在航空航天领域研究生思想政治教育中，多元协同机制主要基于以下几个理论。

（一）系统论：整体性思维与结构功能

系统论是研究复杂系统结构、功能和演化规律的科学理论，强调整体性、关联性和动态性。系统哲学认为，系统的发展要遵循差异协同律、自组织涌现律和整体优化律，这与习近平总书记对教育提出的“系统性、整体性、协同性和顶层设计”要求高度一致[199]。

根据系统论，航空航天领域研究生思想政治教育是一个复杂的开放系统，由多个要素和层次组成，具有整体性、关联性和动态性的特点。这个系统包括教育主体（导师、辅导员、专业教师等）、教育客体（研究生）、教育内容（政治理论、价值观念、职业道德等）、教育方法（课堂教学、实践活动、网络媒体等）、教育环境（校园文化、社会氛围等）等多个要素，这些要素相互联系、相互影响，共同构成了一个有机整体。

在系统论指导下，构建航空航天领域研究生思想政治教育多元协同机制，要遵循系统整体性原则，从整体出发，统筹考虑各要素的关系和功能；要遵循结构优化原则，合理配置资源，明确职责分工，提高系统效能；要遵循动态平衡原则，关注系统的稳定性和适应性，及时调整和完善协同机制，确保系统的有效运行。

（二）协同学：多元要素间的协同与耦合

协同学是研究复杂系统中多元要素协同作用规律的科学理论，强调系统内部要素之间的协同与耦合[200]。在研究生思想政治教育中，协同学提供了多元要素协同与耦合的理论支撑，有助于探索建立高效的协同机制。

根据协同学理论，研究生思想政治教育系统中的各要素并非简单叠加，而是通过协同作用产生整体大于部分之和的效果。各要素协同作用表现为要素间的相互支持、相互促进、相互补充，形成良性互动和正向循环。例如，导师的学术指导与辅导员的思想引领相互支持，专业教育与思想政治教育相互促进，理论学习与实践体验相互补充，共同提高思想政治教育的实效性。

在协同学指导下，构建研究生思想政治教育多元协同机制，要遵循协同作用原则，发挥各要素的优势和特长，形成合力；要遵循自组织原则，调动各主体的积极性和创造性，形成自主协同的良好局面；要遵循序参数原则，找准系统中的关键变量和核心环节，通过重点突破带动整体提升[201]。

（三）组织行为学：组织运行与人际互动

组织行为学是研究组织中人的行为规律和组织运行机制的科学理论，

关注组织结构、领导风格、沟通方式、激励机制等因素对组织效能的影响[202]。在研究生思想政治教育中，组织行为学提供了组织运行与人际互动的理论指导，有助于优化多元协同的组织结构和运行机制。

根据组织行为学，研究生思想政治教育的多元协同涉及多种组织形式和人际关系，如正式组织与非正式组织、垂直关系与水平关系、权威关系与合作关系等。这些组织形式和人际关系对协同效果产生重要影响。例如，科层式的组织结构有利于保证政策落实和工作执行，而扁平化的组织结构有利于促进沟通交流和创新发展；集权式的领导方式有利于统一思想和集中力量，而分权式的领导方式有利于调动主动性和创造性。

严立宁指出，研究生教育肩负着高层次人才培养和创新创造的重要使命，是国家发展、社会进步的重要基石。基于利益相关者理论，从研究生、学校、企业、家庭和政府五个利益相关主体出发，探索我国研究生教育协同育人模式构建的理论逻辑有助于推动研究生教育发展[203]。

在组织行为学指导下，构建研究生思想政治教育多元协同机制，要注重组织结构的设计与优化，建立科学合理的协调机构和工作流程；要注重领导方式的选择与调整，根据不同情境采用不同的领导方式，提高领导效能；要注重沟通方式的改进与创新，建立顺畅的沟通渠道和有效的反馈机制，促进信息共享和意见交流；要注重激励机制的建立与完善，通过物质激励和精神激励相结合的方式，调动各方参与的积极性和主动性。

（四）角色理论：角色定位与角色冲突

角色理论是研究个体在组织中承担的角色及其行为规范和期望的科学理论，关注角色定位、角色认同、角色冲突等因素对个体行为和组织效能的影响[204]。在研究生思想政治教育中，角色理论提供了角色定位与角色冲突的分析框架，有助于明确各主体的责任和义务，处理好角色间的关系。

赵玉鹏等指出，研究生导师和研究生辅导员作为研究生教育的重要主体，共同肩负着落实立德树人根本任务、培养造就德才兼备高层次人才的重要职责。基于价值、理论和实践三个方面阐释导师和辅导员协同育人的内涵逻辑；运用演化博弈理论及其动态模型揭示研究生导师和辅导员在育人过程中的动态演化策略，从协同育人的主体、情境、政策三个维度分析影响演化博弈的三重因素，最终提出凝聚协同育人共识，涵育协同育人文化，健全协同育人机制的导师辅导员协同育人优化路径[205]。

在角色理论指导下，构建研究生思想政治教育多元协同机制，要注重角色定位的科学性和合理性，明确各主体的职责范围和行为规范；要注重角色期望的一致性和协调性，统一思想认识，形成共同期望；要注重角色能力的提升和强化，通过培训指导、实践锻炼等方式，提高各主体的角色胜任力；要注重角色冲突的预防和处理，建立有效的沟通协调机制，及时解决角色间的矛盾和问题。

（五）价值哲学：价值共识与价值引领

价值是一种关系，而且不是一般的关系，而是指一定的对象物与人的需要之间的关系。价值存在于主体（人）和客体（对象物）相互作用的过程中[206]。价值具有理论和实践的双重特性，在研究生思想政治教育中，价值哲学提供了价值共识与价值引领的理论依据，有助于形成共同的价值追求和价值取向。研究生思想政治教育的核心是价值引领和价值塑造，即通过多种方式和途径，引导研究生形成正确的世界观、人生观和价值观，需要各主体形成价值共识，共同认同和践行社会主义核心价值观。核心价值观是贯彻社会主义核心价值体系理论要求的切入口。只有形成价值共识，才能在价值引领方面形成合力，避免价值导向的混乱和冲突。

在价值哲学指导下，构建研究生思想政治教育多元协同机制，要注重价值共识的形成和强化，通过理论学习、实践体验、文化熏陶等方式，使各主体认同和践行共同的价值理念；要注重价值引领的一致性和协调性，避免价值导向的混乱和冲突；要注重价值实践的具体化和生活化，将抽象的价值理念转化为具体的行为准则和生活习惯，使价值引领落地生根；要注重价值评价的科学性和有效性，建立科学合理的价值评价体系，引导价值选择和价值判断的正确方向。

二、航空航天领域研究生思想政治教育多元协同机制的运行模式

在理论基础的指导下，航空航天领域研究生思想政治教育多元协同机制形成了多种运行模式，各有特点和优势。

（一）导师引领模式：以导师为核心的协同育人

导师引领模式是以导师为核心，其他主体协同配合的一种运行模式。在这种模式下，导师在学术指导、科研训练、思想引领等方面发挥主导作用，其他主体如辅导员、专业教师、管理人员等在各自职责范围内提供支持和配合。

导师引领模式强调导师的主体地位和责任担当，注重发挥导师在学术研究和思想政治教育中的双重作用。导师引领模式的优势在于明确了责任主体，强化了导师的育人责任，有利于将思想政治教育融入学术研究和科研训练的全过程。但这种模式也存在一定的局限性，如导师的思想政治教育能力参差不齐，导师的工作负担较重，导师与其他主体的协调配合不够顺畅等。

陈春提出，能力培养与思政教育是研究生教育落实立德树人的必然要求，导师是研究生教育实施和引导的关键力量。分析现有研究生培养体系中传统模式的局限性，提出立德树人根本目标框架下的“一体双翼”模式；即以“知识传授、科研实践”为主体的“能力翼”和以“品行养成”为主体的“思政翼”来常态化实现“导师导思”[207]。

研究生导师也是科研项目或工程任务的负责人或参与者，具有丰富的专业经验和行业背景，在传授专业知识的同时，也能够传递行业精神和职业道德。因此，导师引领模式在航空航天领域研究生思想政治教育中具有天然的优势和适用性。为了充分发挥导师引领模式的作用，需要加强导师的思想政治素养和教育能力，减轻导师的工作负担，完善导师与其他主体的协调机制，形成有效的协同育人格局。

（二）学院主导模式：以二级学院为核心的协同育人

学院主导模式是以二级学院为核心，统筹协调各方力量的一种运行模式。在这种模式下，二级学院是思想政治教育的组织者和领导者，负责制定工作计划，组织开展活动，协调各方关系，评估工作成效，形成协同育人合力。

学院主导模式强调二级学院的组织领导作用，注重发挥二级学院在资源整合和协调统筹方面的优势。其优势在于有利于形成统一的工作思路和行动计划，有利于整合各方力量和资源，有利于开展特色化、差异化的思想政治教育活动。但这种模式也存在一定的局限性，如可能形成“上热下冷”的现象，基层主体的积极性和创造性难以充分发挥，思想政治教育的实效性不够理想等。

二级学院通常具有鲜明的学科特色和专业背景，聚集了该领域的专家学者和教育资源，有条件组织开展特色化、专业化的思想政治教育活动。因此，学院主导模式在航空航天领域研究生思想政治教育中具有较强的适用性。为了充分发挥学院主导模式的作用，需要加强学院的组织领导能力，健全工作机制，激发基层主体的积极性和创造性，提升思想政治教育的针对性和实效性。

（三）团队协作模式：多主体共同参与的协同育人

团队协作模式是由导师、辅导员、专业教师等多主体共同参与，团队合作的一种运行模式。在这种模式下，各主体按照各自职责和专长，分工协作，共同参与研究生的培养和教育工作，形成团队合力。

团队协作模式强调多主体的共同参与和团队合作，注重发挥各主体的优势和特长，形成优势互补、资源共享的协同育人格局。其优势在于能够整合多方资源和力量，形成育人合力；能够实现知识传授与价值引领、学术训练与思想教育的有机结合；能够为研究生提供全方位、多层次的指导和帮助。但这种模式也存在一定的局限性，如协调配合的难度较大，责任边界不够清晰，团队成员的工作积极性和参与度不一等。

在“大思政”格局下，校外导师也应参与专业学位研究生的思想政治教育，社会学习理论和场域理论解释了这种做法的必要性。但目前，国家层面上缺少相应要求，学校层面上缺少相应制度，校外导师也缺少相应的认同，构成了校外导师履行思政教育职责的现实困境[208]。

在航空航天领域，研究生培养通常采用团队协作的方式，如导师团队、研究团队、项目团队等，这为团队协作模式提供了组织基础和工作习惯。团队协作模式在航空航天领域研究生思想政治教育中具有较好的适用性。为了充分发挥团队协作模式的作用，需要明确各主体的职责和任务，建立有效的协调机制，提高团队成员的工作积极性和参与度，形成良好的团队文化和工作氛围。

（四）校企合作模式：产教融合的协同育人

校企合作模式是高校与航空航天企业共同参与，基于产教融合理念构建的协同育人机制。在此模式下，高校与企业依托各自资源优势，共同制定培养方案，开展教育实践活动，评价人才质量，形成“链—层—环”式深度融合的育人格局。

校企合作模式强调教育与产业的紧密衔接，通过将思想政治教育有机融入工程实践中，实现价值引领与能力培养的统一。其优势体现在一是增强教育的实践性和针对性，使研究生更好地了解行业特点和企业文化；二是提升研究生的职业认同感和使命担当，培养“空天报国”的行业情怀；三是拓展思想政治教育的场域和载体，丰富教育内容和形式。

作为教育强国建设的重要支撑体系，教育部等多部门联合印发的文件强调深化校企合作，促进教育链、人才链与产业链、创新链的有机融合，打造产教融合育人新生态。例如，北京航空航天大学注重实战化教学体系构建，实施“卓越领军”工程博士专项计划，建立校企双导师制度，将生产实习作为工程训练的重要环节，着力帮助学生在动手实践中锤炼过硬本领，同时融入思想政治教育元素。南京航空航天大学贯彻专创融合、科教融合和产教融合理念，集成“双一流”学科的团队、项目、平台优势，融汇行业企业优质资源，构建“三位一体”的创新实践教育体系，致力于培养具有家国情怀、科学素养、大工程视野、工程实践和自主创新能力的工程英才。同济大学通过构建“四共”（校企共同招生、共同培养、共同选题、共享成果）“四通”（校企师资互通、课程打通、平台融通、政策畅通）合作机制，与 50 余家行业龙头企业建立了从“出卷—答卷—阅卷”的链式合作模式，形成了校企“双元”协同育人的新范式。这些经验为航空航天领域科教融合提供了有益借鉴。

在航空航天领域，校企合作模式具有特殊的意义和价值。一方面，航空航天企业如航空工业集团、航天科技集团等是国家重要的战略企业和科技创新主体，具有强烈的使命感和创新精神，也具有丰富的人才培养经验和资源；另一方面，航空航天领域的研究生教育需要紧密结合工程实践和国家需求，培养既有理论基础，又有实践能力的复合型人才。

但这种模式也存在一定的局限性，如学校与企业的合作深度不够，企业参与培养的积极性不高，双方在育人理念和方式上存在差异等，需要深化学校与企业的合作关系，提高企业参与培养的积极性，协调双方在育人理念和方式上的差异，形成真正的紧密、高效、可持续的校企协同育人格局。

（五）科教融合模式：高校与科研院所共建的协同育人

科教融合模式是以高校与科研院所共建共治为核心，强调科学研究与教育教学深度融合的协同育人机制。在此模式下，高校与科研院所跨越建制壁垒，共同构建组织融合、学科融合、要素融合、制度融合的科教融合发展体系。

科教融合模式遵循马克思主义“教育与生产劳动相结合”的基本原理，是新时代国家战略科技力量协同培养青年科技人才的重要路径。科教融合是国家战略科技力量践行马克思主义教育理论，培养高水平创新人才的关键举措与内在要求。此模式的核心优势在于将前沿科研成果及时转化为教育资源，使研究生接触学科前沿，拓展学术视野。通过参与重大科研项目，培养研究生的科研能力和创新精神，形成理论与实践相结合的综合素质。整合高校与科研院所的优质资源，为研究生提供更广阔的发展平台和更丰富的学习机会。

《教育强国建设规划纲要（2024—2035 年）》明确提出，要“突出创新驱动、协同融合”“推动科教融汇”，将科教融合作为教育强国建设的重要路径和手段。构建“大思政牵引、全链条育人、产学研协同”的工作格局，统筹推进教育科技人才一体化发展。

在航空航天领域，科教融合模式具有独特的应用价值。例如，北京航空航天大学以“大平台、大团队、大项目、大贡献”为核心，推进教育科技人才体制机制一体改革，聚焦空天领域国家重大需求和国际学术前沿，以大领域、大工程、大先生、全周期、全链条的“三大两全”建设新模式，促进实现有组织产教融合的育人新格局。中国民航大学科技创新研究院坚持“构筑大平台、汇聚大团队、承担大项目、做出大贡献、产出大成果”的发展理念，以搭建高端科研平台和建设多学科交叉融合的高水平创新团队为工作重点，打破学院与学科壁垒，建成服务民航强国理论、技术、标准的策源地和先进自主装备的研发地。

在思想政治教育方面，科教融合模式具有独特的育人价值。一方面，航空航天领域的科研活动本身具有强烈的爱国主义色彩和使命担当，参与这些活动能自然而然地培养研究生的家国情怀和责任意识；另一方面，科研过程中的严谨、求实、创新等学术精神，与社会主义核心价值观的要求高度契合，有助于塑造研究生的价值观和人生观。

科教融合模式虽然具有诸多优势，但也面临一些挑战，如李金龙所指出的“科融教难融”“融人难融”“面融实难融”三大难题。为克服这些难题，中国科学技术大学与国家科研机构探索出组织融合、学科融合、要素融合、制度融合四大有效路径，取得了良好成效[209]。

需要注意的是，有效的科教融合不是简单的资源叠加，而是要实现深层次的体制机制创新。一是要构建融合共享的组织架构，打破院系壁垒和条块分割；二是要创新人才培养模式，实现科研与教学的双向赋能；三是要完善评价激励机制，形成有利于科教融合的制度环境；四是要强化思想政治引领，将价值塑造融入科研全过程。

三、航空航天领域研究生思想政治教育多元协同机制的实现路径

构建航空航天领域研究生思想政治教育多元协同机制，需要采取系统化、整体性的路径和措施，从多个层面推进协同育人的实现。

（一）理念共识层面：凝聚价值共识与形成育人理念

在理念共识层面，要注重凝聚价值共识，形成共同的育人理念，为多元协同机制的构建奠定思想基础。

首先，要深入学习贯彻习近平新时代中国特色社会主义思想，特别是关于教育、科技、航空航天事业的重要论述，统一思想认识，明确育人目标和方向。习近平总书记多次强调教育、科技、人才对国家发展的战略支撑作用，要求教育战线要落实立德树人根本任务；要求科技战线要坚持自主创新，攻克关键核心技术，建设世界科技强国；要求航空航天战线要加快建设航空航天强国，为实现中华民族伟大复兴作出更大贡献[210]。这些重要论述为航空航天领域研究生思想政治教育提供了根本遵循和行动指南。

其次，要传承弘扬航空航天精神，培育共同的价值追求和精神追求。航空航天精神是中国共产党领导下形成的宝贵精神财富，蕴含着爱国奋斗、自主创新、严慎细实、协同攻坚、卓越奉献、勇于探索等丰富内涵。这些精神内涵既是航空航天事业发展的精神动力，也是航空航天人才培养的价值引领，应当成为航空航天领域研究生思想政治教育的重要内容和共同追求。

最后，要强化协同意识，形成共同的育人责任和使命担当。航空航天领域研究生思想政治教育是一项系统工程，需要多元主体的共同参与和协同努力。各主体要树立“一盘棋”思想，强化责任意识和担当精神，自觉将思想政治教育融入各自工作职责，形成协同育人的合力。特别是要克服“事不关己、高高挂起”的思想倾向，消除“各自为政、单打独斗”的工作局面，真正形成“人人有责、人人尽责”的育人格局。

（二）制度建设层面：完善组织体系与健全工作机制

在制度建设层面，要注重完善组织体系，健全工作机制，为多元协同机制的构建提供制度保障。

首先，要健全协同育人的组织领导体系。建立由学校党委统一领导，研究生院、学工部、宣传部等部门协同配合，二级学院具体负责的工作体

系，明确各部门、各单位的职责任务和工作要求，形成上下贯通、左右联动的组织架构。特别是要发挥二级学院的主体作用，鼓励二级学院根据学科特点和研究生特征，探索特色化、差异化的工作模式，增强工作的针对性和实效性。

其次，要建立健全协同育人的工作机制。建立定期会商机制，促进各主体之间的沟通交流和信息共享；建立联席会议机制，协调解决工作中的重大问题和难点问题；建立联动响应机制，对突发事件和紧急情况做出快速反应和有效处置；建立考核评价机制，对各主体的工作成效进行客观评价和激励引导。通过这些机制的建立和完善，形成科学有效的工作流程和运行规则，确保多元协同机制的顺畅运行。

再次，要制定完善协同育人的规章制度。制定《研究生思想政治教育工作条例》《研究生导师立德树人职责规定》《研究生辅导员工作条例》等规章制度，明确各主体的工作职责、权利义务和行为规范，为多元协同机制的构建提供制度依据。特别是要处理好责权利的关系，既明确责任，又授予权力，还给予利益，使各主体有责任做、有能力做、有动力做，形成良性的工作循环。

最后，要创新协同育人的运行机制。探索建立“导师+辅导员”双导师制，形成专业教育与思想政治教育协同推进的工作格局；探索建立“学校+企业”联合培养机制，形成理论学习与实践锻炼相结合的培养模式；探索建立“科研+思政”融合机制，形成科研训练与价值引领相统一的育人路径。通过这些创新机制的探索和实践，不断提高协同育人的针对性和实效性，形成符合航空航天领域特点和研究生特征的协同育人模式。

（三）资源整合层面：整合育人资源与拓展育人空间

在资源整合层面，要注重整合育人资源，拓展育人空间，为多元协同机制的构建提供资源支撑。

首先，要整合校内育人资源。充分发挥思政课、专业课、实验实践课等各类课程的育人功能，推进课程思政建设，实现显性教育与隐性教育相结合；充分利用学生党支部、团支部、学生会、研究生会等学生组织的育人作用，发挥学生骨干的示范带动作用；充分挖掘校史馆、航空航天博物馆、实验室、图书馆等校内场所的育人价值，创设良好的育人环境和氛围。

其次，要拓展校外育人资源。积极联系航空航天企业、科研院所、军队院校等单位，建立实习实践基地，开展参观见学、实习实训、社会实践等活动；邀请航空航天领域的院士专家、杰出校友、企业家等进校园，开展报告交流、座谈研讨、经验分享等活动；组织研究生参观航空航天发射基地、试验中心、博物馆等场所，了解航空航天事业的发展历程和辉煌成就。

再次，要利用网络育人资源。充分利用互联网技术和新媒体平台，开发建设研究生思想政治教育网站、微信公众号、抖音账号等网络平台，开展线上教育活动；积极探索"互联网+""人工智能+"思想政治教育模式，创新教育形式和方法，增强教育的吸引力和感染力；注重加强网络意识形态阵地建设，做好网络舆论引导和网络文化建设，营造良好的网络育人环境。

最后，要创新育人载体和形式。结合航空航天领域的特点和优势，创新育人载体和形式，如开展航空航天知识竞赛、科技创新大赛、学术论坛等活动；组织研究生参加"挑战杯""互联网+"、中国研究生创新实践系列大赛等赛事，锻炼创新精神和实践能力；举办航空航天文化节、科技文化周等特色活动，营造浓厚的航空航天文化氛围。

（四）平台构建层面：搭建协同平台与优化信息共享

在平台构建层面，要注重搭建协同平台，优化信息共享，为多元协同机制的构建提供平台支撑。

首先，要建设研究生思想政治教育服务平台。建立集学习教育、管理服务、互动交流、数据分析于一体的信息化服务平台，实现教育管理的数字化、智能化和精准化；开发建设研究生思想动态调查分析系统，实时掌握研究生的思想状况和需求变化，有针对性地开展教育引导；构建研究生心理健康服务平台，为研究生提供心理咨询、压力疏导等服务，促进心理健康和人格发展。

其次，要搭建科研育人平台。结合航空航天领域的特点和优势，搭建科研育人平台，如建立研究生创新实验室、科技创新工作室等，为研究生提供科研实践和创新创业的空间；组织研究生参与导师的科研项目和课题研究，在科研实践中接受思想引领和价值熏陶；建立科研成果展示和交流平台，展示研究生的科研成果和创新成果，增强科研自信，点燃创新激情。

再次，要构建校企协同平台。深化校企合作，构建校企协同平台，如共建研究生联合培养基地、实习实训基地、创新创业基地等，为研究生提供实践锻炼和职业体验的机会；共同开展行业文化教育和职业道德教育，培养研究生的职业素养和职业精神；共同举办校园招聘会、职业规划讲座等活动，为研究生提供就业指导和就业机会。

最后，要建立信息共享和协调联动机制。建立研究生思想政治教育信息共享平台，实现各主体之间的信息互通和资源共享；建立协调联动机制，及时发现和解决工作中的问题和困难，形成协同联动的工作格局；建立定期会商和沟通机制，通过工作例会、联席会议等形式，加强各主体之间的沟通交流和协作配合，形成协同育人的合力。

（五）评价激励层面：建立评价体系与完善激励机制

在评价激励层面，要注重建立评价体系，完善激励机制，为多元协同机制的构建提供动力支持。

首先，要建立科学合理的评价体系。制定符合航空航天领域特点和研究生特征的思想政治教育评价指标体系，既注重过程评价，又注重结果评价；既关注显性成果，又关注隐性效果；既重视他评，又重视自评；既考察个体表现，又考察群体风貌。通过科学合理的评价体系，客观评估思想政治教育的实际成效，发现问题和不足，不断改进和完善工作。

其次，要完善激励约束机制。建立导师思想政治教育工作考核和激励机制，将思想政治教育纳入导师考核评价体系，与职称评定、岗位聘任、绩效考核等挂钩；建立辅导员工作量计算和职称晋升机制，保障辅导员职业发展和待遇水平；建立各部门、各单位思想政治教育工作评估机制，将思想政治教育工作纳入二级学院综合考核指标体系。通过这些激励约束机制，调动各主体参与思想政治教育的积极性和主动性，形成良好的工作局面。

再次，要创新正向激励机制。设立研究生思想政治教育工作先进个人、先进集体等荣誉称号，表彰奖励在思想政治教育工作中表现突出的个人和集体；举办研究生思想政治教育工作创新案例评选、优秀辅导员评选等活动，展示和推广典型经验和优秀做法；设立研究生思想政治教育专项研究课题和项目，支持研究生思想政治教育理论研究和实践创新。通过这些正向激励措施，营造关心支持思想政治教育的良好氛围，激发各主体的工作热情和创新活力。

最后，要建立多维评价反馈机制。建立思想政治教育工作评估反馈机制，定期对思想政治教育工作进行评估和反馈，及时发现和解决问题；建立研究生满意度调查机制，通过问卷调查、座谈交流等形式，了解研究生对思想政治教育的感受和需求；建立社会评价机制，邀请用人单位、行业企业等参与评价，了解毕业生的思想素质和职业表现。通过多维评价反馈机制，全面了解思想政治教育的实际效果，不断改进和完善工作方法，提高教育实效。

（六）实践创新层面：推进实践育人与创新方式方法

在实践创新层面，要注重推进实践育人，创新方式方法，为多元协同机制的构建提供实践支撑。

首先，要推进科研育人实践。充分发挥航空航天领域科研育人的优势，将思想政治教育融入科研训练和学术活动中，在科研实践中培养研究生的爱国情怀、科学精神和创新能力。如组织研究生参与国家重大科研项目和工程任务，增强使命感和责任感；举办学术论坛和学术沙龙，培养学术规范和学术道德；开展科技竞赛和创新创业大赛，激发创新精神和实践能力。

其次，要推进实践教学改革。改革航空航天领域研究生实践教学模式，将思想政治教育要素融入实践教学环节，形成理论学习与实践锻炼相结合、知识传授与价值引领相统一的育人格局。如改革实验课程和实习实训课程，加强工程伦理和职业道德教育；创新实践教学方法，采用项目式、案例式、研讨式等教学方法，提高教学的针对性和实效性；完善实践教学评价机制，将思想素质和职业素养纳入评价指标体系，引导研究生注重全面发展。

再次，要推进社会实践创新。创新航空航天领域研究生社会实践形式和内容，将思想政治教育融入社会实践活动中，在实践体验中增强研究生的社会责任感和使命担当。如组织研究生开展“传承航空航天精神”“空天报国故事会”等社会调研活动，了解航空航天事业的发展历程和成就贡献；组织研究生参观爱国主义教育基地、革命传统教育基地等，接受革命传统和爱国主义教育；组织研究生参加志愿服务和公益活动，培养服务意识和奉献精神。

最后，要创新方式方法。结合航空航天领域特点和研究生特征，创新思想政治教育方式方法，增强教育的针对性和实效性。如运用现代信息技术，开发航空航天精神教育微课、慕课等在线课程资源；运用案例教学法，收集整理航空航天领域的典型案例和先进事迹，以案释理、以案明德；运用情境教学法，创设航空航天工程实践情境，在实际情境中体验和感悟；运用体验教学法，通过角色扮演、模拟演练等方式，使研究生在亲身体验中受到教育和启发。

四、航空航天领域研究生思想政治教育多元协同机制的实施策略

要充分发挥航空航天领域研究生思想政治教育多元协同机制的作用，需要采取科学有效的实施策略，确保机制的顺利运行和实际效果。

（一）政策保障策略：加强顶层设计与政策支持

政策保障是多元协同机制有效实施的基础和前提。为确保研究生思想政治教育多元协同机制的顺利运行，需要加强顶层设计和政策支持。

首先，要加强组织领导。学校（学院）党委要高度重视研究生思想政治教育工作，将其纳入学校事业发展规划和年度工作计划，列入重要议事日程，定期研究和部署。成立由校领导牵头，相关部门和二级学院参与的研究生思想政治教育工作领导小组，统筹推进协同育人工作。特别是要发挥党委教师工作部、党委研究生工作部、研究生院等部门的协同作用，形成工作合力。

其次，要完善政策体系。制定《关于加强研究生思想政治教育工作的实施意见》《研究生思想政治教育多元协同机制实施办法》等政策文件，明确工作目标、任务、措施和要求，为协同育人提供政策依据和制度保障。特别是要处理好政策的系统性和针对性，既要与学校整体教育政策相协调，又要体现航空航天领域的特点和需求。

再次，要加大经费投入。设立研究生思想政治教育专项经费，保障思想政治教育活动的开展和条件建设；建立动态调整机制，根据工作需要和实际效果，及时调整和优化经费使用方向和比例；完善经费管理制度，提高经费使用效益，确保用在刀刃上，发挥最大效用。特别是要加大对航空航天特色思想政治教育项目和活动的经费支持，推动特色教育的深入开展。

最后，要强化督导检查。建立研究生思想政治教育工作督导机制，定期对各部门、各单位的工作开展情况进行督导检查；建立问责机制，对敷衍塞责、工作不力的单位和个人进行批评教育或责任追究；建立激励机制，对工作突出、成效显著的单位和个人给予表彰奖励，形成正向激励和

鞭策并举的工作局面。

（二）组织协调策略：健全组织体系与完善协调机制

组织协调是多元协同机制有效运行的关键环节。为确保研究生思想政治教育多元协同机制的高效运行，需要健全组织体系和完善协调机制。

首先，要构建三级组织体系。建立由学校、二级学院、基层单位（研究所、实验室、学生党支部等）构成的三级组织体系，明确各级组织的职责任务和工作要求，形成上下贯通、层层负责的工作格局。特别是要发挥二级学院的主体作用，鼓励二级学院根据学科特点和研究生特征，探索特色化、差异化的协同育人模式。

其次，要建立联席会议制度。建立由研究生院、党委研究生工作部、党委教师工作部、党委宣传部等部门组成的研究生思想政治教育工作联席会议制度，定期研究和协调解决工作中的重要问题和难点问题，形成工作合力。特别是要加强部门间的信息共享和资源整合，避免工作重复和资源浪费，提高工作效率。

再次，要完善工作机制。建立常态化工作机制，明确工作流程、职责分工和工作要求，确保各项工作有人负责、有人落实、有人检查；建立应急处置机制，对突发事件和紧急情况做出快速反应和有效处置；建立协调联动机制，及时发现和解决工作中的问题和困难，形成协同联动的工作格局。

最后，要加强队伍建设。加强导师队伍建设，提高导师的思想政治素养和教育能力；加强辅导员队伍建设，优化辅导员的知识结构和能力素质；加强专业教师队伍建设，提高专业教师的价值引领意识和能力；建立导师、辅导员、专业教师定期交流机制，促进相互了解和相互配合，形成协同育人合力。

（三）队伍提升策略：加强队伍建设与提高协同素养

队伍建设是多元协同机制有效实施的核心要素。为确保研究生思想政治教育多元协同机制的顺利运行，需要加强队伍建设和提高协同素养。

首先，要强化思想认识。通过专题培训、学习交流、专题研讨等形式，提高导师、辅导员、专业教师等各类队伍的思想认识，使其充分认识思想政治教育的重要性和必要性，自觉承担起育人责任和使命。特别是要强化导师的育人责任意识，使其认识到自己不仅是学术导师，更是人生导师，要在学术指导的同时注重思想引领和价值塑造。

其次，要优化知识结构。针对不同类型的队伍，有针对性地开展知识更新和能力提升培训，如为导师提供思想政治教育理论和方法培训，为辅导员提供专业知识和科研能力培训，为专业教师提供课程思政和教学改革培训，全面优化各类队伍的知识结构并提升其能力素质。特别是要加强航空航天领域特色知识和技能的培训，使各类队伍更好地将专业教育与思想政治教育相结合。

再次，要提高协同素养。培养各类队伍的团队协作意识和能力，提高沟通交流、协调配合、资源共享的素养，使其能够有效参与多元协同育人。特别是要培养各类队伍的跨界思维和系统思维，使其能够打破专业壁垒，从整体角度思考和解决问题，形成协同育人合力。

最后，要注重典型引领。选树一批多元协同育人的典型个人和集体，总结和推广其成功经验和做法，发挥示范引领作用。特别是要关注航空航天领域的特色典型，如在航空航天领域科研育人、校企协同等方面取得突出成效的案例，通过榜样示范，激发各方参与协同育人的积极性和创造性。

（四）机制创新策略：创新协同机制与优化运行模式

机制创新是多元协同机制有效运行的动力源泉。为确保研究生思想政治教育多元协同机制的活力和效能，需要创新协同机制和优化运行模式。

首先，要创新协调机制。探索建立“学校主导、院系主体、多方协同”的工作机制，明确各方责任和权限，形成科学合理的分工协作格局；探索建立“常态协同+专项协同”的工作模式，既注重日常工作的协同配合，又注重重点项目和重大活动的联合推进；探索建立“线上+线下”相结合的工作方式，利用信息技术和网络平台，打破时空限制，实现随时随地的沟通协调和工作推进。

其次，要创新协同育人的运行机制。创新研究生思政教育融合育人机制，关键在于实现思政元素与专业知识的有机渗透、相互赋能。将价值引领自然融入课程内容、科研过程和学术活动，使思政教育不再是“独立课程”而成为学科知识的内在维度。打破课程壁垒，实现价值观念与知识体系的一体化构建。导师在科研指导中自然融入理想信念教育，使思想引领与学术训练相互促进。通过改革评价体系，将思政成效纳入人才培养质量评估，形成融会贯通、同向同行的育人新生态。

再次，要创新评价机制。探索建立多维度、立体化的评价体系，既注重过程评价，又注重结果评价；既关注显性成果，又关注隐性效果；既重视他评，又重视自评；既考察个体表现，又考察群体风貌。特别是要探索建立适合航空航天领域特点和研究生特征的评价指标体系，客观评估思想政治教育的实际成效，为改进和完善工作提供依据。

最后，要创新激励机制。探索建立多层次、多元化的激励机制，既有物质激励，又有精神激励；既有个人激励，又有团队激励；既有短期激励，又有长期激励。特别是要探索建立与航空航天领域特点相符的特色激励机制，如设立“航空航天精神教育先进个人”“航空航天文化育人优秀团队”等荣誉称号，激发各方参与协同育人的积极性和创造性。

（五）特色发展策略：挖掘行业特色与打造品牌项目

特色发展是多元协同机制有效实施的重要路径。为确保研究生思想政治教育多元协同机制的特色和优势，需要挖掘行业特色和打造品牌项目。

首先，要挖掘航空航天精神内涵。深入挖掘和阐释航空航天精神的丰富内涵，如爱国奋斗、自主创新、严慎细实、协同攻坚、卓越奉献、勇于探索等，将其融入思想政治教育各环节，形成鲜明的教育特色和教育风格。特别是要注重航空航天精神与社会主义核心价值观的结合，与中华优秀传统文化的结合，与时代精神的结合，使其更具时代性和感染力。

其次，要开发特色教育资源。收集整理航空航天领域的典型案例、先进事迹、历史文献等材料，开发形成具有航空航天特色的教育资源库；编写航空航天精神教育读本、航空航天人物故事集等教材教辅，为思想政治教育提供特色资源；建设航空航天文化展览馆、科普教育基地等场所，为研究生提供实地学习和体验的场所。

再次，要打造特色教育项目。结合航空航天领域的特点和优势，打造一批具有航空航天特色的思想政治教育项目，如“航空航天精神大讲堂”“航空航天科技创新大赛”“航天人物事迹展览”等，形成项目品牌效应和示范带动作用。特别是要注重项目的系统性和持续性，避免一次性、短期性活动，形成长效机制，持续发挥育人效果。

最后，要创新特色活动形式。结合航空航天领域的特点和研究生的特征，创新教育活动形式，增强教育的吸引力和感染力。利用大数据、人工智能等技术，开发航空航天知识竞赛、科技创新大赛等互动项目；利用媒体融合技术，开发航空航天文化传播和宣传项目。

第七章 “空天之光”融合育人品牌构建与实践探索

第一节 航空航天类高校思想政治教育案例

高校思想政治教育品牌建设是落实立德树人根本任务的重要载体，也是提升思想政治教育质量和特色的关键路径。推动形成专业课程与思政课程同向同行、协同育人的良好局面，航空航天类高校纷纷探索具有学科特色的思政育人品牌，形成了一系列鲜明特色的思政育人模式。

一、北京航空航天大学“空天报国精神”融入大思政育人体系

（一）“双层一体两翼”思政育人框架

作为新中国第一所航空航天高等学府，北京航空航天大学萌发于民族觉醒之时，诞生于国家奋发之际，成长于民族复兴之中。从航空救国到航空报国、航天报国，再到服务航空强国、航天强国建设，北京航空航天大学始终传承红色基因，把服务国家作为最高追求，矢志不渝培养一流人才，打造国之重器，践行“德才兼备，知行合一”的校训，弘扬“艰苦朴素、勤奋好学、全面发展、勇于创新”的校风，将“爱国奉献、敢为人先、团结拼搏、担当实干”的空天报国精神作为人才培养的重要抓手，构建“大思政”育人体系，推动思想政治工作高质量发展。在习近平总书记的重要指示精神引领下，北京航空航天大学立足一流人才培养目标和鲜明行业特色，将习近平总书记关于罗阳事迹、“两弹一星”精神、“载人航天精神”等重要论述和重要指示精神融入教育教学全过程，初步形成了具有学校特色的课程驱动、思政引领、实践赋能“大思政”育人格局。

北京航空航天大学积极构建思政课程、课程思政与学生工作相互浸润、三位一体的思政育人体系，将空天报国情怀作为人才培养的重要抓手，将思政教育融入人才培养全过程，构建全员全程全方位的“大思政”育人格局。形成了“双层一体两翼”框架，即宏观层面的“课程思政→思政课程←思政工作”和微观层面的“思政选修课→思政必修课←专题思政课”，全面推进空天精神融入“双层一体两翼”式“大思政”育人体系建设。

（二）特色课程建设与实践路径

北京航空航天大学开设了一系列专题思政课程，为回答重大理论时政问题，北京航空航天大学先后开设了“大国领袖”专题思政课、“战疫”专题思政课、“百年变局与青年使命”专题思政课，覆盖数万学生，“四史”专题思政课也将于年内面向全校开设，形成了具有北京航空航天大学特色的专题思政课程群。

在北京航空航天大学，思政课与专业课不是不相交的平行线，而是交相呼应、同向同行，共同编织出北京航空航天大学课程育人的多彩画卷。思政课堂充满生机活力，学生提前半小时登录网课平台，课前 3 分钟时，便已有 500 多名在线学生。特别是当“同学们要抓住时代机遇，以国家需要为己任，为建设航天强国矢志奋斗”这样的引导从宇航学院名誉院长、神舟飞船首任总设计师戚发轫院士口中说出时，学生们报以经久不息的掌声，彰显了思政课的感染力和吸引力[211]。

另一创新做法是师生“学习日”制度。北京航空航天大学围绕落实立德树人根本任务，将抓好党员教育的政治责任牢牢抓在手上、扛在肩上，持续推进学习贯彻习近平新时代中国特色社会主义思想往深里走、往心里走、往实里走。2018 年以来，逐步构建形成了集“理论学习、业务交流、工作部署、听取意见”为一体的师生“学习日”制度，作为党员日常教育的重要载体，以组织生活引领带动“学习日”，以“学习日”保障和提升组织生活质量[212]。

系列育人举措推动了北京航空航天大学人才培养质量的提升，正如北京航空航天大学党委书记赵长禄所言：“北京航空航天大学将坚持为党育人、为国育才，始终把立德树人的成效作为检验学校一切工作的根本标准，推动科研优势转化为人才培养优势，打造一流人才培养能力，扎实提高人才培养质量，走出一条建设中国特色、世界一流大学的新路。”

二、哈尔滨工业大学“铸魂育人知识图谱”思政实践育人

（一）“三模块”知识图谱育人体系

新中国成立以来，哈尔滨工业大学秉承“规格严格，功夫到家”的校训传统，扎根东北、爱国奉献、艰苦创业，打造了一大批国之重器，培养了一大批杰出人才，为党和人民作出了重要贡献。哈尔滨工业大学坚持与国家重大战略同频共振，形成了“立足航天、服务国防、长于工程”的优势特色，创立了中国高校第一个航天学院，被誉为“工程师的摇篮”。挖掘“八百壮士”精神内核，让红色基因代代传承，形成了“厚基础、强实践、严过程、求创新”的人才培养特色。

哈尔滨工业大学聚焦思政实践认知体系、场域体系、师资共同体、育人机制建设，构建起多元协同、基于知识图谱的思政实践育人模式并取得突出成效。精准匹配、自主迭代，构建基于知识图谱的思政实践认知体系，线上线下、AI赋能，构建多维度全链条的思政实践教学场域体系，建优配强、合力育人，构建多元参与协同发力的教学共同体，立柱架梁、健全机制，构建以“课、践、赛、评”为主的思政实践育人机制。

学校思政实践教育教学实现了五个转变：学生实践认知从零散式、随意式走向以“红色资源、国之重器、行业楷模”知识图谱引导下的体系化转变；育人资源从传统的分散式、封闭式进入到基于人工智能平台的师生“共建”图谱的资源自主迭代转变；思政实践教学从“两张皮”到有效与思政理论课相辅相成的教学成效转变；思政实践场域从课堂内走向线上线下相结合、校内校外相融合，学生实现时时处处沉浸其中的转变；师资队伍从思政课教师扩展到院士大师、党政领导、行业专家，在运行机制保障下实现了合力启智润心的实践“教学共同体”之变[213]。

哈尔滨工业大学创新性地建设“三模块”思政实践全知识图谱。以“红色资源、国之重器、行业楷模”三个模块构建知识图谱，形成涵盖549个爱国主义基地、50个国防航天等重大成果、101名产业专家的丰富育人资源。以图谱串起知识点与实践点，实现低年级学生感受认知、价值塑造，高年级学生专业学习引导，毕业生人生选择引航。知识图谱具有动态更新功能，注重课程内容与时俱进自迭代，引导学生加入到图谱共建中。学生在教师指导下学理论、定选题；用图谱找资源、组团队、论方案，到基地亲身体验；通过探究式学习将学思践悟成果做成视频，上传至平台，

成为图谱新资源，在平台共享。

（二）四大育人场域创新

哈尔滨工业大学系统化打造课内、线上、校内、校外四大场域，通过以案例证思政、以数据论思政、以专业融思政、以楷模话思政，丰富思政课内涵，改变教学形式，搭建使学生入耳入眼入脑入心、时时处处践学思政的实践环境。尤其值得一提的是，学校深化“思政课程+课程思政”“大思政课”体系建设，注重将航天精神融入思政实践课。2023 年，哈尔滨工业大学面向 152 个大一小班全覆盖开展参观博物馆、航天馆、实验室等校内“1+X 见学课”，邀请校外航天专家作航天强国产业发展、技术前沿、人才需求等内容的直播课 15 场，组建以“航天精神”“航天领域国之重器打造”为主题的学生思政实践团 121 个。

持续强化航天领域“尖兵”式学生培养，哈尔滨工业大学引导学生积极投身于社会主义现代化强国建设事业，以沉浸式教学强化思政课程的教学效果，通过见学、实践和互动等多种形式，使学生从行动上接受思政教育。比如航天学院院长带领基础学部航天与自动化集群班全体同学赴航天馆和“祖国以光”见学点进行思政实践课校内实地见学，同学们了解到一代代哈尔滨工业大学师生传承接力、竭诚奉献，助力中国航天事业取得的新突破，见证了中国航天发展的历程和哈尔滨工业大学在其中作出的突出贡献[214]。

每年的“中国航天日”前后，学校都会组织开展主题升旗仪式、航天彩绘、航天知识竞赛、航模表演等一系列活动，营造逐梦航天的浓厚氛围。从中国发射第一艘载人飞船到中国空间站完成建造，从“嫦娥”探月到“天问”探火，几乎中国航天每个重大时刻，哈尔滨工业大学学子都会自发组织观看直播。杨利伟、翟志刚、刘伯明等航天员多次走进哈尔滨工业大学，与学子面对面交流，让航天精神在学子心中扎根。

（三）协同育人机制建设

哈尔滨工业大学注重协同育人，构建了多元协同的教学共同体。

首先，坚持思政课教师集体备课制度，实现思政课教师引领、设计，思政实践跨校区、多部门协同。校党委书记亲自指导，分管校领导、宣传部、本科生院、学工部协同参与，思政课教师集智攻关，推动党的最新精神进课堂、进学生头脑。

其次，构建大师引领的大思政校内师资队伍，打造合力启智润心的

“名师共同体”。在贺信精神引领下，8 位院士、60 位名师大家、202 位党政干部深入课堂、实践基地交流指导，引领学生准确认“知”、精准践“行”，实现“同题共答”。

最后，打造校企协同的高水平思政实践校外企业精英专家团队。依托学科优势、校友资源、行业影响力，引入产业领军人才力量，百余位国防航天专家加入思政实践师资队伍。

这些举措取得了显著成效，学生“到祖国最需要的地方去”自觉更加强烈。哈尔滨工业大学投身国防航天的毕业生人数逐年增长，用人单位对学校毕业生给予高度评价，学校先后荣获“航天人才突出贡献奖”“核工业人才培养突出贡献奖”等荣誉称号。实践品牌“研究生支教团”工作持续开展，累计参与学生数量位居全国第一。

三、西北工业大学“总师育人文化”育人特色

（一）“总师摇篮”的使命传承

西北工业大学素有“总师摇篮”之美誉，多年来，西北工业大学秉承“公诚勇毅”校训，弘扬“三实一新”（基础扎实、工作踏实、作风朴实、开拓创新）校风，始终以“铸国之重器、育国之栋梁”为使命，坚持为党育人、为国育才，形成了特有的“总师育人文化”，构建了特色鲜明的国防科技人才自主培养模式，自主培养了一大批拔尖创新人才，为航空、航天、航海等国防科技领域输送了以“军机三总师”歼-20 总设计师杨伟、运-20 总设计师唐长红、直-20 总设计师邓景辉等为代表的 32 万余名毕业生[215]。

西北工业大学坚持价值塑造、能力培养、知识传授“三位一体”的人才培养理念，大力弘扬“低调务实、兼收并蓄、厚积薄发、为国铸剑”为特质的总师育人文化，源源不断地为国防军工领域培养、输送总师型人才。在西北工业大学校园，有一尊引人瞩目的雕塑：一名勇士，双手捧着锋利宝剑。这座寓意为“为国铸剑”的雕塑诠释了学校的人才培养之魂[216]。学校以这样的“总师育人文化”引领人才培养，以培养“具有家国情怀，追求卓越、引领未来的领军人才”为目标，坚持培养学生具备“专业精、系统强、重实践、能担当”的“总师”雏形特质，以打造“国防专业高比重、国防深造高比重、一流师资引领高比重、一流资源汇聚高比重”这“四个高比重”为总体思路，培养学生“专业知识结构强、系统整机观念强、解决问题实践强、为国铸剑使命强”的“四强”优势，持续

为提高国家人才自主培养质量贡献力量。

（二）国防特色课程体系建设

西北工业大学创设了“蓝天翱翔”等400余门国防特色课程，深入开展国防军工教育，构建入学至毕业全覆盖的价值塑造育人链路，打造特色化思政教育品牌，实现浸润式国防军工文化熏陶，引导学生心系祖国，献身国防，到祖国最需要的地方建功立业。

西北工业大学积极将“总师育人文化”融入各类课程。例如，2023年9月，《大国三航》课程在西北工业大学长安校区开讲。第一课邀请中国船舶集团705所总师史小锋校友主讲，百余名同学参与并展开了问题探索。马克思主义学院各系围绕“总师育人文化”先后开展了一系列集体备课研讨会。老师们从课堂教学和辅导员管理等多维度出发，对“总师育人文化”的理念和特征等问题进行了深入研讨。这些活动促进了“总师育人文化”与课程教学的深度融合[217]。

学校注重发挥专业教师在思政育人中的作用，鼓励教师将“总师文化”融入课堂教学，引导学生树立远大志向。同时，邀请航空航天领域的院士专家、优秀校友担任兼职思政教师，讲述亲身经历的航空航天故事，增强思政教育的说服力和感染力。

（三）榜样引领与实践育人

西北工业大学建立了“总师讲坛”，邀请杰出校友回校讲述成长经历，发挥榜样引领作用。长期以来，西北工业大学践行为党育人、为国育才的初心使命，为国防科技事业发展和国民经济建设输送了20多万名高级人才，包括型号项目总师在内的一大批西北工业大学学子成为行业精英、国之栋梁和各行各业默默奉献的奋斗者、追梦人，在人才培养领域形成了“西工大现象”。

西北工业大学搭建了丰富多样的实践育人平台，包括科技创新平台、校企合作平台和文化育人平台。通过这些平台，学生有机会参与重大科研项目，与航空航天企业建立联系，参加“总师文化节”“航空航天日”等特色文化活动，在实践中感悟“总师精神”，培养创新能力和团队协作精神。

“3+1+N”本研衔接培养模式，是西北工业大学结合自身实际的新实践。“3”为本科强基学习阶段，夯实学生基础学科能力素养；“1”为本研衔接学习阶段，引导学生熟悉学科前沿基础；“N”为研究生（硕士或直接攻读博士）学习阶段，支持学生们全身心投入国家重大重点科研创新活动。致力于逐步深化拔尖人才的培养工作，不断完善总师型人才培养的路径方法，将“总师文化”融入课程体系和“第二课堂”，继续提高学生深造率和拓宽学生国际视野。

四、南京航空航天大学“航空报国”思政育人

（一）“航空报国”的红色基因传承

南京航空航天大学诞生于抗美援朝烽火之中，拥有与生俱来的红色基因。70 年余办学历程中，南京航空航天大学始终坚守“为党育英才，为国铸重器”的使命担当，“负重奋进，航空报国”已经成为南京航空航天大学特有的办学精神[218]。

南京航空航天大学秉承“航空报国”的办学传统，遵循“团结、俭朴、唯实、创新”的优良校风，践行“智周万物，道济天下”的校训，栉风沐雨，砥砺奋进，不断推动学校跨越式发展。从新中国初期的“航空救国”，到改革开放后的“航空强国”，再到新时代的“航空报国”，南京航空航天大学的思政育人传统不断丰富和发展，形成了以爱国主义为核心、以创新精神为动力、以实践能力为支撑的思政育人体系。

作为“工信七子”之一的南京航空航天大学，面对新形势新挑战，从 2010 年起，依托国家教育改革试点项目，以实施教育部“卓越工程师教育培养计划”等教改项目为契机，贯彻“航空报国”精神，培养具有高度责任感和使命感的高素质人才。

（二）“一体两翼”实践教学体系

南京航空航天大学坚持立德树人根本任务，强化工程英才培养体系设计，整体规划、科学制定实践教学方案。面向全体学生，制定和实施以实践课程为主体，以科创项目和创新竞赛为两翼（“一体两翼”），基础层、综合层和创新层循序渐进的实践培养方案，课内课外、校内校外全方位供给，全过程贯通，实践教育“不断线”[219]。

在顶层设计上，一体化规划和建设实践课程、科创项目和创新竞赛，教学环节贯通，教学资源共享，确保实践能力、创新思维和工程视野培养贯穿学生成长全过程。在价值引领上，坚持传承红色基因，打造“爱国奋斗·南航担当”校友总师系列思政公开课，邀请杰出校友面向师生讲授“航空报国”情怀，分享成长成才、艰苦奋斗历程，激励广大学生献身国防、航空报国。

（三）特色实践活动与平台建设

南京航空航天大学连续开展“与国防企业面对面”实践活动，涵养学生航空报国、矢志创新的责任担当。在平台支撑上，依托学科实验室，建设科教融合的大学生主题创新区，开设前沿创新课程，开展基于项目的创新训练；融汇产教资源，建设产教融合的“项目式”实习基地、校企协同育人基地，跨界开展项目式实习、毕业设计和创新实践 。

在体制机制创新上，制定实施《关于“卓越学院”建设和管理的意见》等制度，成立创新创业学院，牵头成立“全国航空系统厂（所）院校实习联合体”。优化教师评价和学院考核指标体系，鼓励项目牵引、学科交叉、校企合作，以资源配置推动跨学科、跨校企导师团队协同指导学生创新实践。

南京航空航天大学通过系列思政活动，特别是在党史学习教育中，深化总结党史学习教育的经验和成果，将学习党的百年奋斗历程、革命先烈和英雄模范的先进事迹持续推向深入，发扬红色传统、传承红色基因，不断提振迈进新征程、奋进新时代的精气神。在开展党史学习教育的过程中，创新组织校地联学，深入实地实景学，举办党课赛课竞赛，比晒学习笔记等，形成了学党史、悟思想、办实事、开新局的生动局面。

五、共性规律与经验启示

通过分析四所航空航天院校的思政育人案例，可以总结出以下共性规律与发展趋势：

第一，航空航天精神与学科特色的深度融合。各高校都将航空航天精神与学科专业特色深度融合，形成了鲜明的育人特色。如北京航空航天大学的“空天报国”精神、哈尔滨工业大学的“八百壮士”精神、西北工业大学的“总师育人文化”和南京航空航天大学的“航空报国”文化，都是从各自学科特色中提炼升华的思政育人理念。

第二，课程思政与思政课程的协同推进。四所高校都注重课程思政与思政课程的协同，将思政元素融入专业课程，同时强化思政课程的专业特色，实现“润物无声”的育人效果。

第三，多主体协同的“大思政”育人格局。各校都构建了由专职思政教师、专业课教师、行业专家、校友、院士等多元主体参与的协同育人机制，形成了全员育人、全程育人、全方位育人的“大思政”格局。

第四，实践育人与理论教学的有机结合。四所高校都高度重视实践育人，通过见学、实践团、企业面对面等多种形式，让学生在实践中感悟航空航天精神，强化家国情怀和使命担当。

第五，信息技术赋能思政教育创新。各校都注重运用信息技术推动思政教育创新，如哈尔滨工业大学的“三模块”知识图谱平台、北京航空航天大学的网络思政课等，实现了思政教育的智能化、数字化转型。

这些共性规律不仅体现了航空航天类高校思政育人的特色，也为其他高校特别是理工科高校的思政教育提供了有益借鉴。

第二节　“空天之光”融合育人品牌的建设思路

聚焦新质研究生人才培养，强化思想政治教育创新，注重思想政治教育品牌建设是提升教育质量、凝练教育特色的重要途径。通过对北京航空航天大学、哈尔滨工业大学、西北工业大学和南京航空航天大学等航空航天类高校思想政治教育案例的梳理，我们可以发现这些高校在思政育人方面形成了鲜明的特色和宝贵经验：一是坚持将航空航天精神与专业教育深度融合；二是注重构建多维协同的“大思政”格局；三是强化实践育人与文化浸润；四是重视信息技术在思政教育中的创新应用。这些成功经验为研究生航空航天思政育人品牌的构建提供了重要启示。

聚焦研究生教育特点，本节创新性地提出“融合引领”的核心理念，构建系统完整的育人体系，形成独具特色的育人路径。下面将从品牌理念内涵、建设目标思路、特色创新维度和品牌建设的“四要四不要”等方面，阐述“空天之光”融合育人品牌的建设思路。

一、“空天之光”融合育人品牌的理念内涵

“空天之光”育人品牌的提出，源于航空航天领域研究生思想政治教育面临的新形势和新挑战。其创建背景主要体现在以下三个方面。

一是国家战略对航空航天人才培养提出新要求。随着我国航空航天事业快速发展，特别是“十四五”规划明确提出航空航天是重要的战略性新兴产业，对高素质创新型航空航天人才的需求日益迫切。2024 年 3 月 9 日，教育部部长怀进鹏答记者问中提到，培育和发展新质生产力，创新是

核心要素，基础和先导靠教育，建成教育强国、建成世界重要人才中心和创新高地，也需要在拔尖创新人才上、在人才的自主培养能力上发力，是满足发展新质生产力、实现中国式现代化对人才需求的关键一招、破题之举。新质生产力的发展需要大量创新人才的有力支撑，教育系统亟需为新质产业培养富有创新精神的新质人才。

二是研究生教育改革进入深化阶段。当前，研究生教育改革正在进入全面深化阶段，“立德树人、德智体美劳全面发展”的教育理念需要在研究生培养中得到深入贯彻。特别是理工科研究生的思想政治教育面临着如何与专业教育有机融合的挑战，亟需探索创新育人模式和路径。

三是研究生辅导员队伍建设面临新挑战。作为研究生思想政治教育的重要力量，研究生辅导员在强化思想引领，提升创新能力培养，促进导学关系互动等方面承担着重要责任。然而，如何更好地发挥研究生辅导员的作用，促进与导师的协同育人，仍是一个需要深入探索的课题。

（一）品牌命名的寓意

“空天之光”寓意追求科学技术的极致，践行空天报国矢志不渝的使命担当，象征探索未知、勇攀学术高峰的精神。“光”象征着知识、智慧、指引和希望，“照亮‘研’途”意味着为研究生的学术研究和成长之路提供指导和帮助。研究生作为国家未来的科技精英和创新发展的重要力量，将承担起推动科技进步、服务国家战略、促进经济社会发展的重任。“空天之光”从科技创新的启迪、研究生教育的引导和精神层面的激励，帮助研究生在学术和人生道路上更好地实现个人价值和社会贡献。

（二）品牌定位

有一些观念认为思政教育是“软任务”，专业教育是“硬指标”，两者往往相互割裂。而实际上，高水平的专业学习恰恰需要正确价值观的引领，而有效的价值引领也离不开专业学习的支撑。品牌立足于解决研究生培养中存在的价值引领与专业教育分离、导师与辅导员协同不足、创新能力培养薄弱等现实问题，致力于培养既有家国情怀又有创新能力的高素质航空航天人才。

“空天之光”品牌定位明确，构想清晰。在受众定位上，主要面向航空航天学院研究生，兼顾本科生和青年教师，形成全覆盖的育人格局。内容定位聚焦航空航天精神传承、科研创新能力培养和国际视野拓展三个重点方向，构建系统完整的育人内容体系。方法定位强调多元协同、科教融合、文化浸润等创新方法，形成特色鲜明的育人方法体系。

（三）品牌的核心理念

品牌的核心理念是“融合引领”，强调通过多维度、深层次的融合实现全方位育人。融合引领主要体现在三个层面：一是价值引领与专业教育的融合，将思想政治教育与专业知识传授有机结合；二是理论学习与实践体验的融合，通过科研实践、社会实践等多种形式的活动深化理论认知；三是科研训练与能力培养的融合，在科研过程中培养创新精神、团队协作能力和责任担当意识。在实践中，注重“价值引领与学科融合”“国际视野与家国情怀”“专业素养与人文精神”三个方面的协调统一，致力于培养德才兼备的高素质人才。

二、“空天之光”融合育人品牌的建设目标与思路

（一）核心目标：培养创新型新质航空航天人才

“空天之光”育人品牌以国家战略需求为导向，紧密结合低空经济产业发展趋势与新质人才培养要求，将核心目标定位于培养具有创新精神和创新能力的新质航空航天人才。新质航空航天人才不仅需要具备扎实的专业知识和技能，更具有跨学科视野、创新思维能力、国际化视野和家国情怀。

（二）“1-3-5”建设思路：系统构建育人体系

基于核心目标，“空天之光 融合引领”育人品牌构建了“1-3-5”建设思路，形成系统完整的育人体系。

“1”即一个核心目标：培养具有创新精神和创新能力的新质航空航天研究生人才。

“3”即三个重点方向：一是强化创新引领，鼓励学生突破传统思维，勇于探索新的学术领域和技术方向。二是促进学科交叉融合，积极推动不同学科之间的交叉融合，培养学生的跨学科能力和创新思维。三是强调全方位培养，关注研究生的全面发展，通过多方面的支持，疏解研究压力，建立良好导学关系，提升研究生综合素质。

“5”即五项重点任务：一是“空天之光·智启研途”——构建协同育人机制。二是“空天之光·信念之塔”——强化思想政治教育。三是“空天之光·创思飞扬”——提升创新能力和基本科研素养。四是“空天之光·心灵共鸣”——促进导学关系和谐互动。五是“空天之光·专业领航”——助力辅导员专业发展。

“1-3-5”建设思路明确了发展方向和重点任务，通过共建、共享、共赢，一是提升学生学习力，培养学生创造力，增强学生实践力；二是增强导师沟通力，提升导师指导力，加强导师科研力；三是提升辅导员职业力，增强辅导员辅导力，提升辅导员管理力。

（三）育人品牌的五项重点任务

1.“空天之光·智启研途”——构建协同育人机制

凝聚研究生导师与辅导员“三全育人”合力，明确各自角色定位，实现资源共享、优势互补。加强学科交叉融合，发挥成员的专业背景和跨学科互补优势，建立多学科交叉的辅导员团队与导师团队，探索科教融合、产教融合的多元化人才培养策略。

2.“空天之光·信念之塔”——强化思想政治教育

发挥党建引领作用，锻造育人主心骨，加强研究生支部与教师支部共建，不同专业研究生支部共建，打造“空天之光 照亮‘研’途”研究生党建工作品牌。深入开展理想信念教育，引导研究生树立正确的科研道德观和价值观。研究生辅导员工作室作为“空天之光”的传递者，推动学科育人资源转化为思政教育优势，坚持将正确的政治方向、价值取向、学术导向有机融入科研实践全过程，培养研究生的社会责任感和历史使命感，着力培养更多高素质拔尖创新人才。

3.“空天之光·创思飞扬”——提升创新能力和基本科研素养

创新思维和创新能力是研究产出高水平学术成果的底层逻辑。为研究生开设设计思考与TRIZ（发明问题解决理论）创新思维训练营，鼓励参与创新实践项目，搭建研究生与导师、专家学者的交流合作平台，促进产学研深度融合，加强跨学科交流与合作。建立创新创业实践平台，成立创新小组提供个性化指导，举办创新成果展示活动，提升研究生的创新思维和学术研究能力。

4.“空天之光·心灵共鸣”——促进导学关系和谐互动

建立“导辅协同育人”体系，推动落实导师是研究生培养第一责任人的要求，增强导师开展思政教育、学业指导、生涯规划等工作的意识。构建纵向“学院—学科—学术基本单元”三级联动，横向导师、企业导师、辅导员、朋辈等多主体参与的工作矩阵。关注研究生情感状态，提供心理健康教育和压力疏解服务。辅导员作为研究生导师和研究生之间的黏合剂和调和剂，在导师与学生沟通不畅时，做好调和剂，传递导师的信息和反馈，帮助学生更好地理解导师的期望与要求。还可以开发 AI 思政教育智能助手，为研究生提供个性化的思政咨询、学习指导和心理支持。

5.“空天之光·专业领航”——助力辅导员专业发展

研究生辅导员需要对研究生开展多维度指导，承担多层责任，进行多方协调，对辅导员的专业化有更高的要求，需要全面熟悉学科建设、人才培养、科学研究等多方面任务的建设要求，并且研究生辅导员群体常常以兼职身份参与工作，很难建立职业认同感与获得感，促进辅导员的专业化发展是实现学生全面成长的基础，“空天之光”品牌建设将以促进辅导员归属认同为首要，通过定期的学术研讨，提升辅导员的业务能力和专业素养，促进有效地履行人生导师和辅导员的双重角色。

其中，构建协同育人机制是其他任务的组织保障，强化思想政治教育是价值引领的核心内容，提升创新能力是培养目标的重要方面，关注导学关系和心理健康是良好育人环境的基础，促进辅导员专业发展则是队伍建设的关键。五项任务统筹推进，形成合力，实现“空天之光”的融合育人目标。（如图 7-1 所示）

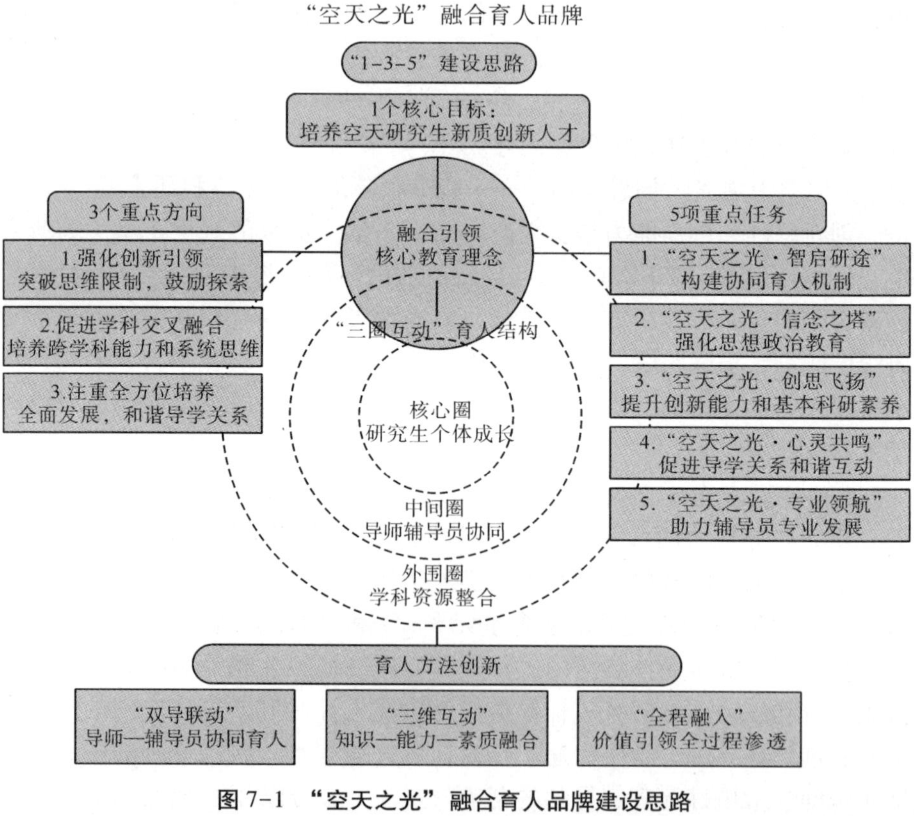

图 7-1 “空天之光”融合育人品牌建设思路

（四）试点实践与初步成效

“空天之光”品牌采取“整体规划、分步实施、重点突破、逐步推广”的策略，既保证了系统性，又确保了可操作性，开展了三年试点实践，在试点范围上，选取了航空航天学院 60 名研究生作为首批试点。

在重点项目上，优先实施了“空天之光 铸魂育人”系列活动、“矢志空天 勇担重任”航空航天精神传承系列活动、“‘D.lab’TRIZ 创新思维训练营”等重点项目。开展了“探寻习近平总书记的四川足迹”，传承红色基因、赓续红色血脉。组织参加全国高校航院思政联盟交流活动、“逐星揽月 启航新程”航天日活动、“空天报国故事会”等，通过航空航天精神系列讲座和参观学习，增强了研究生的专业认同和使命感；通过创新能力培训和科研项目实践，提升了研究生的科研素养和创新能力。

在制度探索上，以党建引领，实施“三全育人”综合改革。推行党建引领全面推进“三全育人”综合改革的实践，深入探讨多学科交叉融合导师制如何促进“三全育人”工作和高校党建的深度融合，加强顶层设计，理顺机制，发挥教工党支部成员“高学历、高职称、年轻化”的特点，由“双带头人”担任党支部书记，建立教工党支部+研究生党支部+本科生党支部，实施“辅导员+学业导师+学术导师”的导师制。将党建与育人融合，课程与思政融合，教学与科研融合，第一课堂与第二课堂融合，本科生与研究生融合，校内与校外融合，形成育人合力，以及全师生覆盖、全阶段衔接、多维度融合的特色工作体系。

在实施过程中，依托中国航空工业集团公司成都飞机设计研究所、中国航空研究院（中国燃气涡轮研究院）、航空工业成都飞机工业（集团）有限责任公司等航空行业企业开展学科交叉重大项目攻关，高水平学科交叉科研团队作为高水平学科交叉的研究生导师团队，纵向形成了“研究生+高年级本科生+低年级本科生”的阶梯递进的学术团队，横向形成了“研究生导师+科研院所导师+企业导师+创新创业导师”等多学科交叉的导师团队，从专业深入、项目选题、科研指导、成果产出，带领学生进课题、进实验室、进团队，进行科研创新与创业实践，培养学生科研兴趣和基础科研能力。

以学科竞赛为抓手，打通第一课堂和第二课堂，鼓励学生在学科竞赛中发扬探索精神，展示科研成果，引导学生通过学习新知识、新技术解决学科竞赛中或实际创业中遇到的新的交叉学科问题，提升创新创业能力。

通过将课堂思政、学科竞赛和科技创新相互融合，相辅相成、相互促进、共同发展，构建多层次、全方位的立体育人工作体系，激发空天报国的爱国情怀，培养追求卓越勇于争先的创新精神，强化强国有我的社会责任担当，锻炼勤于钻研练就本领的实践能力。研究生连续斩获“中国通用航空创新创业大赛”特等奖、一等奖，中国国际大学生创新大赛省级金奖、国家级铜奖等成绩。

三、“空天之光”融合育人品牌的特色与创新

“空天之光”融合育人品牌的特色与创新主要体现在理念、方法、机制和实践探索等维度。

（一）理念创新：融合引领的育人理念创新

一是坚持“立德树人”的价值取向。“空天之光”品牌坚持以立德树人为根本任务，确立了鲜明的育人导向价值取向。强调“价值塑造、知识传授、能力培养”的有机统一，将价值塑造放在首位，引导研究生树立正确的世界观、人生观、价值观。倡导“全面发展、特色发展、个性发展”的育人理念，既关注研究生的全面素质培养，又注重航空航天特色能力培养，也尊重研究生的个体差异和发展需求，形成多样化、个性化的育人体系。

二是倡导学科特色的价值取向。“空天之光”品牌立足航空航天学科特色，在专业素养上，强调科学家精神和工程素养的培养，引导研究生培养严谨求实的科学态度、精益求精的工匠精神和系统思维的工程意识。在创新能力上，强调自主创新和原创突破的能力培养，引导研究生敢于质疑、勇于创新，培养解决复杂问题的能力和原始创新的勇气。在国际视野上，强调全球格局和国际规则的认知培养，引导研究生了解航空航天领域的国际发展趋势和竞争格局，培养国际交流能力和跨文化理解能力。

三是把握时代特征的价值取向。“空天之光”品牌紧跟时代发展，确立了鲜明的时代特征价值取向。在国家战略需求方面，强调服务国家航空航天强国建设战略，引导研究生将个人发展与国家发展紧密结合，培养家国情怀和使命担当。在科技创新发展方面，引导研究生关注前沿科技发展趋势，参与关键核心技术攻关，培养创新精神和实践能力。在全球治理变革方面，引导研究生了解航空航天领域的国际规则和治理机制，培养全球视野和责任意识。

（二）结构创新：“三圈互动”的育人结构

“空天之光”品牌构建了“核心圈—中间圈—外围圈”的育人结构，形成由内而外层层递进的育人场域。包括核心圈（研究生个体成长圈）、中间圈（导师辅导员协同圈）和外围圈（学科资源整合圈）。核心圈聚焦研究生自身，关注其价值观和能力的塑造；中间圈强调导师与辅导员的协作，形成合力推动研究生成长；外围圈则整合校内外多种资源，为研究生成长创造良好环境。三个圈层相互嵌套、彼此影响，形成由内而外层层递进的育人场域。

“三圈互动”结构克服了传统育人模式中“条块分割”的局限，实现了育人要素的系统整合，使各个育人主体在既定的结构中找到各自定位，形成有序互动、相互赋能的关系网络。在实践中，通过“圈层联动”和“跨圈协同”等机制，确保三个圈层之间的有效衔接与互动，避免育人环节的断裂和脱节。“三圈互动”结构打破了传统育人模式中主体分散、资源割裂的状态，构建了以学生为中心、多元主体协同、内外资源联动的整体育人格局。

（三）方法创新：协同融合的育人方法

一是“双向联动”，构建两个关键连接：导师—辅导员联动与课程—实践联动。在导师—辅导员联动中，引导师生充分认同“双主体”的角色，构建从“导师提供引导支持“到”师生共同探索创造”的共生形态。建立导辅定期交流机制和联合培训机制，促进双方信息共享与工作协调。在课程—实践联动方面，打破传统课堂教学与实践活动的界限，将思政元素融入专业课程，同时将专业知识应用于实践活动，形成课内外、校内外协同育人的格局。双向联动机制不仅强化了育人主体间的合作，还确保了育人环节的有机衔接，为研究生成长提供了更为系统、全面的指导与支持。

二是“三维互动”，构建了三个维度的协同共振关系，全面覆盖研究生培养全过程。包括“知识—能力—素质互动”，通过系统性知识学习培养专业能力，在能力培养中提升综合素质，使知识内化为能力，能力转化为素质。“理论—实践—创新互动”注重实践对理论的检验与深化，创新对理论与实践的突破与提升，通过科研项目、创新平台和技术攻关活动，实现三者的良性循环。“学校—企业—社会互动”整合了多方育人资源，在校内奠定理论基础，在企业积累实践经验，在社会拓展服务视野，形成了多元协同的育人共同体，为研究生提供了更为广阔的成长空间与发展平台。

三是“全程融入”，实现价值引领与研究生培养全过程的深度融合。它将思想政治教育与专业教育有机结合，贯穿研究生入学教育、课程学习、科研训练、学位论文和就业指导五个关键阶段。在入学阶段重点开展理想信念教育；课程学习阶段强化价值观融入；科研训练阶段注重科学精神培养；学位论文阶段加强学术规范教育；就业指导阶段引导服务国家需求。这种全程化育人方法打破了思政教育的时空界限，形成了持续性、系统性的价值引领体系，确保价值塑造与知识传授、能力培养同步进行，实现润物无声、知行合一的育人效果，使研究生在专业能力提升的同时，其价值观念、人文素养也得到全面发展。

（四）机制创新：全方位全程的育人机制

“空天之光”融合育人品牌注重机制创新的保障体系和长效机制建设，确保育人机制的有效运行和持续发展。

在组织保障机制方面，着力构建完善的组织体系和工作机制。建立“空天之光”研究生辅导工作室，搭建学术交流与导学协同的创新平台。建立党委领导、部门协同、工作室实施的三级组织体系，明确各级责任和任务；建立定期会商、联席会议、协调推进的工作机制，加强组织协调和统筹推进；建立考核评价、激励约束、监督反馈的管理机制，强化责任落实和工作实效。

在资源保障机制方面，构建了多元的资源支持和条件保障机制。建立经费保障机制，设立专项经费，多渠道筹措资金，优化经费使用；建立人才保障机制，加强队伍建设，强化能力培训，优化结构配置；建立设施保障机制，完善硬件设施，提升信息化水平，优化环境条件；建立信息保障机制，加强数据收集，深化数据分析，优化决策支持。

在质量保障机制方面，构建了系统的质量监控和持续改进机制。建立监督体系，开展常态监督、定期评估等；建立反馈体系，收集学生、教师和社会反馈；建立改进体系，形成问题诊断、方案制定、措施落实、效果检验的闭环机制。

四、航空航天类思政育人品牌建设的经验

（一）四要原则：品牌建设的基本要求

1. 要突出学科特色，彰显航空航天精神

航空航天学院思政育人品牌建设必须立足学科特色，突出航空航天精

神的引领作用。应深入挖掘航空航天领域的精神内涵和文化基因，提炼“自主创新、自力更生、艰苦奋斗、团结协作”等精神要素，将其融入育人全过程。可以通过整理航空航天发展史、重大工程案例、科学家事迹等资源，构建具有鲜明学科特色的思政教育内容体系。

同时，要结合航空航天学科特点设计特色活动和平台，如航模比赛、航天日纪念活动、空天创客实验室等，让学生在专业氛围中感悟航空航天精神。可借鉴北京航空航天大学“空天精神”融入教育教学全过程的做法，将航空报国情怀作为人才培养的重要抓手，构建全方位、多层次的学科特色育人体系。

2. 要注重系统设计，整合多元资源

航空航天学院思政育人品牌建设应明确品牌的定位、目标、内容和实施路径，避免简单拼凑或零散推进。可以构建“目标—内容—方法—评价”一体化的品牌设计框架，确保各环节有机衔接、协调推进。

同时，要整合校内外、线上线下、课内课外的多元育人资源，形成资源共享、优势互补的育人格局。例如借鉴哈尔滨工业大学“红色资源、国之重器、行业楷模”知识图谱的构建方法，系统梳理并整合航空航天领域的思政育人资源。建议建立资源共享平台，打通校内资源壁垒，同时加强与行业企业、科研院所的合作，共建共享校外资源。

3. 要强化协同机制，发挥多元主体作用

航空航天学院思政育人品牌建设需要多元主体协同参与。应明确学院领导、思政教师、专业教师、辅导员、研究生导师等不同主体的职责和作用，建立有效的协同机制。特别要注重发挥研究生导师在思政育人中的关键作用，强化导师的思政责任意识和育人能力。

同时，要建立“导师—辅导员”协同育人机制，明确双方在研究生思政教育中的职责和协作方式，形成育人合力。可借鉴西北工业大学“总师育人文化”的模式，邀请行业专家、杰出校友参与思政育人，发挥榜样引领作用。此外，要充分调动学生的主体性和创造性，让学生成为思政育人的积极参与者和创新者。

4. 要注重实践导向，加强科教融合

航空航天学院思政育人品牌建设要注重实践导向，将思政教育融入科研实践全过程。应设计多层次、多类型的实践项目，满足不同学生的发展需求。可以借鉴哈尔滨工业大学感受式、参与式、担当式三类思政实践项目的设计思路，构建层次分明、递进提升的实践体系。

同时，要推进科教融合，将科研项目、学科前沿、技术创新融入思政教育过程，在科研实践中培养学生的创新精神和科研素养。可以组织学生参观航空航天重点实验室、参与科研项目，通过亲身实践感受航空航天精神。此外，要充分运用现代信息技术，开发数字化、智能化的实践平台，拓展实践育人空间。

（二）四不要原则：品牌建设的常见误区

1. 不要脱离专业实际，陷入空洞说教

航空航天学院思政育人品牌建设切忌脱离专业实际，避免空洞说教和形式主义。理工科学生特别是研究生更注重实证和逻辑，若思政教育脱离专业实际、内容空洞、形式单一，难以引起学生共鸣。

应深入挖掘航空航天专业课程中蕴含的思政元素，推进课程思政建设，让专业课程成为思政教育的重要载体。同时，要运用航空航天领域的专业语言和案例开展思政教育，提高思政教育的专业亲和力。鼓励专业教师参与思政教育，发挥其专业背景优势，增强思政教育的针对性和实效性。

2. 不要照搬照抄，忽视自身特点

航空航天学院思政育人品牌建设应避免简单照搬照抄其他学校做法，要立足自身特点和优势，打造具有鲜明个性的品牌。盲目模仿容易导致品牌同质化、缺乏特色，难以形成持久的吸引力和影响力。

应全面分析学院自身的学科特点、人才培养特色和发展需求，找准品牌定位和特色方向。基于自身特点设计差异化的品牌内容和活动形式，形成独特育人路径。优先开发具有本院特色的育人资源，如特色专业、标志性成果、杰出校友等，挖掘本院在航空航天领域的特色案例和故事，形成具有感染力的育人素材。

3. 不要各自为政，碎片化推进

航空航天学院思政育人品牌建设要避免条块分割、各自为政的现象，克服资源分散、力量分散、效果分散的问题。碎片化推进往往导致品牌建设缺乏整体性和系统性，难以形成育人合力。

应建立统筹协调机制，成立品牌建设领导小组，统筹各部门力量，形成工作合力。制定系统的品牌建设实施方案，明确各环节衔接和资源配置，避免碎片化推进。建立信息共享平台，实现育人资源、活动信息、学生表现等数据的共享互通。定期组织思政教师、专业教师、辅导员共同参与教研活动，研讨育人内容和方法，形成教育共识。

4. 不要急功近利，忽视长效机制

应避免急功近利的倾向，克服重形式轻实效、重短期轻长远的问题。只注重短期效应、忽视长效机制建设的做法难以使品牌持续发展。

应科学设计品牌建设的短期目标和长期规划，既有立竿见影的项目，也有长期推进的任务，实现近期目标与长远规划的有机统一。建立健全品牌建设的制度保障体系，包括组织制度、运行机制、评价标准、激励措施等，为品牌建设提供制度保障。加强思政育人队伍建设，建立教师培训、交流、研究机制，提升队伍专业能力。建立科学的评价反馈机制，定期评估品牌建设成效，持续优化调整，确保品牌建设取得实效并长期发展。

本章围绕航空航天类高校思想政治教育的实践探索与“空天之光”融合育人品牌的构建，梳理了航空航天类高校思政育人的鲜明特色和创新路径，为研究生思想政治教育的特色化发展提供了理论指导和实践参考。

通过对北京航空航天大学、哈尔滨工业大学、西北工业大学、南京航空航天大学四所典型院校的思政育人模式深入分析，揭示了航空航天类高校思政育人的共性规律。在此基础上，尝试构建并阐述“空天之光”融合育人品牌的建设思路，并且提出了航空航天学院思政育人品牌建设的“四要四不要”建议，强调要突出学科特色、注重系统设计、强化协同机制、加强科教融合，避免脱离专业实际、照搬照抄他校模式、各自为政碎片化推进和急功近利忽视长效机制。

航空航天类高校乃至理工科高校研究生思想政治教育品牌的构建与实践探索，应从宏观政策到微观实践、从理论探索到路径构建进行系统思考，真正实现价值引领与专业教育的深度融合，将科学精神、家国情怀与创新能力培养有机统一，为培养更多具有使命担当、创新精神和实践能力的高素质航空航天人才提供助力。

第八章　新时代研究生思想政治教育的创新发展与未来展望

第一节　以思政引领促进研究生思想政治教育创新发展

以强大思政引领力为保障，方能牢牢把握研究生思想政治教育的政治属性，促进时代新人高质量培育。深化思政引领力的理论内涵和实践探索，是推动研究生思想政治教育高质量发展、培养德才兼备高层次人才的内在要求和必由之路。

一、思政引领力的深刻内涵与理论体系

（一）思政引领力的概念界定与理论价值

思政引领力是当前教育强国建设的重要理论命题和实践探索。习近平总书记在2024年全国教育大会上指出，建设中国特色社会主义教育强国，首要特质就是强大的思政引领力[220]，明确了思政引领力在教育强国建设中的基础性和首要性地位。

从概念本质看，思政引领力是思想政治工作与思想政治教育的系统性表达。项久雨将其定义为“在思想政治教育实践中生成的引导教育对象成长成才的现实力量”[221]，是思想引领、政治引领、文化引领、价值引领、信仰引领、道德引领的有机统一体。张国启进一步指出，思政引领力反映了“思想政治引领行动中人们改造主观世界和客观世界的活动过程和实际效果”[222]，突出了其价值导向性和实践转化性。

思政引领力的理论价值主要体现在三个方面：首先，它提供了一个分析思想政治教育的新视角，深化了对思想政治教育本质和功能的理解；其

次，它构建了一个系统化的分析框架，为思想政治教育工作提供了科学的理论指导；最后，它拓展了思想政治教育的实践路径，为提高思想政治教育的实效性提供了方法论指导。在学理上，思政引领力具有强烈的实践性和转化性特征，它不仅关注价值引领的过程，更关注价值内化为行动的结果，因此成为衡量思想政治教育实效的重要指标。

（二）思政引领力在研究生教育中的功能定位

研究生教育作为高等教育的最高层次，其思想政治教育具有特殊的复杂性和挑战性。思政引领力在研究生教育中的功能定位主要体现在以下几个方面：

首先，方向引领功能。思政引领力首要发挥政治导向作用，确保研究生培养的正确政治方向。冯刚强调，思政引领力“集中体现在确保正确的政治方向”[223]，对于研究生而言，方向引领具有根本意义，既关系到个人成长成才的方向，也关系到国家创新人才培养的根本方向。

其次，价值塑造功能。思政引领力通过价值引领和精神引导，塑造研究生的价值观念和思想品格。吴艳东认为，思政引领力要以价值引领站稳教育强国的价值立场，这在研究生培养中体现为价值观念、道德情操和理想信念的塑造，引导研究生形成正确的世界观、人生观和价值观[224]。

再次，能力培养功能。思政引领力在促进研究生综合能力发展方面发挥着重要作用。思政引领力通过创新驱动，激发研究生的学术探究精神和创新意识，促进研究生发展成为具有扎实专业素养和创新能力的高层次人才。

最后，人格塑成功能。思政引领力通过人文关怀和道德教育，促进研究生人格的健全发展。涂荣等指出，研究生思想政治教育要注重实效性，帮助研究生形成健全人格和良好品德，实现个人全面发展与社会责任担当的统一[225]。

（三）思政引领力的生成机理与作用机制

思政引领力不是凭空产生的，而是在特定条件下生成的。叶方兴系统阐述了思政引领力的生成机理，认为其生成是一个综合调用多重环节、要素的实践过程[226]。

第一，现实语境生成。教育强国建设是思政引领力生成的现实语境，新时代对高层次人才培养提出的新要求为思政引领力的生成提供了时代背景和实践需求。研究生作为高层次人才的重要来源，其思想政治教育中思政引领力的生成具有特殊的时代意义。

第二，价值导向生成。立德树人根本任务成为思政引领力生成的价值方向。其价值导向规定了思政引领力的根本属性和发展方向，为研究生思想政治教育提供了根本遵循。

第三，实践基础生成。思政引领力生成于中国特色社会主义教育实践，特别是学校思想政治教育体系成为思政引领力生成的实践基础。对于研究生而言，实践基础包括课堂教学、科研活动、社会实践等多种形式。

第四，主体需求生成。满足学生主体的内在需求构成思政引领力生成的关键环节。研究生作为高度自主的学习者，其思想需求更加多元复杂，思政引领力必须回应这些深层次的精神需求和价值追求。

第五，育人生态生成。良性运行的育人生态为思政引领力的有效生成提供了环境保障。研究生思想政治教育的育人生态涉及党政领导、思政教师、专业教师、辅导员、研究生导师等多元主体的协同参与。

在作用机制方面，代启玉等揭示了思政引领力的作用机制，认为思政引领力在各领域深入贯穿、持续纵深，发挥了指航引向、赋能增效的价值效用[227]。其在研究生思想政治教育中的作用机制主要体现为：

一是纵向贯穿机制。思政引领力贯穿研究生培养全过程，从入学教育到学位授予，从课程学习到科研实践，形成全过程育人链条。

二是横向渗透机制。思政引领力渗透于研究生培养各环节，从专业课程到实践活动，从学术研究到日常管理，形成全方位育人格局。

三是多元协同机制。思政引领力通过多主体协同，整合导师、专业教师、思政教师、辅导员等多元力量，形成育人合力。胡洪彬指出，思政引领力的生成需要多重要素构成的有机整体，主要通过主导推动、具体发展、参与提升和协作共建四种模式生发而来[228]。

四是双向互动机制。思政引领力通过教育者与受教育者的双向互动，实现价值理念的共识与认同。思政引领力以方向引领、动力激发、力量凝聚、矛盾化解的方式呈现，体现了教育主体与教育对象之间的互动关系[229]。

二、思政引领力在研究生思想政治教育中的实践应用

（一）研究生思想政治教育中思政引领力的实践路径

思政引领力在研究生思想政治教育中的实践路径是贯彻新发展理念、

提升育人实效的具体体现。基于新发展理念的指导，其主要实践路径如下：

第一，以创新为动力，更新研究生思想政治教育理念与方法。郝园园认为，在研究生思想政治教育中，要以创新为动力，更加注重研究生教育的研究性和研究生的主体性，通过创新教育理念和方法，激发研究生的探究性思维，培养研究素养[230]。新时代高校研究生思想政治教育工作创新发展，必须以习近平新时代中国特色社会主义思想为理论遵循，创新实践路径[231]。

第二，以协调为牵引，融合研究生思想政治教育各方力量。朱晓闻从“三全育人”视角研究了研究生党建与思想政治教育协同发展，强调应从引领新思想，构建新模式，整合新环境等角度入手，做到强化全员育人，落实全过程育人，执行全方位育人[232]。高萌建议，在理念、设计、团队、施工、保障五个方面协调推进研究生“三全育人”思想政治教育体系建设[233]。

第三，以绿色为保障，塑造研究生思想政治教育人文环境。要营造积极浓郁的学术氛围和鼓励创新的学校环境，注重以时代精神引领师生发展，以大学文化涵养师生心灵。绿色健康的人文环境建设既包括物质空间的优化，也包括文化氛围的营造，为思政引领力的发挥提供良好生态。

第四，以开放为契机，拓展研究生思想政治教育视野和格局。学校要坚持思想政治教育的开放性，注重研究生的未完成性和思想发展性。开放性体现在教育内容的国际视野、教育方式的多元融合和教育资源的广泛整合等方面。

第五，以共享为路径，凸显研究生思想政治教育育人成效。吴艳东指出，教育强国建设背景下提升思政引领力要坚持多措并举，以强化政治引领坚定教育强国的正确方向，以价值引领站稳教育强国的价值立场，以制度引领推动思政引领力落地见效，以课程引领把牢教育强国重要抓手，以队伍引领凝聚教育强国建设力量[234]。

（二）思政引领力与专业教育深度融合的模式探索

思政引领力要有效发挥作用，必须与专业教育深度融合。在研究生层次，思政引领力与专业教育深度融合更具有挑战性和创新性。

第一，课程融合模式。将思政元素有机融入专业课程，实现价值引领与知识传授的有机统一。思想政治工作要落实到研究生教育的各个阶段，要学校层面和专业层面联动，进行顶层设计，将思想政治教育与专业教育、创新创业教育结合。课程融合既体现在思政课程的学科针对性上，也体现在专业课程的思政元素挖掘上。

第二，科研融合模式。将思政引领融入科研活动，实现科研能力培养与价值塑造的有机统一。潘广炜等强调，构建以“科研育人”为核心的研究生思想政治教育体系，是落实立德树人根本任务的重要举措[235]。葛吉霞等认为，将科学家精神融入高校研究生的思想政治教育，促进科技创新人才培养与价值引领的有机结合[236]。

第三，实践融合模式。将思政引领融入实践活动，实现能力培养与责任担当的有机统一。刘莉等探究了新形势下研究生思想政治教育实践育人路径，强调深化研究生思想政治教育实践育人，加强研究生创新创业教育，拓展研究生社会实践育人新平台的重要性[237]。

第四，导师引领模式。充分发挥导师在研究生思政教育中的关键作用，实现学术指导与价值引领的有机统一。朱研等指出，研究生在全面推进高校全员育人体系建设及研究生思想政治素质培育方面发挥着至关重要的作用[238]。唐胡浩研究发现，导师组在研究生思想政治、道德及心理健康教育等方面发挥着重要作用[239]。

第五，文化浸润模式。通过学科文化和校园文化建设，实现文化浸润与价值认同的有机统一。探索大学精神视域下高校研究生思想政治教育路径，分析大学精神与研究生思想政治教育的关联性，探究培育特色主题教育，深化教育内涵；开展校园文化活动，创新教育形式；丰富志愿服务等实践活动，构建教育实践载体；顺应新媒体时代发展，促进思想政治教育与新媒体深度融合等路径。

（三）思政引领力在研究生教育中的实践成效与价值彰显

思政引领力在研究生教育中的实践探索已取得显著成效，其价值彰显主要体现在以下几个方面：

第一，价值引领成效。通过思政引领力的系统发挥，研究生的理想信念更加坚定，使命担当更加强烈。教育部十年来推动研究生思想政治教育的系统性建设，全面落实立德树人根本任务的成果显著。自 2018 年起连续开展的“百个研究生样板党支部”和“百名研究生党员标兵”遴选培育工作，让研究生党建工作不断强化，有效发挥了战斗堡垒和先锋模范作用。在重大历史关头，广大研究生坚定不移听党话、跟党走，以实际行动展现昂扬向上的精神风貌，践行“请党放心、强国有我”的使命担当[240]。

第二，创新驱动成效。思政引领力有效促进了研究生创新能力和科研水平的提升，为国家科技创新提供了有力的人才支撑。2012 年至 2022 年，研究生教育紧密服务“四个面向”战略部署，持续完善学科专业结构、人才培养结构，全国 800 多个研究生培养单位向经济社会发展主战场输送了 60 多万名博士和 650 多万名硕士，为党和国家事业发展提供了有力人才支撑[241]。在近年来新增院士和国家科技三大奖第一完成人中，我国自主培养的博士均占三分之二左右；国家自然科学基金重点项目成员中，超过 50%为在读研究生，超过 30%为在读博士生；在嫦娥飞天、蛟龙入海、高铁飞驰、航母入列等一系列国家重大工程的背后，我国自主培养的研究生已经成为科技创新的主力军。

第三，协同育人成效。思政引领力促进了研究生教育中多元主体的协同育人，形成了党政协同、校企协同、师生协同的育人格局。高校与科研院所、高水平企业联合培养的格局逐步形成，科教融合、产教融合模式更加成熟。坚持开门办研究生教育，强化政产学研协同培养，高校与科研院所、高水平企业联合培养的格局逐步形成。全国认定建设了 108 家工程专业学位研究生联合培养示范基地。

第四，质量提升成效。思政引领力的有效发挥提升了研究生培养质量，促进了研究生德智体美劳全面发展。教育部学位管理与研究生教育司的数据显示，党的十八大以来，研究生教育质量保障体系全面建设，通过思政教育的强化，研究生学术规范意识、科研伦理素养和社会责任感全面提升。思政引领与学术规范有机结合，全国研究生培养单位持续开展质量提升工程，博士学位论文抽检合格率从 2014 年的 92. 6%提高到 2021 年的 97. 8%，研究生科研创新实践能力与学术道德诚信双双提升，彰显了思政引领力在质量提升方面的实效性[242]。

思政引领力的价值彰显不仅体现在教育成效上，更体现在其对中国特色社会主义教育强国建设的战略支撑上。强大的思政引领力是中国特色社会主义教育强国的首要特质和必然要求[243]。以新发展理念引领研究生思想政治教育创新发展和质量提升，必须深化思政引领力的内涵拓展与理论体系建构，探索思政引领力在研究生思想政治教育中的实践应用，形成理论与实践相互促进、相互验证的良性循环。只有这样，才能不断提升研究生思想政治教育的科学性、针对性和实效性，为培养德才兼备的高层次人才提供坚实的思想保障和价值引领。

第二节　以数智赋能促进研究生思想政治教育高质量发展

数字化转型已成为教育领域的重要发展趋势，研究生思想政治教育作为高等教育的重要组成部分，同样面临着数字化、智能化的深刻变革。随着人工智能、大数据、云计算等前沿技术的迅猛发展，如何充分发挥数智技术的赋能作用，推动研究生思想政治教育高质量发展，成为当前亟需深入研究的重要课题。

一、研究生思想政治教育数字化转型的多维特征

研究生思想政治教育数字化转型不是简单的技术应用，而是一场深刻的理念变革和系统重构。从理论层面来看，其转型逻辑呈现出多维度的理论阐释框架。

（一）价值论维度：构建“立德树人+数字育人”的价值共创形式

价值论是哲学与社会科学中研究价值本质、价值判断和价值实现的基础理论体系。价值论的核心议题在于对事物的好坏进行评判，这种评判构成了伦理学领域最基本的元伦理学判断[244]。从价值维度来看，研究生思想政治教育数字化转型要实现“立德树人+数字育人”的价值共创。陈东利等指出，思想政治教育数字化转型要构建“立德树人+数字育人”的价值共创形式，价值共创不仅是理念的融合，更是实践的创新。数字技术的应用不是对立德树人根本任务的替代，而是对其的深化和拓展，通过数字赋能增强思想政治教育的针对性和实效性，实现价值引领的精准化和个性化[245]。

对于研究生思想政治教育而言，价值共创更具有特殊意义。研究生教育的高层次性、研究性和创新性特征，决定了其思想政治教育需要更加注重价值引领与知识创新的有机统一。数字育人为实现价值引领与知识创新的有机统一提供了新的途径和方法，能够将价值引领更加有机地融入研究生的学习、科研和实践全过程中。

（二）目的论维度：构建“人类智能+人工智能”的智慧教育生态

目的论是探讨事物发展目标、终极指向和内在目的的理论体系。教育目的论关注教育活动的目标设定与实现路径，是教育基本理论的核心组成

部分。人学视角下新时代思想政治教育目的的逻辑起点是现实的人，新时代思想政治教育目的的价值追求是人的发展[246]。陈鹤琴“做人、做中国人、做现代中国人”的教育目的论也指向思想政治教育目的首先是人，核心也是人[247]。在人工智能时代，也不能忽视人类智能在思想政治教育中的不可替代性。从目的维度来看，研究生思想政治教育数字化转型要构建“人类智能+人工智能”的智慧教育生态。王寅申等认为，思想政治教育的数智化转型是在数字智能技术进步与社会发展相互建塑与型构过程中，思想政治教育获得了延展性发展空间并呈现出数智化转型的现实图景[248]。

构建“人类智能+人工智能”的智慧教育生态，本质上是要实现人机协同，发挥人工智能技术在信息处理、资源推送、个性化服务等方面的优势，同时保持人类教育者在价值引领、情感交流、道德塑造等方面的不可替代作用。生成式人工智能介入思想政治教育具有深度技术融合、沉浸式体验塑造等多重优势，但同时也面临教育引导功能弱化、青年认知模式固化等挑战，需要构建人机协同的育人新模式[249]。

（三）思维论维度：构建“理性计算+感性计算”的理感联通思维

教育思维方式是人们在分析教育现象、提出教育问题、分析教育问题、评价教育问题和解决教育问题的过程中所体现出来的较为稳定、业已形成的认识框架和思维线路[250]。人工智能赋能高校思想政治教育是社会生产力发展的应有之义，突破了传统教育模式，拓宽了高校思想政治教育时空场域[251]。从工业时代到数智时代的大变革中，整个教育领域亟须全新的底层逻辑来重塑[252]，人类的低阶思维正加速被人工智能所替代，数智时代教育的重点必须转移至人类的高阶思维。

从思维维度来看，研究生思想政治教育数字化转型要构建“理性计算+感性计算”的理感联通思维。“理性计算+感性计算”的理感联通思维，意味着既要发挥数字技术在信息处理、数据分析、逻辑推理等理性思维方面的优势，也要注重数字技术在情感交流、价值认同、道德体验等感性思维方面的应用。对于研究生思想政治教育而言，理感联通思维尤为重要，因为研究生不仅需要严谨的学术思维和科学精神，也需要高尚的道德情操和家国情怀。

（四）伦理论维度：构建“数据效度+伦理限度”的科学发展引擎

伦理论是研究道德规范、价值准则和行为边界的理论体系。教育伦理论关注教育活动中的道德准则、价值判断和行为规范，是教育活动健康发展的重要保障。教育伦理是确保教育活动符合道德规范、协调利益关系、趋向教育价值与善的基本准则，表征为教师的育人价值、推动学生的全面发展和实现教育的美德与善行[253]。从伦理维度来看，研究生思想政治教育数字化转型要构建“数据效度+伦理限度”的科学发展引擎。思想政治教育应用人工智能需要明确的规范，管理部门应该制定关于“智能”的标准，明确数据采集和应用的规范，确定智能产品的准入条件，完善智能生成内容的审核机制，基于国家法律法规制定应用人工智能的规范，化解应用人工智能的潜在风险[254]。

“数据效度+伦理限度”的科学发展引擎，意味着数字化转型既要发挥数据驱动的强大动力，提高教育决策的科学性和精准性，也要明确伦理底线，确保数据应用的安全性和规范性。在人工智能时代，思想政治教育的创新发展面临着新的技术风险，智能算法自身的资本风险、技术风险及应用风险不仅改变了个体价值观塑造的底层生态，更加消解了思想政治教育的话语效力[255]。

二、人工智能赋能研究生思想政治教育的实现路径

（一）构建智能化思想政治教育平台

智能化思想政治教育平台是数字赋能的基础设施和载体。生成式人工智能技术以大数据采集与图谱构建技术、个性化智能系统和人机交互技术为思想政治教育创新提供了技术基础[256]。

研究生思想政治教育智能平台建设应注重：一是平台架构的系统性，整合学习管理、资源推送、互动交流、评价反馈等功能模块，形成覆盖教学、管理、服务全过程的智能化系统；二是平台内容的针对性，根据研究生的学科背景、科研方向、成长需求等特点，提供个性化的思想政治教育资源和服务；三是平台应用的便捷性，注重用户体验设计，提高平台的可用性和吸引力；四是平台安全的可靠性，加强数据安全和隐私保护，构建安全可靠的平台环境。

（二）开发沉浸式思想政治教育场景

沉浸式教育场景是提升思想政治教育感染力和实效性的重要途径。刘思来认为，具身认知理论视域下，应依托数字技术赋能思想政治教育媒介补偿，促进主体身脑同构，推动数字技术与思想政治教育深层次融合，促进育人生态重塑，利用数字技术赋能思政教育范式全面转变，实现意义自

主涌现[257]。

沉浸式思想政治教育场景开发可以从以下几个方面入手：一是虚拟现实技术的应用，通过 VR、AR 等技术构建虚拟教育环境，让研究生身临其境地体验思想政治教育内容；二是情景模拟的设计，根据研究生面临的思想困惑和价值挑战，设计相应的情景模拟活动，引导研究生在模拟情境中进行思考和选择；三是交互体验的强化，增强研究生在教育过程中的参与感和互动性，提高教育的吸引力和感染力；四是情感共鸣的营造，通过数字技术手段增强教育内容的情感表达和价值传递，实现情感共鸣和价值认同。

（三）建立智能化研究生思想动态监测系统

准确把握研究生思想动态是有效开展思想政治教育的前提和基础。人工智能赋能高校思想政治教育的内在逻辑包括智能思政教育中技术环境为其提供基础工具，人机协同促进智能思政教育创新，体系机制是智能思政教育的规则规制，进而形成良性循环的智能思政教育新生态[258]。

智能化研究生思想动态监测系统应具备以下功能：一是多源数据采集功能，通过网络爬虫、问卷调查、行为数据等多种途径采集研究生思想状况的各类数据；二是智能分析功能，运用自然语言处理、情感分析、知识图谱等技术，对采集的数据进行深度分析和挖掘；三是预警预测功能，基于数据分析结果，对研究生思想状况进行预警预测，为教育工作提供决策参考；四是精准推送功能，根据分析结果，向不同研究生精准推送相应的思想政治教育内容和服务。

（四）推动人机协同的思想政治教育新模式

人机协同是人工智能赋能思想政治教育的核心理念和方法。人工智能与思想政治教育的深度融合正在逐渐形成“师—机—生”的新型教育模式。颜佳华通过实证研究发现，人工智能与思政课程融合已成为必然趋势，其在教学资源整合、教学模式创新等方面显著提升了思政课教学质量与效率[259]。同时，当前人工智能与思政教育融合呈现纵深发展态势，人机协同教育通过人类智慧与机器智能的深度互动互补，实现精准化教学、个性化学习、智能化评价、精细化管理与数智化教研，但存在教师群体技术应用能力与认知水平不匹配，智慧教学平台建设滞后，人机协作机制不完善等现实困境。

推动人机协同的思想政治教育新模式，需要从以下几个方面着力：一是重新定位教育者角色，明确人类教育者在价值引领、情感交流、道德塑造等方面的核心作用，以及人工智能在信息处理、资源推送、个性化服务等方面的辅助作用；二是强化数据驱动教学，通过数据分析优化教育内容和方法，提高教育的针对性和有效性；三是打造智能辅助决策系统，利用人工智能技术辅助教育决策，提高决策的科学性和精准性。

（五）AI 辅导员智能助手的创新应用

生成式人工智能（AIGC）凭借 Transformer 神经网络架构，具备人机对话、文本撰写、内容翻译、学习辅导、问题解决、职业指导和科研创新等强大功能，广受高等教育领域的关注。2025 年年初 DeepSeek 横空出世后，许多高校开始探索建立 AI 辅导员。杭州电子科技大学的“纽扣老师”、重庆大学的“润欣”、西安交通大学 AI 辅导员“晓梧”“晓桐”，东北大学萌系 AI 辅导员“小青提”等 AI 辅导员的应用已取得显著成效。以杭州电子科技大学的“纽扣老师”为例，该系统基于真实辅导员贾鹏飞老师长达 40 万字的工作经验和育人内容进行训练，形成了具有个性化特色的 AI 辅导员[260]。

AI 辅导员在研究生思想政治教育中的应用价值主要表现在：第一，解决高频基础问题，如学业指导、政策咨询、资源查询等，提高回应效率；第二，实现 7×24 小时全天候服务，突破传统辅导员工作时间的限制；第三，基于数据积累不断优化反馈机制，提高思想政治教育的精准性；第四，通过减负常规工作，让辅导员将更多精力投入到情感交流、价值引领等深层次思想政治教育工作中。

三、数字化转型中的风险挑战与伦理思考

（一）技术理性与价值理性的张力问题

在研究生思想政治教育数字化转型过程中，技术理性与价值理性之间的张力问题日益凸显。技术理性注重效率、精确、可量化和工具性目标，聚焦“如何做”的问题，价值理性关注道德、公平、正义和人文关怀，关注“为什么做”和“做什么”的问题。数字智能技术的不断嵌入与拓展，在技术赋能的同时也带来了前所未有的不确定性与风险挑战，必须深入审视思想政治教育的数智化转型中所存在的场域变迁及其价值限度。技术效率主义与思想政治教育的价值引领之间产生了结构性矛盾。其张力问题表现为：一是技术优化强调量化标准可能忽视价值传递的质性特征；二是数

据驱动的决策倾向弱化对非量化教育目标的关注；三是算法化的标准教育路径与思想政治教育强调的个性化成长相悖。生成式人工智能介入高校网络思想政治教育过程中，对教育主体的取代会带来主体权威性缺失、情感主体缺失和主体主导性缺失等风险，内嵌于技术中的话语偏见和技术偏见会为错误价值观渗透开辟通路，而在数字赋能的表象下潜藏着技术对教育伦理的僭越风险[261]。

在研究生思想政治教育数字化转型中，确保技术服务于思想政治教育的根本目标，避免技术主导或替代价值引领，如何处理好二者的关系，既发挥技术的效能，又坚守价值的底线，是一个重要挑战。高佳哲等指出“智能算法以商业化的逐利原则作为自身的运行逻辑”，技术效率主义往往与思想政治教育的价值引领产生深刻矛盾。锚定技术服务于思想政治教育的根本目标，避免技术主导或替代价值引领，是数字化转型面临的重要挑战。

针对这些挑战，基于马克思主义消解科技异化的相关理论，人工智能赋能高校思想政治教育的主体性建构，须构建综合性的数字化教学体系，洞察人工智能的内在局限，提升教育主体的科技素养，从而掌握主导权与控制权，规避主体性遮蔽的风险[262]。

（二）算法偏见与价值中立的矛盾问题

算法偏见与价值中立的矛盾是数字化转型面临的又一重要挑战。智能算法并非如表面所呈现的那样价值中立，其设计、训练和应用过程都深深嵌入了特定的价值取向和判断标准。在智能算法权力化的越界进程中，思想政治教育愈发面临着教育关系、情感交往、服务资源等多维度的伦理困局[263]。资本逻辑驱动下的算法运行机制往往在信息推荐中采取“流量至上”的原则，往往“冷落”具有价值性、引导性的思想政治教育信息，导致主流意识形态话语的公共性与价值性被逐步消解。

生成式人工智能与思想政治教育的融合是信息技术与思政学科交融发展的必然趋势，深刻影响着思想政治教育主客体关系，但同时也面临着主体性遮蔽的风险[264]。算法并非价值中立，它可能隐含开发者的价值判断和偏好，如果不加以有效规制，可能导致价值偏差和失真。以代表性产品ChatGPT为例，马也认为，ChatGPT作为西方“舶来品”，其语料库主要源自西方社会，带有很强的西方文化属性，遵循西方语言逻辑和价值取向，生成内容必然是非中立的[265]。对于研究生思想政治教育而言，这样的风险更为突出，因为算法偏见可能在不知不觉中塑造研究生的价值观形成和认知模式，特别是在图片配色、语言表达方式等十分隐蔽的细节处出现的意识形态偏差，会对教育效果产生隐蔽而严重的负面影响。

面对这些矛盾，需要从多个层面进行系统性应对，加强对算法设计和训练数据的价值审查，开发具有中国特色的思政教育算法模型，建立算法偏见监测与纠正机制，以及提升教育对象的算法素养和批判性思维能力，使其能够辨识并抵御潜在的算法价值偏差。

（三）个人隐私与数据安全的平衡问题

个人隐私与数据安全的平衡问题是数字化转型中的关涉伦理、技术与法律多重维度的复杂议题。作为发展新质生产力的关键要素，数据已成为基础性和战略性资源，其在推动创新发展的同时，也带来了安全与隐私保护的新挑战。在研究生思想政治教育场域中，这个问题表现出特殊的敏感性和复杂性。

从风险来源看，数据安全威胁呈现多元化特征。一方面，内部风险源于训练数据本身可能存在的质量问题或被篡改的可能性；另一方面，外部风险则来自技术缺陷、人为失误或恶意操控等因素，使数据在全生命周期的各个环节都面临着泄露、篡改或滥用的风险。特别在生成式人工智能驱动的技术框架下，由于系统对原始数据呈现强依赖性特征，其核心路径在于依托大规模预训练模型进行算法迭代，以实现数据的深度挖掘与广泛聚合，这些风险被进一步放大。

以算法为核心的智能技术在提升服务精准度的同时，也将对教育对象的网络活动、信息轨迹及消费记录等“电子痕迹”进行广泛收集，通过数据挖掘、数据监控及数据分享等多种形式消解个体的隐私边界。同时，数据采集环节受到设备性能差异、可及性程度不一以及网络环境稳定性波动等因素的影响，导致汇聚的数据资源在不同群体间呈现显著的分布不均特征，这进一步增加了数据处理的复杂性和安全风险。

数据质量对生成式人工智能的输出质量具有决定性影响，只有符合伦理标准的高质量数据资源才能达到安全可信赖的要求。然而，当前教育数据处理中，算法程序及技术设计的“黑箱”特性，容易导致责任主体划分不清、追责路径难以确立等问题。“个体尊严是人机互动中始终要遵循的最高伦理价值，在隐私受到严重侵犯的情况下，教育对象的名誉、情感、身心等方面都将会遭受不同程度的伤害。[266]”这些风险将严重影响教育对象对主流价值认知的接受度，从而削弱思想政治教育的引领效果。

为应对这些挑战，在思想政治教育应用人工智能的过程中，管理部门应该制定关于“智能”的标准，明确数据采集和应用的规范，确定智能产品的准入条件，完善智能生成内容的审核机制[267]。此外，还应构建责任清晰、边界明确的责任追溯体系，并且，将数据伦理和隐私保护纳入研究生教育内容，提升其数据安全意识和自我保护能力。

（四）数字鸿沟与教育公平的挑战问题

数字鸿沟与教育公平的挑战是数字化转型面临的社会性问题。数字鸿沟不仅存在于不同地区、不同学校之间，也存在于不同群体之间。在研究生思想政治教育数字化转型中，如何确保数字资源和服务的公平可及，避免因数字差异导致教育不平等，是一个关键问题。

当前人工智能与思政教育融合呈现纵深发展态势，但存在教师群体技术应用能力与认知水平不匹配、智慧教学平台建设滞后、人机协作机制不完善等现实困境[268]，进一步加剧了数字资源获取和利用的不平等现象，使教育公平面临结构性挑战。

生成式人工智能创造的“数字鸿沟”和“数字壁垒”使得普通思想政治教育者难以洞悉其核心机理，无论是监督人机对话，还是把关生成内容的合理性都显得力不从心。技术与教育者之间的鸿沟可能随着技术发展而不断扩大，最终导致教育主体地位的严重弱化。

教育数字化虽然通过数字技术与人工智能的融合能够增强思想政治教育的科学性、个性化适配度和吸引力，但必须警惕数字化带来的不平等问题，确保所有研究生都能公平地获取和使用数字资源，不因技术条件差异而影响教育质量和效果。同时，在带来“技术红利”的同时，还需警惕教育数字化引发的师生主体地位消解、思政价值共识湮没、师生情感互动缺位、个人隐私数据泄露等风险隐忧。

要应对这些挑战，需要构建多维度的策略体系，在宏观层面，加强数字基础设施的均衡建设，缩小区域和机构间的数字差距；在中观层面，完善智慧教学平台和人机协作机制，提升系统整体的包容性和可及性；在微观层面，通过定向培训和支持措施，提升教育者的数字素养和技术应用能力，同时为不同背景的研究生提供差异化的数字赋能支持，真正实现教育机会的实质公平。

四、构建数字时代研究生思想政治教育新生态

（一）重构思想政治教育内容生产与传播体系

数字技术深刻改变了思想政治教育内容的生产方式和传播路径。基于生成式人工智能构建思想政治教育场景，要以观念融入、技术嵌入、技能导入、机制引入为机理，以智能性人机对话、全景式知识供给、个性化资源服务、数字化分析评价来实现场景的功能拓展，进而提高价值塑造的自主性、理论武装的系统性、实践育人的体验性、素质提升的精准性[269]。

重构研究生思想政治教育内容生产与传播体系，应注重以下几个方面：一是推动内容生产的智能化，尝试将人工智能作为教育者的辅助工具，支持优质内容创作和加工处理；二是内容组织的结构化，通过知识图谱等技术对教育内容进行系统化组织；三是内容推送的个性化，根据研究生的特点和需求精准推送教育内容；四是内容互动的沉浸化，增强教育内容的互动性和沉浸感，提高教育吸引力。

（二）构建多元协同的数字化育人共同体

多元协同是数字时代思想政治教育的重要特征。李超民等建议，面对生成式人工智能深刻影响着思想政治教育主客体关系的新形势，应该以技术解蔽为抓手赋能思政教育主体能动性建构，以自教自律为支点赋权思政教育客体实践性转向，以人文关怀为要领赋智思政教育主客体良性互动，重塑思想政治教育新型的主客体关系[270]。

进一步提升研究生思想政治教育主体对人工智能的趋势感知力、技术理解力、实践创新力、伦理判断力，数字化育人共同体的构建需要突破传统物理空间限制，形成“人—技术—组织”的复合协同结构。在主体协同层面，借助数字平台整合校内思政教师、专业教师、辅导员、导师与校外行业专家、校友、社会组织等多元力量，形成跨时空、跨组织边界的协同网络；在资源协同层面，加强课程思政资源、专业教育资源、科研实践资源的数字化共享与融合；在技术协同层面，打通线上线下多种教育平台，形成数据互通、功能互补的技术生态；在评价协同层面，利用大数据分析建立多维参与、实时反馈的评价系统，形成基于数据的持续改进机制。

与传统育人共同体不同，数字化育人共同体具有分布式组织结构、非线性互动模式和数据驱动决策等显著特点。通过数字技术重构教育场域中的权力关系、知识关系和评价关系，形成更加开放、灵活且富有活力的育

人生态。

（三）建立智能驱动的思想政治教育评价体系

评价体系是保障教育质量的重要机制。智能驱动的研究生思想政治教育评价体系应体现科学性、系统性和发展性原则，克服传统评价中主观性强、过程性弱、实效性难以把握等固有问题。

构建这一评价体系需要在四个方面取得突破：第一，评价目标科学化，根据研究生成长发展规律和思想政治教育目标，确立既体现共性要求又尊重个体差异的分层分类指标体系；第二，评价方法多元化，将定量评价与定性评价、过程评价与结果评价、自我评价与他人评价有机结合，建立多维度的立体评价模型；第三，评价技术智能化，运用大数据采集、深度学习分析、知识发现等技术手段提升评价的科学性和精准性，实现从“经验判断”到“数据说话”的转变；第四，评价结果应用化，建立评价反馈机制，将评价数据转化为教育改进的依据，形成“评价—改进—再评价”的良性循环。

（四）营造数字安全的思想政治教育环境

数字安全是数字化转型的重要保障。刘伟兵指出，安全治理应包括思政数据化和数据思政化的基础要素构建，自主性教育方式的实践逻辑建设，社会化教育协作的结构系统优化，以及立体式风险防范机制的完善[271]。

营造数字安全的思想政治教育环境，需要构建多层次防护体系。一是技术安全保障，加强技术防护和安全管理，确保系统和数据安全；二是内容安全监管，建立健全内容审核机制和风险监测系统，防范错误思想和有害信息传播；三是规则制度建设，完善数据采集、使用、存储和共享的规范制度，明确责任边界和处置流程；四是安全文化培育，增强师生的数字安全意识和风险防范能力，培育理性、健康的数字文化。

数字安全不仅是技术问题，更是治理问题。需要构建政府引导、学校主导、社会参与的多元共治格局，形成技术防护与制度约束、自我管理与社会监督相结合的安全治理机制，为思想政治教育的数字化转型提供坚实保障。

（五）培育数字素养与思政素养并重的教育者

教育者素质是决定教育质量的关键因素。数字化转型背景下，新时代研究生思想政治教育工作需要打破传统“灌输式”教育模式，应以研究生为中心，树立全域、全时、全员融合的教育理念[272]。实现这个转变，核心在于培养具备复合能力的教育者队伍。

当前思政教育者队伍在数字素养方面存在明显短板，表现为技术应用能力不足、数据分析能力欠缺、数字平台使用不熟练等问题。这就要求从以下方面加强教育者培养：一是更新教育理念，深入理解数字技术对思想政治教育规律的影响，克服“技术崇拜”和“技术恐惧”两种极端倾向；二是拓展知识结构，系统学习数字技术基础知识、数据分析方法和平台操作技能，提高信息甄别和数据解读能力；三是提升教学能力，掌握数字环境下的教学设计、资源整合、互动组织和效果评估等专业技能；四是加强实践创新，支持一线教育者开展数字化教育实验和模式创新，积累有效经验。

值得强调的是，提升数字素养不是目的，而是手段。教育者的核心竞争力仍在于思想政治素养和育人能力。因此，应将数字技能培训与思想政治理论学习、教育教学能力提升有机结合，形成相互促进、协调发展的培养体系。

总之，以数智赋能促进研究生思想政治教育高质量发展，是新时代研究生思想政治教育创新发展的重要途径和必然选择。通过深化数字化转型的理论逻辑，拓展人工智能赋能的实践路径，正视数字化转型中的风险挑战，开展数字赋能的创新实践，构建数字时代思想政治教育新生态，必将有力推动研究生思想政治教育质量提升和创新发展。

第三节　研究生思想政治教育创新发展的展望与未来路向

站在新的历史起点上，研究生思想政治教育面临着前所未有的机遇与挑战。在教育强国建设、立德树人根本任务深入推进、数智时代深刻变革的大背景下，如何科学把握研究生思想政治教育的发展趋势，探索创新发展路径，构建具有时代特色、中国特色的研究生思想政治教育体系，是当前亟需深入研究的重要课题。本节将立足于教育强国建设的战略背景，分析研究生思想政治教育的未来发展方向，展望研究生思想政治教育的创新路径，为新时代研究生思想政治教育的高质量发展提供理论参考和实践指导。

一、教育强国建设背景下研究生思想政治教育的发展方向

（一）思政引领力视域下教育强国建设的战略着力点

建设教育强国是中国式现代化的重要内容，思政引领力则是教育强国建设的首要特质和重要依托。冯刚指出，教育强国思政引领力是思想政治工作与思想政治教育的系统性表达，既体现了思想政治工作在治党治国实践和教育强国建设中的实践导向，又体现了思想政治教育在时代新人培育和社会文化发展中的教育导向[273]。

在教育强国建设背景下，研究生思想政治教育的发展方向主要体现在以下几个方面：

首先，强化思政引领的方向性引领作用。教育强国建设需要明确办学方向，坚持社会主义办学方向是研究生思想政治教育的根本要求。要从思政引领力彰显教育强国的政治属性、把准教育强国人才培养方向、推动构建教育强国的战略布局等方面深刻把握思政引领力在教育强国建设中的价值定位[274]。在未来研究生思想政治教育发展中，必须始终坚持党的全面领导，以习近平新时代中国特色社会主义思想为指导，确保研究生教育沿着正确的政治方向前进。

其次，提升思政引领的内涵建设水平。教育强国建设不仅要注重规模增长，更要注重质量提升和内涵发展。高质量发展是研究生思想政治教育改革创新的主线，新时代研究生思想政治教育高质量发展对建设教育强国、突破研究生思想政治教育困境、应对新变化新挑战具有重要意义。未来研究生思想政治教育要聚焦特殊性，把握规律性，激发创造性，强化协同性，注重实效性，实现高质量发展，提升育人成效[275]。

最后，拓展思政引领的国际影响力。教育强国建设需要具有全球视野和国际竞争力。在研究生国际化培养趋势下，未来研究生思想政治教育需要增强国际传播能力，讲好中国故事，传播中国声音，增强中国教育的国际影响力和话语权，为推动构建人类命运共同体贡献中国智慧和中国方案。

（二）新质生产力背景下思政教育的功能拓展

新质生产力的发展为研究生思想政治教育带来了新的机遇和挑战。在新质生产力背景下，研究生思想政治教育的功能需要拓展与重构，以适应新的时代要求。

首先，思想引领功能的拓展。新质生产力的发展需要科技创新与价值引领的有机统一。思想政治教育需要引导研究生树立正确的科技伦理观和价值观，处理好科技发展与人文关怀的关系，推动科技创新与人的全面发展相统一。张哲指出，人工智能时代思想政治教育空间的生产，是借助于先进的智能技术手段，把道理、学理、哲理之思想政治教育的“产品”生产得更好、运输得更好，以更好满足受教育者的“思想消费”与“精神需求”[276]。

其次，创新驱动功能的强化。新质生产力的核心在于创新，研究生思想政治教育需要更加注重创新能力和创新精神的培养。在研究生思想政治教育中，学校要以创新为动力，更新研究生思想政治教育理念与方法，引导研究生结合研究领域深入思考、探寻未知，不断激发研究生的探究性思维和研究素养。未来研究生思想政治教育要更加注重科研伦理教育，引导研究生将创新精神与责任意识、科学精神与人文关怀有机结合起来。

最后，社会服务功能的优化。新质生产力的发展离不开高水平人才的支撑，研究生思想政治教育需要紧密对接国家战略和社会需求，引导研究生将个人发展与国家发展、社会进步紧密结合起来。充分发挥科研的研究生思想政治教育功能，优化“科研育人”方案，是有效发挥科研在研究生思想政治教育中作用的重要途径[277]。未来研究生思想政治教育要进一步推动科研育人、实践育人、文化育人等多种育人方式的有机融合，形成全方位、全过程、全员育人的新格局。

（三）教育强国建设中研究生思政教育的使命担当

在教育强国建设进程中，研究生思想政治教育承担着重要的使命和责任。新时代新征程，必须深刻把握中国式现代化对教育、科技、人才的需求，强化教育对科技和人才的支撑作用，进一步形成人才辈出、人尽其才、才尽其用的生动局面[278]。

首先，研究生思想政治教育要担当培育时代新人的使命。研究生是国家未来发展的中坚力量，研究生思想政治教育要培养具有坚定理想信念、深厚家国情怀、扎实学识本领的时代新人。探索新时代研究生思想政治理论课教学改革路径，对于确保高等学校社会主义办学方向、落实高等学校立德树人根本任务、提升研究生思想政治理论课教学实效性等具有重要意义[279]。

其次，研究生思想政治教育要担当推进科教兴国的使命。科教兴国战略是中国式现代化的重要支撑，研究生思想政治教育要引导研究生将个人成长与国家发展紧密结合起来，为推进科教兴国战略贡献智慧和力量。在科教融合、产教融合的背景下，将工匠精神融入研究生思想政治教育中具有重要的理论和实践意义，应通过挖掘工匠精神对研究生思想政治教育的重要作用，构建科产教融合背景下工匠精神融入研究生思政教育的路径[280]。

最后，研究生思想政治教育要担当维护国家安全的使命。在复杂的国际形势下，研究生思想政治教育要增强研究生的国家安全意识和忧患意识，引导研究生自觉维护国家安全和核心利益。地方红色文化融入研究生思想政治教育，对于弘扬红色基因、深化爱国主义教育具有重要意义。未来研究生思想政治教育要更加注重培养研究生的国际视野和家国情怀，引导研究生在国际交流与合作中坚定文化自信，讲好中国故事。

二、研究生思想政治教育体系的高质量构建路径

新时代高校研究生思想政治教育的守正创新与高质量发展，应通过理念、模式、机制创新找准新时代研究生思想政治教育新定位、新矛盾、新内容，激发研究生的创新活力。

（一）聚焦特殊性：研究生思想政治教育的精准化发展

研究生思想政治教育区别于本科生思想政治教育，具有自身的特殊性和规律性。研究生思想政治教育聚焦特殊性是实现高质量发展的重要路径。研究生思想政治教育的特殊性主要体现在教育对象、教育内容、教育方法等方面。

首先，精准把握研究生群体特征。研究生具有较高的知识水平、较强的独立思考能力和研究创新能力。刘志指出，研究生思想政治教育的研究对象体现为差异成长与统一培养、理性发展与信仰塑造以及心理防御与规范引领三对特殊的矛盾冲突。未来研究生思想政治教育要更加精准地把握研究生的认知特点、心理需求和成长规律，实现精准施策和个性化培养[281]。

其次，构建特色化教育内容体系。研究生思想政治教育内容应当具有学术性、前沿性和创新性，既要联系研究生的专业学习和科研实践，又要回应研究生在成长发展中面临的思想困惑和价值挑战。未来研究生思想政治教育内容体系建设要更加注重与专业教育的有机融合，推动思政元素与

专业知识、科研实践的有机结合。

最后，创新特色化教育方法路径。研究生思想政治教育方法应当尊重研究生的主体地位，充分发挥研究生的主观能动性。针对研究生思想政治教育中存在的知行脱节问题，与传统思想政治教育中忽视了研究生主观能动性的发挥有关，把实践体验纳入研究生思想政治教育过程，凸显了研究生作为受教育者的主体性，调动了主动参与和深刻反思的积极性。未来研究生思想政治教育方法要更加注重研究生的参与体验和自我教育，推动从“灌输式”向“启发式”“探究式”“研讨式”教育方法转变。

（二）把握规律性：研究生思想政治教育的科学化发展

科学把握研究生思想政治教育规律是提高教育实效性的关键。赵建超分析了人工智能时代的思想政治教育规律，指出人工智能时代的思想政治教育内容表现为信息智能供给与共同需要的矛盾律、“因事而化、因时而进、因势而新”的智能助推律、“全员全程全方位”的沉浸育人律、激发教育系统整体性创生的智能创构律、“注意力对接—高阶需求激发—去中心化交流”的智能互动律等[282]。

首先，把握思想政治工作规律。思想政治工作规律是研究生思想政治教育的基本遵循。未来研究生思想政治教育要更加注重价值引领和价值塑造，坚持以理服人、以情感人、以文化人，增强思想政治教育的吸引力和感染力。张智认为，既要加强党对教育事业的全面领导，也要坚持不懈用习近平新时代中国特色社会主义思想铸魂育人，健全完善强国使命引领的思想政治工作体系和铸魂育人机制[283]。

其次，把握教育教学规律。教育教学规律是开展研究生思想政治教育的科学依据。徐晋以党建工作思路探索研究生思想政治教育工作的有效途径，构建多层次、宽领域的实践平台，增强教育的实践性和互动性，是提升学生综合素质的关键[284]。未来研究生思想政治教育要更加注重党建引领，加强与研究生教育教学的有机融合，推动思政课程与课程思政协同发展，形成全员、全过程、全方位育人格局。

最后，把握学生成长规律。学生成长规律是研究生思想政治教育的内在要求。谢璐璐等建议，面对新时代工科类研究生培养所面临的新情况、新问题、新挑战，需要创新思想政治教育的理念方法。未来研究生思想政治教育要更加关注研究生的成长需求和发展诉求，注重人文关怀和心理疏导，帮助研究生树立正确的成才观和发展观，实现全面发展[285]。

（三）激发创造性：研究生思想政治教育的创新发展

创新是研究生思想政治教育高质量发展的不竭动力。“坚持马克思主义基本原理不动摇，坚持党的全面领导不动摇，坚持中国特色社会主义不动摇”和“必须坚持人民至上，必须坚持自信自立，必须坚持守正创新，必须坚持问题导向，必须坚持系统观念，必须坚持胸怀天下”是党的二十大提出的要求。新时代高校研究生思想政治教育的守正与创新，既要坚持“三个不动摇”与践行“六个坚持”相统一，又要通过理念、模式、机制创新找准新时代研究生思想政治教育新定位、新矛盾、新内容。

首先，理念创新是研究生思想政治教育的先导。未来研究生思想政治教育要深入贯彻新发展理念，以创新、协调、绿色、开放、共享为引领，推动教育理念的更新和发展。在研究生思想政治教育中，学校以创新为动力，更新研究生思想政治教育理念与方法；以协调为牵引，融合研究生思想政治教育各方力量；以绿色为保障，塑造研究生思想政治教育人文环境；以开放为契机，拓展研究生思想政治教育视野和格局；以共享为路径，凸显研究生思想政治教育育人成效。

其次，内容创新是研究生思想政治教育的核心。未来研究生思想政治教育要紧密结合时代特征和研究生特点，不断丰富和更新教育内容，增强教育内容的时代性、科学性和针对性。研究生思想政治教育内容应融入前沿学术成果和科技发展动态，将思想政治理论与学科专业知识有机结合，实现理论与实践的深度融合。教育内容应关注国内外重大时事政治和社会热点问题，引导研究生正确认识和分析复杂的国际国内形势。并且，应加强创新创业教育内容建设，培养研究生的创新精神和实践能力，使其能够将所学知识转化为解决实际问题的能力。此外，还应注重将优秀传统文化和人文精神融入教育内容，提升研究生的人文素养和道德水平，塑造其全面发展的人格。

最后，方法创新是研究生思想政治教育的关键。未来研究生思想政治教育要积极探索新时代背景下的教育方法创新，运用信息技术和新媒体手段，增强教育的吸引力和实效性。继续探索将思想政治教育与科研活动有机融合创新路径，在科研实践中渗透思想政治教育元素，引导研究生树立正确的科研伦理和学术价值观。应充分利用大数据、人工智能等技术手段，实现教育方法的精准化和个性化，针对不同学科背景、不同成长阶段的研究生制定差异化教育方案。此外，还应建立科学的评价反馈机制，及时了解研究生的思想动态和教育效果，不断优化和调整教育方法，提高思想政治教育的针对性。

（四）强化协同性：研究生思想政治教育的体系化发展

协同育人是研究生思想政治教育体系化发展的结构性保障。研究生思想政治教育处于多元主体参与、多重资源整合、多种路径并行的复杂系统中，其有效性很大程度上取决于各育人要素间的协同程度。

首先，协同育人机制的制度构建。体系化发展要求在宏观层面构建具有整体性的协同育人制度框架，应体现党委统一领导的核心地位，明确各部门协同职责，激发全员参与动力，形成上下贯通、左右联动的育人结构。在现行高校治理体系中，党委决策、行政执行、学术引领、民主参与四种权力关系的有效融合是构建协同育人机制的根本保障。研究生思想政治教育中“碎片化”问题的根源在于组织结构与职能定位不合理，造成资源分散、责任不清、效能低下等问题。制度协同应着重解决“责权利”不匹配问题，特别是要加强部门间的沟通协调机制，建立责任明确、权限清晰、利益共享的制度安排。

其次，构建多元主体的协同互动机制。实现体系化发展的关键在于促进多元育人主体间的深度互动与协同。研究生思想政治教育主体的多元化已成为基本特征，既包括思政课教师、专业课教师、辅导员、导师等校内主体，也包括行业企业、科研院所等校外力量。这些主体在育人过程中各有优势，但在实际工作中往往存在“各自为政”、相互脱节的问题。专业能力与思政素养的不平衡发展、科研压力与育人职责的矛盾冲突，是制约多元主体协同的主要因素。针对这些问题，未来研究生思想政治教育应着力构建主体间的有效沟通机制、责任传导机制和评价激励机制，促进不同主体间形成育人合力。值得注意的是，多元主体协同不仅是横向整合各类教育资源，更应着眼于纵向贯通理论教育与实践教育、显性教育与隐性教育、灌输教育与自我教育。立体化协同需要基于学科特点和研究生群体特征，设计差异化的协同路径，避免“一刀切”的简单化处理。

最后，全方位育人体系的整体构建。研究生思想政治教育的体系化发展，最终要落实为全方位育人体系的构建与优化。全方位育人体系应涵盖课程育人、科研育人、实践育人、文化育人、网络育人等多个维度，形成课内课外、校内校外、线上线下有机贯通的育人格局。全方位育人体系作为有机整体，需要处理好整体与部分、结构与功能、稳定与发展的辩证关系。优化研究生思想政治教育“三全育人”路径，应从强化队伍建设、整合教育内容、拓展教育载体三个方面着手，构建全员全过程全方位育人的系统架构。

需要强调的是，构建全方位育人体系既要注重形式上的全覆盖，更要突出内容上的系统性和实效性。近年来，红色资源融入研究生思想政治教育的实践探索表明，有效的育人体系建设必须立足学科特色和时代特征，将教育资源、教育内容与研究生实际需求有机结合，才能实现价值引领与知识传授、理论武装与实践锻炼的有机统一[286]。

（五）注重实效性：研究生思想政治教育的质量提升

提高实效性是研究生思想政治教育质量提升的核心要求。当前研究生思想政治教育虽取得了显著成效，但在理论与实践的衔接、内容与形式的创新、教育与评价的系统化等方面仍存在不足。涂荣指出，注重实效性是研究生思想政治教育高质量发展的重要路径，要实现高质量发展，提升育人成效[287]。

首先，强化问题导向。未来研究生思想政治教育要坚持问题导向，针对研究生成长发展中面临的思想困惑和价值挑战，开展有针对性的教育引导。分析新时期研究生群体的特殊性，指出当前研究生思想政治教育工作中面临的四个问题：资源投入和制度建设滞后，复杂性认识不足，“重学术、轻教育”的培养观念，教育内容、形式及途径单一；提出加强研究生思想政治教育工作实践的四点思考：以主题教育为抓手，以情感教育为手段，以创新教育为平台，以队伍建设为重点[288]。

其次。建立科学评价体系。研究生阶段的评价体系应更加注重自主性、学术性和发展性特征。系统的评价体系应当兼顾过程与结果、定性与定量、显性与隐性三个维度，从过程性评价与结果性评价相结合的角度，构建包含定量与定性指标的综合评价机制。评价体系不仅要关注研究生对理论知识的掌握程度，更要重视其价值观念的内化程度和行为习惯的养成情况。通过建立常态化的调查反馈机制，实时掌握教育效果，及时调整教育策略，形成教育评价的良性循环，确保思想政治教育取得实效。

再次，强化实践育人功能。研究生思想政治教育必须与实践紧密结合，通过组织社会调研、志愿服务、企业实习等多种形式的实践活动，让研究生在实践中检验所学理论，巩固思想认识。要进一步加强建立校企合作、产学研一体化的实践平台，让研究生直接参与解决国家和社会发展中的实际问题，在服务社会的过程中实现自身价值观的升华，增强思想政治教育的针对性和实效性。

最后，推动精准化的协同育人。不同于笼统的全方位育人，精准化协同更强调基于研究生个体差异和发展需求的定制化教育服务。研究生因学科背景、培养阶段、职业规划等因素呈现出显著的群体差异，这就要求育人主体根据不同特点提供精准的教育内容和方式。推动精准化协同育人，需要构建多层次的协作，进一步整合学校、家庭、社会等多元育人资源。核心层面是导师引领，充分发挥导师在学术指导和价值引领中的关键作用；支持层面包括专业教师、思政教师和辅导员等校内力量的专业配合；拓展层面则整合校友资源、行业组织和社会力量的补充支持，形成全方位、立体化的育人格局。

总之，新时代研究生思想政治教育面临着前所未有的机遇与挑战，在教育强国建设背景下，需要“因事而化、因时而进、因势而新”，深入把握研究生思想政治教育的发展趋势，创新发展路径，构建高质量育人体系，深化立德树人根本任务落实，推进航空航天特色思想政治教育建设，探索数智时代思想政治教育新模式，为培养德才兼备的高层次创新人才，服务中国式现代化建设，提供坚实的思想保障和人才支撑。

结语

本书系统探讨了新时代研究生思想政治教育的理论内涵、发展路径及创新实践，特别聚焦航空航天领域的“空天之光”融合育人品牌建设，形成了较为完整的理论与实践体系。在中国式现代化建设的宏大背景下，研究生思想政治教育作为立德树人根本任务的重要环节，承载着培养德才兼备高层次人才的历史使命和时代重任。

回望全书，我们从思想政治教育的理论源流出发，厘清了研究生思想政治教育的科学内涵与学科定位，分析了新时代、新特征、新要求对研究生思想政治教育提出的挑战，探讨了习近平新时代中国特色社会主义思想对研究生思想政治教育的科学指导，构建了新时代研究生思想政治教育的理论体系与创新发展框架，凸显了加强新时代研究生思想政治教育的战略意义，深入研究了航空航天领域研究生思想政治教育的特色与理论模式，展现了“空天之光”融合育人品牌的构建与实践探索，剖析了航空航天领域研究生思想政治教育的主体协同机制，最后展望了新时代研究生思想政治教育的创新发展与未来路向。

纵观研究过程，我们深刻认识到，航空航天领域研究生思想政治教育既是时代之问，也是实践之需。强大的思政引领力是中国特色社会主义教育强国的首要特质，也是航空航天领域高层次人才培养的战略支撑。在新时代背景下，研究生思想政治教育面临着诸多新情况、新问题、新挑战，只有以习近平新时代中国特色社会主义思想为指导，深入贯彻新发展理念，通过思政引领力的强化提升，数智技术的赋能助力，多元协同的体系构建，理论实践的创新突破，才能实现研究生思想政治教育的高质量发展，为中国式现代化建设提供坚实的人才保障和智力支持。

航空航天领域作为国家战略科技力量的重要组成部分，其研究生思想政治教育具有特殊重要性。“空天之光”融合育人品牌的创建与实践，体现了航空航天特色与思想政治教育深度融合的创新探索，为航空航天领域高层次人才培养提供了有力的思想引领和价值支撑。通过多元主体协同、多种方式融合、多重资源整合，形成了具有航空航天特色的研究生思想政治教育新模式，为培养胸怀祖国、献身航天的高水平创新人才奠定了坚实基础。

展望未来，研究生思想政治教育的创新发展需要坚持守正与创新相统一，理论与实践相结合，传承与创新相融合。我们应当进一步深化对研究生思想政治教育规律的认识，探索思政引领力提升的有效路径，推进数智赋能与思政教育深度融合，构建多元协同的育人体系，创新航空航天特色思想政治教育模式，不断提升研究生思想政治教育的针对性和实效性。

建设教育强国、科技强国、人才强国是中国式现代化的重要内容，高层次人才培养是实现“两个一百年”奋斗目标的战略支撑。研究生思想政治教育作为培养德才兼备高层次人才的重要环节，必将在新时代新征程中承担更加重要的使命和责任。我们坚信，在习近平新时代中国特色社会主义思想的科学指引下，在各方力量的协同推进下，在实践创新的不断深化中，研究生思想政治教育必将展现出更加广阔的发展前景，为实现中华民族伟大复兴的中国梦作出更大贡献。广大研究生教育工作者将不忘初心、牢记使命，以立德树人为根本任务，以强化思政引领为首要特质，培养更多心怀“国之大者”、勇攀科技高峰的时代新人，为建设科技强国、航天强国、教育强国贡献智慧和力量！

参考文献

[1] 张耀灿. 现代思想政治教育学 [M]. 北京：人民出版社，2006.

[2] 中共中央，国务院. 关于新时代加强和改进思想政治工作的意见 [N]. 人民日报，2021 (1).

[3] 王树荫，杨文. 毛泽东思想政治教育理论研究的回顾与展望 [J]. 扬州大学学报（人文社会科学版），2024，28 (05)：46-57.

[4] 刘建军. 马克思主义经典作家论思想政治教育的意义 [J]. 西北师大学报（社会科学版），2020，57 (01)：79-85.

[5] 中共中央马克思恩格斯列宁斯大林著作编译局. 马克思恩格斯文集（第1卷）[M]. 北京：人民出版社，2009.

[6] 中共中央马克思恩格斯列宁斯大林著作编译局. 马克思恩格斯文集（第1卷）[M]. 北京：人民出版社，2009.

[7] 列宁. 列宁全集（第13卷）[M]. 北京：人民出版社，2017.

[8] 习近平. 论教育 [M]. 北京：中央文献出版社，2024.

[9] 董雅华. 思想政治教育概念厘定的向度和要义 [J]. 思想理论教育导刊，2020 (09)：116-121.

[10] 荣华伟. 高校思想政治教育的历史逻辑与创新发展 [J]. 江苏高教，2023 (09)：104-109.

[11] 陆庆壬. 思想政治教育学原理 [M]. 上海：复旦大学出版社，1986.

[12] 思想政治教育学原理编写组. 思想政治教育学原理 [M]. 北京：高等教育出版社，2018.

[13] 董雅华. 思想政治教育概念厘定的向度和要义 [J]. 思想理论教育导刊，2020 (09)：116-121.

[14] 许瑞芳，张志恒. 廓清与重释：思想政治教育的本质探究 [J]. 思想理论教育，2020 (04)：54-58.

[15] 刘高扬. 推动思想政治教育创新发展确保主题教育取得扎实成效 [J]. 中国出入境观察，2019 (06)：44-45.

[16] 刘建军. 思想政治教育学理论基础的体系建构研究 [J]. 马克思主义理论学科研究，2024，10 (01)：84-93.

[17] 许瑞芳，张志恒. 廓清与重释：思想政治教育的本质探究 [J]. 思想理论教育，2020 (04)：54-58.

[18] 王易，宋健林. 论新时代思想政治教育规律研究的科学化 [J]. 重庆大学学报 (社会科学版)，2018，24 (04)：199-206.

[19] 万美容. 中国共产党百年历程中思想政治教育的守正与创新：访华中师范大学马克思主义学院张耀灿教授 [J]. 马克思主义理论学科研究，2021，7 (12)：4-14.

[20] 宇文利，金德楠. 党的十八大以来思想政治教育研究述评 [J]. 思想政治工作研究，2022 (05)：32-36.

[21] 刘高扬. 推动思想政治教育创新发展确保主题教育取得扎实成效 [J]. 中国出入境观察，2019 (06)：44-45.

[22] 高国希. 思想政治教育学科自主知识体系建构的历史考察 [J]. 马克思主义与现实，2025 (01)：139-146.

[23] 张耀灿，吴梦清. 思想政治教育学科创办 40 年来的发展历程、主要成就和基本经验 [J]. 西北工业大学学报 (社会科学版)，2024 (03)：1-8.

[24] 宇文利. 新时代思想政治教育创新之魂 [J]. 思想理论教育，2019 (01)：57-61.

[25] 中华人民共和国中央人民政府. 中共中央、国务院印发《教育强国建设规划纲要 (2024—2035 年)》[EB/OL]. 2025. https://www.gov.cn/gongbao/2025/issue_11846/202502/content_7002799.html.

[26] 张耀灿，吴梦清. 思想政治教育学科创办 40 年来的发展历程、主要成就和基本经验 [J]. 西北工业大学学报 (社会科学版)，2024 (03)：1-8.

[27] 习近平. 在哲学社会科学工作座谈会上的讲话 [N]. 人民论坛网，2016-05-17.

［28］张毅翔. 思想政治教育学科自主知识体系建构的三重进路［J］. 思想教育研究，2024（03）：65-72.

［29］宇文利，金德楠. 党的十八大以来思想政治教育研究述评［J］. 思想政治工作研究，2022（05）：32-36.

［30］中华人民共和国教育部. 关于进一步加强和改进研究生思想政治教育的若干意见［EB/OL］. 2010. http//www.moe.edu.cn/pusiness/business/htmlfiles/moe/moe_1414/201205/xxgk_135401.html.

［31］习近平. 把思想政治工作贯穿教育教学全过程 开创我国高等教育事业发展新局面：在全国高校思想政治工作会议上的讲话［N］. 人民日报，2016-12-09.

［32］张夏. 思想政治教育本质研究的现状考察及研究理路的延拓［J］. 思想教育研究，2025（03）：32-39.

［33］刘建军. 思想政治教育学理论基础的体系建构研究［J］. 马克思主义理论学科研究，2024，10（01）：84-93.

［34］中共中央马克思恩格斯列宁斯大林著作编译局. 马克思恩格斯选集（第1卷）［M］. 北京：人民出版社，1995.

［35］陈力祥. 马克思主义唯物论与中华传统素朴唯物论之契合点探赜［J］. 人民论坛·学术前沿，2023（08）：81-87.

［36］中共中央马克思恩格斯列宁斯大林著作编译局. 马克思恩格斯文集（第1卷）［M］. 北京：人民出版社，2009.

［37］李忠军. 思想政治教育学基本原理的体系构建［J］. 马克思主义理论学科研究，2024，10（01）：94-102.

［38］马克思. 1844年经济学哲学手稿［M］. 北京：人民出版社，2014.

［39］马克思. 关于费尔巴哈的提纲［M］. 北京：人民出版社，2009.

［40］列宁. 列宁全集（第六卷）［M］. 北京：人民出版社，1990.

［41］刘建军. 思想政治教育学理论基础的体系建构研究［J］. 马克思主义理论学科研究，2024，10（01）：84-93.

［42］苏林静. 以马克思主义中国化理论创新思想政治教育研究［J］. 时代报告，2023（11）：62-64.

［43］习近平. 紧紧围绕立德树人根本任务 朝着建成教育强国战略目标扎实迈进：在全国教育大会上讲话［N］. 人民日报，2024-09-10.

［44］何哲. 论新时代中国特色社会主义国家治理理论体系的构建［J］. 中共天津市委党校学报，2024，26（04）：35-45.

［45］罗文东. 习近平对马克思主义意识形态理论的坚持和发展［J］. 马克思主义理论学科研究，2022，8（11）：74-83.

［46］张福有，石书臣. 人学视角下新时代思想政治教育目的论［J］. 高校马克思主义理论研究，2024，10（02）：145-151.

［47］怀进鹏. 以教育之强夯实国家富强之基［J］. 河南教育（高等教育），2023（10）：98.

［48］习近平. 用新时代中国特色社会主义思想铸魂育人 贯彻党的教育方针落实立德树人根本任务：在学校思想政治理论课教师座谈会上讲话［N］. 新华社，2019-03-08.

［49］刘莹，黄世平. 情境、文本、话语：研究生思想政治理论课叙事建构的三重场域［J］. 西南科技大学学报（哲学社会科学版），2024，41（02）：91-95，102.

［50］石鸥，刘珊. 课程与教学论的时代转型与数字化建构［J］. 教育研究，2025，46（01）：81-93.

［51］申淑征. 新时代研究生思想政治理论课教学改革路径探析［J］. 辽宁工业大学学报（社会科学版），2024，26（06）：134-137.

［52］杜时忠. 制度德育论的理论来源、实证依据与实践方式［J］. 华中师范大学学报（人文社会科学版），2023，62（03）：160-169.

［53］张善喜. 习近平关于立德树人重要论述的理论来源与创新发展［J］. 思想教育研究，2023（11）：32-37.

［54］王小锡. 新中国伦理学 70 年发展述要［J］. 伦理学研究，2019（04）：113.

［55］杨晓慧. 论研究生思想政治工作的“五个统筹协调”［J］. 思想理论教育导刊，2018（05）：139-145.

［56］张燕. 责任教育：思想道德修养的基点［J］. 学校党建与思想教育，2003（06）：37-38.

［57］曹永国. 人的学习：认知、意义与社会文化［J］. 高等教育研究，2022，43（10）：31-40.

［58］李维佳. 基于新时代研究生认知心理特点的思想政治教育新思路［J］. 世纪桥，2024（07）：82-84.

［59］于溟跃. 参与：赫勒感情理论建构的中心概念［J］. 学术月刊，2024，56（06）：31-37.

［60］刘晓红. 行为主义和传播研究［J］. 新闻与传播研究，1998（03）：54-65，94.

［61］朱佳斌，刘群群，刘少雪，等. 工程教育改革背景下工科学生认知发展现状与影响因素研究［J］. 高等工程教育研究，2019（06）：58-64.

［62］中共中央马克思恩格斯列宁斯大林著作编译局. 马克思恩格斯文集（第1卷）［M］. 北京：人民出版社，2009.

［63］中共中央马克思恩格斯列宁斯大林著作编译局. 马克思恩格斯文集（第1卷）［M］. 北京：人民出版社，2009.

［64］中共中央马克思恩格斯列宁斯大林著作编译局. 马克思恩格斯文集（第1卷）［M］. 北京：人民出版社，2009.

［65］中共中央马克思恩格斯列宁斯大林著作编译局. 马克思恩格斯文集（第1卷）［M］. 北京：人民出版社，2009.

［66］中共中央马克思恩格斯列宁斯大林著作编译局. 马克思恩格斯文集（第1卷）［M］. 北京：人民出版社，2009.

［67］中共中央马克思恩格斯列宁斯大林著作编译局. 马克思恩格斯文集（第1卷）［M］. 北京：人民出版社，2009.

［68］列宁. 列宁选集（第3版第1卷）［M］. 北京：人民出版社，2012.

［69］毛泽东. 毛泽东选集（第1卷）［M］. 北京：人民出版社，1991.

［70］习近平. 高举中国特色社会主义伟大旗帜 为全面建设社会主义现代化国家而团结奋斗：在中国共产党第二十次全国代表大会上的报告［N］. 人民日报，2022.

［71］习近平. 高举中国特色社会主义伟大旗帜 为全面建设社会主义现代化国家而团结奋斗：在中国共产党第二十次全国代表大会上的报告［N］. 人民日报，2022.

［72］习近平. 决胜全面建成小康社会 夺取新时代中国特色社会主义伟大胜利：在中国共产党第十九次全国代表大会上的报告［N］. 人民日报，2017.

［73］习近平. 决胜全面建成小康社会 夺取新时代中国特色社会主义伟大胜利：在中国共产党第十九次全国代表大会上的报告［N］. 人民日

报，2017.

［74］习近平. 高举中国特色社会主义伟大旗帜 为全面建设社会主义现代化国家而团结奋斗：在中国共产党第二十次全国代表大会上的报告［N］. 人民日报，2022.

［75］布旻晟. 中国式现代化历程、样式及独特创新［J］. 南京社会科学，2023（04）：10-18，35.

［76］习近平. 必须坚持人民至上［J］. 人民政坛，2024（04）：4-9.

［77］习近平. 高举中国特色社会主义伟大旗帜 为全面建设社会主义现代化国家而团结奋斗：在中国共产党第二十次全国代表大会上的报告［N］. 人民日报，2022-10-25.

［78］习近平. 高举中国特色社会主义伟大旗帜 为全面建设社会主义现代化国家而团结奋斗：在中国共产党第二十次全国代表大会上的报告［N］. 人民日报，2022-10-25.

［79］习近平. 加快发展新质生产力 扎实推进高质量发展：在中共中央政治局第十一次集体学习时讲话［N］新华社，2018-12-14.

［80］中华人民共和国教育部. 中华人民共和国国民经济和社会发展第十四个五年规划和 2035 年远景目标纲要［EB/OL］. 2021. http://www.moe.gov.cn/jyb_xwfb/xw_zt/moe_357/2021/2021_zt01/yw/202103/t20210315_519738.html.

［81］习近平. 在中国科学院第二十次院士大会、中国工程院第十五次院士大会、中国科协第十次全国代表大会上的讲话［N］. 新华网，2021-05-28.

［82］和音. 以落实三大全球倡议为战略引领［N］. 人民日报，2024-01-17.

［83］习近平. 高举中国特色社会主义伟大旗帜 为全面建设社会主义现代化国家而团结奋斗：在中国共产党第二十次全国代表大会上的报告［N］. 人民日报，2022-10-25.

［84］习近平. 加快建设文化强国：在二十届中央政治局第十七次集体学习时的讲话［N］. 求是，2025-4-15.

［85］习近平. 牢记历史经验历史教训历史警示为国家治理能力现代化提供有益借鉴［N］. 人民日报，2014-10-14.

［86］侯勇，肖洋. 生成式人工智能赋能思想政治教育学知识生产的

向度、限度及进路［J］. 探索，2025（02）：141-152.

［87］教育部. 国家发展改革委，财政部. 加快新时代研究生教育改革发展的意见［EB/OL］. 2020. http://www.moe.gov.cn/srcsite/A22/s7065/202009/t20200921_489271.html.

［88］陈玉杰. 着力解决结构性矛盾 擘画就业新蓝图［N］. 中国组织人事报，2024-10-29.

［89］中共中央关于进一步全面深化改革推进中国式现代化的决定［N］. 人民日报，2024-07-22（001）.

［90］教育部. 全国教育事业发展统计公报［EB/OL］. http://www.moe.gov.cn/jyb_sjzl/sjzl_fztjgb/

［91］教育部等九部门. 关于加快推进教育数字化的意见［EB/OL］. 2025. http://www.moe.gov.cn/srcsite/A01/s7048/202504/t20250416_1187476.html.

［92］祝智庭，胡姣. 教育数字化转型的实践逻辑与发展机遇［J］. 电化教育研究，2022，43（01）：5-15.

［93］李貌，韩璞庚. 数字时代"信息茧房"束缚下主体性的解构与重建［J］. 江苏社会科学，2024（03）：47-54.

［94］习近平. 用主流价值导向驾驭"算法"：在十九届中央政治局第十二次集体学习时的讲话［N］. 学习强国，2019-01-25.

［95］喻国明，方可人. 算法推荐必然导致"信息茧房"效应吗：兼论算法的媒介本质与技术伦理［J］. 新闻论坛，2019（06）：14-18.

［96］Piao J，Liu J，Zhang F，et al. Human-AI adaptive dynamics drives the emergence of information cocoons［J］. Nature Machine Intelligence，2023，5（11）：1214-1224.

［97］孙禹泽. 信息茧房与"破茧"策略［D］. 北京交通大学，2018.

［98］厉业强. 算法推送机制下"信息茧房"效应的思考与对策［J］. 新闻论坛，2020，34（04）：40-43.

［99］中华人民共和国国务院. 国务院关于印发新一代人工智能发展规划的通知［N］. 人民日报，2017-07-08.

［100］国家互联网信息办公室，中华人民共和国国家发展和改革委员会，中华人民共和国教育部，中华人民共和国科学技术部，中华人民共和国工业和信息化部，中华人民共和国公安部，国家广播电视总局第15号

令. 生成式人工智能服务管理暂行办法，国家互联网信息办公室 2023 年第 12 次室务会会议审议通过，2023-5-23.

［101］中华人民共和国教育部. 联合国教科文组织正式发布国际人工智能与教育大会成果文件《北京共识：人工智能与教育》［EB/OL］. 2019. http://www. moe. gov. cn/jyb _ xwfb/gzdt _ gzdt/s5987/201908/t20190828 _ 396185.html.

［102］魏淑妮. 认知结构理论在思想政治教育中的应用：评《思想政治学科认知结构及教学构建研究》［J］. 中国教育学刊，2022（08）：136.

［103］中华人民共和国中央人民政府. 中共中央关于党的百年奋斗重大成就和历史经验的决议. ［EB/OL］. 2021. https://www.gov.cn/zhengce/202203/content_3635521.htm.

［104］习近平. 高举中国特色社会主义伟大旗帜 为全面建设社会主义现代化国家而团结奋斗：在中国共产党第二十次全国代表大会上的报告［N］. 人民日报，2022.

［105］习近平. 决胜全面建成小康社会 夺取新时代中国特色社会主义伟大胜利：在中国共产党第十九次全国代表大会上的报告［N］. 人民日报，2017.

［106］习近平. 高举中国特色社会主义伟大旗帜 为全面建设社会主义现代化国家而团结奋斗：在中国共产党第二十次全国代表大会上的报告［N］. 人民日报，2022.

［107］蔺伟，王军政，纪惠文. 研究生思想政治教育协同育人机制构建论析［J］. 学位与研究生教育，2022（01）：48-53.

［108］李国泉. 讲好坚持和发展中国特色社会主义的深层次逻辑：关于《习近平新时代中国特色社会主义思想概论》教材第一章的教学思考［J］. 思想理论教育导刊，2025（02）：89-97.

［109］习近平. 高举中国特色社会主义伟大旗帜 为全面建设社会主义现代化国家而团结奋斗：在中国共产党第二十次全国代表大会上的报告［N］. 人民日报，2022.

［110］习近平. 在哲学社会科学工作座谈会上的讲话［N］. 人民论坛网. 2016-05-17.

［111］习近平. 紧紧围绕坚持和发展中国特色社会主义 学习宣传贯彻党的十八大精神：在十八届中共中央政治局第一次集体学习时的讲话

[N]. 人民日报. 2013-05-30.

[112] 王立胜. 问题意识及问题导向的科学逻辑 [J]. 人民论坛, 2022 (18): 22-27.

[113] 辛向阳. 坚持系统观念是进一步全面深化改革的科学方法论 [J]. 理论探讨, 2024 (05): 5-11.

[114] 习近平外交思想研究中心. 服务民族复兴 促进人类进步: 深入学习贯彻习近平新时代中国特色社会主义思想 [N]. 人民日报, 2022-05-05.

[115] 刘建超. 深刻领会习近平新时代中国特色社会主义思想的世界意义不断开创党的对外工作新局面 [J]. 当代世界, 2023 (07): 4-11.

[116] 崔妍. 研究生思想政治工作"三全育人"机制论析 [J]. 思想政治教育研究, 2021, 37 (04): 129-132.

[117] 习近平. 坚持党的领导传承红色基因扎根中国大地? 走出一条建设中国特色世界一流大学新路: 在中国人民大学考察时讲话 [N]. 新华网. 2022-04-06

[118] 习近平. 论教育 [M]. 北京: 中央文献出版社, 2024.

[119] 习近平. 紧紧围绕立德树人根本任务 朝着建成教育强国战略目标扎实迈进: 在全国教育大会上讲话 [N]. 人民日报. 2024-09-10.

[120] 陈龙. 深刻把握"五育并举"的价值意蕴和实践指向 [J]. 中国共青团, 2025 (01): 84-86.

[121] 中共中央、国务院印发《教育强国建设规划纲要 (2024-2035年)》(2025 年第 4 号) [EB/OL]. 2025-01-19. https://www.gov.cn/gongbao/2025/issue_11846/202502/content_7002799.html

[122] 中共中国社会科学院党组. 习近平新时代中国特色社会主义思想是当代中国马克思主义、二十一世纪马克思主义: 深入学习《习近平谈治国理政》第四卷的体会 [N]. 求是网, 2022 (18).

[123] 中华人民共和国教育部. 教育部关于进一步加强和改进研究生思想政治教育的若干意见 [EB/OL]. 2010. http://www.moe.gov.cn/srcsite/A12/moe_1407/s6875/201011/t20101117_142974.html.

[124] 习近平. 紧紧围绕立德树人根本任务 朝着建成教育强国战略目标扎实迈进: 在全国教育大会上讲话 [N]. 人民日报, 2024-09-11.

[125] 项久雨. 论思政引领力 [J]. 马克思主义与现实, 2025 (01): 133-138.

［126］叶方兴. 论思政引领力的生成机理［J］. 思想教育研究，2025（02）：67-73.

［127］张国启，张磊. 新时代思政引领力的主题意涵及其优化策略［J］. 学校党建与思想教育，2025（03）：11-15.

［128］张耀灿，孙清华. 思想政治教育学科建设规律性探索与遵循［J］. 教学与研究，2022（12）：74-82.

［129］郑永廷. 思想政治教育基础理论研究进展与综述［J］. 思想教育研究，2014（04）：3-18.

［130］习近平. 高举中国特色社会主义伟大旗帜 为全面建设社会主义现代化国家而团结奋斗［M］. 北京：人民出版社，2022.

［131］陈志兴，万伟丽. 人工智能赋能高校思想政治教育方法创新研究［J］. 四川轻化工大学学报（社会科学版），2024，39（03）：77-90.

［132］胡树祥，熊艳梅. 网络环境育人的重要性、独特作用与实效性提升［J］. 思想理论教育导刊，2024（12）：129-136.

［133］季伟峰，任宝龙. 思想政治教育融入研究生培养全过程的路径建构：以北京理工大学研究生“四课联动”思政育人体系为例［J］. 学位与研究生教育，2023（03）：40-44.

［134］中华人民共和国教育部. 关于进一步加强和改进研究生思想政治教育的若干意见［EB/OL］. 2010-10-17. http//www. moe. edu. cn/pusiness/business/htmlfiles/moe/moe_1414/201205/xxgk_135401.html.

［135］蔺伟，王军政，纪惠文. 研究生思想政治教育协同育人机制构建论析［J］. 学位与研究生教育，2022（01）：48-53.

［136］王佳寅. “导学思政”的内涵、核心要素与实施方略［J］. 研究生教育研究，2021（06）：63-67.

［137］刘志，张佳宁. 研究生思想政治教育亟待建设“导学思政”体系［J］. 思想理论教育，2022（02）：96-100.

［138］吴宁宁，张颖，于伟. 研究生教育文化与社会主义核心价值观培育研究：基于全国高校调研数据的实证分析［J］. 思想政治教育研究，2018，34（06）：39-43.

［139］臧伟伟，谢悦. 生态系统理论视域下研究生在学术梯队中的适应性发展［J］. 北京科技大学学报（社会科学版），2022，38（01）：80-86.

［140］刘志迎，朱清钰. 创新认知：西方经典创新理论发展历程［J］.

科学学研究，2022，40（09）：1678-1690.

［141］冯刚．深化高校思想政治教育范畴研究［J］．马克思主义理论学科研究，2021，7（09）：76-85.

［142］列宁．列宁全集（第 55 卷）［M］北京：人民出版社，1990 年

［143］马克思，恩格斯．马克思恩格斯文集（第 8 卷）［M］．北京：人民出版社，2009：29.

［144］马克思，恩格斯．马克思恩格斯选集（第 3 卷）［M］．北京：人民出版社，2012：563.

［145］徐志远，周政龙．论现代思想政治教育学基本范畴及其体系的构建原则［J］．学校党建与思想教育，2018（8）：14-19.

［146］冯刚．深化高校思想政治教育范畴研究［J］．马克思主义理论学科研究，2021，7（09）：76-85.

［147］董强．思想政治教育学基本范畴的逻辑结构新论［J］．求实，2011（12）：98-101.

［148］徐志远．试论思想政治教育学基本范畴的逻辑结构［J］．上海交通大学学报（社会科学版），2002（01）：36-40.

［149］孙文营．思想政治教育学基本范畴体系划分的新视角［J］．学校党建与思想教育，2004（11）：17-20.

［150］刘学坤．论思想政治教育发展的核心关系范畴［J］．北京教育（德育），2020（02）：32-36.

［151］徐志远，周政龙．论现代思想政治教育学基本范畴及其体系的构建原则［J］．学校党建与思想教育，2018（15）：14-19.

［152］冯刚．深化高校思想政治教育范畴研究［J］．马克思主义理论学科研究，2021，7（09）：76-85.

［153］代玉启，罗琳．价值引领：思想政治教育学的重要范畴［J］．思想政治教育研究，2021，37（05）：23-28.

［154］刘新庚，张博文．思想政治教育学科范畴体系建构的科学取向与模型设计［J］．学校党建与思想教育，2017（13）：30-33.

［155］徐志远，周政龙．论现代思想政治教育学基本范畴及其体系的构建原则［J］．学校党建与思想教育，2018（8）：14-19.

［156］冯刚．深化高校思想政治教育范畴研究［J］．马克思主义理论学科研究，2021，7（09）：76-85.

［157］马克思，恩格斯．马克思恩格斯选集（第2卷）［M］．北京：人民出版社，2012.

［158］列宁．列宁全集（第38卷）［M］．北京：人民出版社，1986.

［159］冯刚．深化高校思想政治教育范畴研究［J］．马克思主义理论学科研究，2021，7（09）：76-85.

［160］习近平．在哲学社会科学工作座谈会上的讲话［N］．人民日报，2016-05-19（2）.

［161］习近平．深入实施新时代人才强国战略 加快建设世界重要人才中心和创新高地：在中央人才工作会议上的讲话［N］．求是，2021-09-27.

［162］习近平．朝着建成科技强国的宏伟目标奋勇前进：在全国科技大会、国家科学技术奖励大会、两院院士大会上的讲话［N］．求是，2025. 07.

［163］中华人民共和国中央人民政府．中华人民共和国国民经济和社会发展第十四个五年规划和2035年远景目标纲［EB/OL］. 2021. https://www.gov.cn/xinwen/2021-03/13/content_5592681.htm.

［164］习近平．朝着建成科技强国的宏伟目标奋勇前进：在全国科技大会、国家科学技术奖励大会、两院院士大会上的讲话［N］．求是，2025. 07.

［165］中共中央、国务院．印发《教育强国建设规划纲要（2024—2035年）》［EB/OL］. 2025. https://www.gov.cn/gongbao/2025/issue_11846/202502/content_7002799.html

［166］中华人民共和国教育部．北京航空航天大学推进课程思政与思政课程同向同行：专业课讲出思政味 思政课讲出专业情．［EB/OL］. 2021. http://www.moe.gov.cn/jyb_xwfb/moe_2082/2021/2021_zl20/202103/t20210326_522691.html.

［167］中华人民共和国教育部．太空课点燃科学梦：记中国空间站首次太空授课［EB/OL］. 2021. http://www.moe.gov.cn/jyb_xwfb/s5147/202112/t20211210_586284.html.

［168］中国教育在线．西工大77个在线开放课程和虚拟仿真实验教学资源面向社会全部免费开放［EB/OL］. 2020. https://www.eol.cn/shaanxi/campus/202002/t20200214_1711812.shtml.

［169］陈雄．以新时代的航天精神建设航天强国［J］．红旗文稿，

2018（10）：37-39.

［170］习近平为“中国航天日”作出重要指示［J］. 国防科技工业，2016（05）：14.

［171］习近平在接见探月工程嫦娥六号任务参研参试人员代表时发表重要讲话强调再接再厉乘势而上加快建设航天强国［J］. 中国产经，2024（17）：30-33.

［172］杨永昌，蒋春霞. 论航天文化育新人的时代价值［J］. 学校党建与思想教育，2020（02）：50-51.

［173］马雷，王歆. 新时代高校思想政治工作研究［M］. 天津：天津人民出版社，2021，12. 275.

［174］向眉. 布鲁纳叙事教育思想及其启示［J］. 课程. 教材. 教法，2014，34（11）：115-120.

［175］项久雨. 思想政治教育现代化的叙事方式［J］. 教学与研究，2023（10）：22-30.

［176］范清义. 大学生体验式思想政治教育研究［D］. 中南大学，2007.

［177］陈晓珊，戚万学. “技术”何以重塑教育［J］. 教育研究，2021，42（10）：45-61.

［178］张佳，张强军. 研究生导师与辅导员合力育人：价值意蕴、现实困境与路径选择［J］. 研究生教育研究，2021（01）：22-28.

［179］耿红. 导师在研究生思想政治教育中首要责任人作用的机制构建［J］. 江苏高教，2016（05）：100-102.

［180］中华人民共和国教育部. 普通高等学校辅导员队伍建设规定（中华人民共和国教育部令第 43 号）［EB/OL］. 2017. http://www.moe.gov.cn/srcsite/A02/s5911/moe_621/201709/t20170929_315781.html.

［181］中共中央 国务院关于弘扬教育家精神加强新时代高素质专业化教师队伍建设的意见［N］. 人民日报，2024-08-27（001）.

［182］张碧菱，李魏，郭非. 非学术性导学互动对研究生思想政治教育的影响［J］. 学校党建与思想教育，2022（02）：67-69.

［183］宋振航. 新时代在校研究生思想政治教育中融入心理健康元素探讨［J］. 中国学校卫生，2024，45（04）：610-611.

［184］刘润，王小莉，吴晓培. 高校研究生思想政治教育工作机制研

究［J］. 中国高等教育，2021（12）：37-39.

［185］蔺伟，王军政，纪惠文. 研究生思想政治教育协同育人机制构建论析［J］. 学位与研究生教育，2022（01）：48-53.

［186］曹亭. 中国航天精神融入高校思想政治教育研究［D］. 南京邮电大学，2023.

［187］殷成阳，毛迪，何静，等. 理工科研究生国际化学术视野培养的探索与思考［J］. 沈阳师范大学学报（自然科学版），2022，40（04）：343-346.

［188］张杨，韩超，李彬彬. 校所联合培养模式下研究生导师和辅导员协同育人机制探索［J］. 创新创业理论研究与实践，2025，8（04）：118-120.

［189］杨卫，王孙禺，吴小林，等. 改革工科研究生教育着力培养卓越工程师［J］. 学位与研究生教育，2023（01）：1-15.

［190］周生喜，杨智春，李斌，等. 多学科交叉导师团队视域下专业学位研究生培养新模式的探索与实践：以西北工业大学航空工程专业学位为例［J］. 陕西教育（高教），2025（01）：53-55.

［191］龚慧林，赵万忠，李媛. 产教融合、范式转型：自主培养卓越工程师的探索与研究：以南京航空航天大学为例［J］. 工业和信息化教育，2024（12）：1-6.

［192］叶金鑫，韩钰，张江龙，等. 新时代卓越工程师教育培养的校企协同机制构建探究：以北京航空航天大学未来空天技术学院为例［J］. 中国高教研究，2022（06）：50-56.

［193］黄岚，郝小忠. 科教融合、校企协同，构建卓越创新人才育人共同体：以高端制造业卓越创新人才培养为例［J/OL］. 工业和信息化教育，1-5.（2025-05-19）.

［194］王树国. 深度推进产教融合 协同育人创新工程：西安交通大学“百千万卓越工程人才培养项目”的探索与实践［J］. 学位与研究生教育，2022,（07）：1-5.

［195］李荣生. 基于研究生自我管理的思想政治教育研究［J］. 高校辅导员，2011（01）：41-43.

［196］吕晓钰，王敏，马晓琳. 精准育人因群施教：高校研究生会参与研究生培养的创新与实践［J］. 学位与研究生教育，2016（06）：35-39.

［197］赵精华，陈苏珍．基于双因素理论的研究生自我管理路径探索［J］．福建医科大学学报（社会科学版），2016，17（02）：27-29，63．

［198］林上洪．发挥研究生会教育功能的工作策略［J］．黑龙江高教研究，2012，30（11）：16-18．

［199］温丽华，郑茸，旷永青．系统论视域下高校“三全育人”的要素构成、影响机理及实践路径［J］．系统科学学报，2025，33（01）：1-7．

［200］万陈芳．协同学理论视角下课程思政协同机制的构建研究［J］．学校党建与思想教育，2023（12）：79-81．

［201］王志伟．协同理论视域下研究生导师立德树人研究［J］．思想教育研究，2022（03）：147-152．

［202］张昌凡．高校教学团队工作模式的组织行为学分析［J］．中国高教研究，2012（12）：78-81．

［203］严立宁．利益相关者视域下我国研究生教育协同育人模式的构建［J］．现代教育管理，2022（03）：110-118．

［204］韩双淼，傅浩东．如何应对多元职业趋势：角色理论视域下博士生核心能力研究［J］．现代大学教育，2024，40（06）：84-91，113．

［205］赵玉鹏，杨连生，侯坤超．演化博弈视域下研究生导师和辅导员协同育人策略及路径研究［J］．研究生教育研究，2022（04）：23-28．

［206］杨信礼．马克思主义价值论与当代中国价值观的建构［J］．山东社会科学，2008（02）：5-15．

［207］陈春，李海芬，俞晓平．导师导思：“一体双翼”培养模式研究与实践［J］．研究生教育研究，2021（02）：49-52，60．

［208］朱文龙．专业学位研究生校外导师思想政治教育职责探析［J］．知与行，2024（05）：29-39．

［209］李金龙．基于国家战略科技力量的跨建制科教融合协同育人模式探索与构建［J］．学位与研究生教育，2024（04）：10-16．

［210］习近平．朝着建成科技强国的宏伟目标奋勇前进：在全国科技大会、国家科学技术奖励大会、两院院士大会上的讲话［N］．求是，2025．07．

［211］王云鹏．矢志空天报国培养一流人才服务航天强国建设［J］．旗帜，2023（09）：45-46．

［212］北京航空航天大学建立师生“学习日”制度 提升高校党员教

育针对性实效性［N］. 共产党员网，2022-08-24.

［213］全国高校思想政治工作网. 哈尔滨工业大学：基于铸魂育人知识图谱的思政实践育人模式探索与实践［EB/OL］. 2024. https://www.sizhengwang.cn/a/sjyr/240612/1838832.shtml

［214］哈尔滨工业大学持续强化航天领域“尖兵”式学生培养：“问天”寻梦 航天育人［N］. 中国教育报，2023-04-25（01）.

［215］西北工业大学着力构建特色鲜明的国防科技人才自主培养模式：铸国之重器 育国之栋梁［N］. 中国教育报，2023-09-22.

［216］中央广电总台国际在线. 西北工业大学：“总师育人文化”引领“总师”型人才培养［EB/OL］. 2024. https://edu.cri.cn/20240603/84f5c38f-c2c9-8edd-ba04-9175a24d213b.html

［217］西北工业大学.《大国三航》课程融入“总师育人文化”［EB/OL］. 2023. https://marx.nwpu.edu.cn/info/1010/38131.htm.

［218］“负重奋进，航空报国”：南京航空航天大学以党史学习教育推动高质量发展纪事［N］. 光明日报，2022-01-01.

［219］南京航空航天大学：集成学科优势 融汇产教资源着力培养新时代工程英才［N］. 光明日报，2024-03-04.

［220］中共教育部党组. 牢牢把握教育的政治属性、人民属性、战略属性 加快建设教育强国［N］. 人民日报，2025-03-21（09）.

［221］项久雨. 论思政引领力［J］. 马克思主义与现实，2025（01）：133-138.

［222］张国启，张磊. 新时代思政引领力的主题意涵及其优化策略［J］. 学校党建与思想教育，2025（03）：11-15.

［223］冯刚，李伟. 教育强国思政引领力的内涵、功能与提升策略［J］. 学校党建与思想教育，2025（03）：4-10.

［224］吴艳东，杨思清. 教育强国建设背景下提升思政引领力的实践理路［J］. 思想教育研究，2025（02）：81-87.

［225］涂荣，汪启思. 研究生思想政治教育高质量发展研究［J］. 学校党建与思想教育，2024（23）：75-78.

［226］叶方兴. 论思政引领力的生成机理［J］. 思想教育研究，2025（02）：67-73.

［227］代玉启，田雨. 深刻把握思政引领力的作用机制［J］. 思想教

育研究，2025（02）：74-80.

［228］胡洪彬. 教育强国建设中思政引领力的生成机理与集成路径［J］. 思想理论教育，2024（12）：51-57.

［229］张国启，张磊. 新时代思政引领力的主题意涵及其优化策略［J］. 学校党建与思想教育，2025（03）：11-15.

［230］郝园园，韩力争，茆素琼. 以新发展理念引领研究生思想政治教育创新发展和质量提升［J］. 学位与研究生教育，2022（03）：57-62.

［231］高松. 新时代高校研究生思想政治教育：理论遵循·价值旨归·实践路向［J］. 湖北社会科学，2018（12）：178-181.

［232］朱晓闻. “三全育人”视角下研究生党建与思想政治教育协同发展研究［J］. 学校党建与思想教育，2024（09）：57-59.

［233］高萌. 研究生“三全育人”思想政治教育体系建设探究［J］. 科教导刊，2024（22）：87-89.

［234］吴艳东，杨思清. 教育强国建设背景下提升思政引领力的实践理路［J］. 思想教育研究，2025（02）：81-87.

［235］潘广炜，赵亚楠. 关于“科研育人”对提升研究生思想政治教育质量的思考［J］. 学校党建与思想教育，2019（01）：69-71.

［236］葛吉霞，吴一曼，陈蓉蓉，等. 科学家精神融入研究生思政教育的路径创新［J］. 高教学刊，2024，10（35）：188-191.

［237］刘莉，秦玉婷. 新形势下研究生思想政治教育实践育人路径探究［J］. 思想政治教育研究，2016，32（01）：97-99.

［238］朱研，丁成，查鑫宇，等. 导师对当代研究生思想政治教育的作用及教育路径［J］. 兵团教育学院学报，2024，34（03）：13-16.

［239］唐胡浩. 硕士研究生思想政治教育工作中导师组功能研究［J］. 湖北开放大学学报，2024，44（06）：51-58.

［240］教育部学位管理与研究生教育司. 党的十八大以来研究生教育改革发展成就［EB/OL］. 2022. http://www.moe.gov.cn/fbh/live/2022/54521/sfcl/202206/t20220614_637227.html.

［241］十年间，我国培养了多少研究生？［N］. 中国教育在线，2022-06-04.

［242］教育部学位管理与研究生教育司. 党的十八大以来研究生教育改革发展成就［EB/OL］. 2022. http://www.moe.gov.cn/fbh/live/2022/

54521/sfcl/202206/t20220614_637227.html.

［243］虞花荣，王菲．思政引领力的理论要义、生成逻辑与提升路径［J］．人民教育，2025（02）：6-10.

［244］亓光．中国式现代化的价值论意蕴：内在价值与外在价值的统一［J］．社会科学辑刊，2025（02）：5-12.

［245］陈东利，刘映芳．思想政治教育数字化转型的五重论域［J/OL］．中国矿业大学学报（社会科学版），1-15（2025-05-19）.

［246］张福有，石书臣．人学视角下新时代思想政治教育目的论［J］．高校马克思主义理论研究，2024，10（02）：145-151.

［247］陈红森，夏正江．回到陈鹤琴：中国教育现代化的目的论解读［J］．教育发展研究，2024，44（22）：1-10.

［248］王寅申，朱忆天．思想政治教育的数智化转型与路径创新［J］．河海大学学报（哲学社会科学版），2023，25（06）：27-35.

［249］王思佳，张瑜．生成式人工智能介入思想政治教育的基本逻辑及矛盾调适：从 ChatGPT 到 GPT-4o［J］．思想教育研究，2024（12）：52-58.

［250］陈家斌．教育思维方式：结构、功能及意义［J］．教育理论与实践，2014，34（16）：11-14.

［251］冉光仙，陈梦君，赵星云．人工智能赋能高校思想政治教育的主体性建构［J］．学校党建与思想教育，2025（03）：82-84，96.

［252］郑泉水．数智时代：重置教育思维［J］．中国科学院院刊，2024，39（09）：1524-1528.

［253］王旦，张熙，侯浩翔．智能时代的教育伦理风险及应然向度［J］．教育研究与实验，2021（04）：34-39，96.

［254］常宴会．思想政治教育应用人工智能的实现条件［J］．思想理论教育导刊，2025（02）：124-130.

［255］高佳哲，程立涛．思想政治教育视域下智能算法的赋能风险及伦理省思［J］．大连理工大学学报（社会科学版），2024，45（05）：121-128.

［256］阮一帆，王智博．生成式人工智能赋能思想政治教育创新研究［J］．学校党建与思想教育，2025（02）：4-7.

［257］刘思来．思想政治教育数字化转型的具身逻辑、离身困境及未来路向：以 DeepSeek 为例［J/OL］．重庆邮电大学学报（社会科学版），2025（08）：1-13.

［258］ 李亚东，阎国华. 人工智能赋能高校思想政治教育的内在逻辑与路径设计［J］. 江苏高教，2024（02）：84-88.

［259］ 颜佳华，王黎斌. 人工智能技术在高校思想政治教育中的创新应用［J］. 中南林业科技大学学报（社会科学版），2025，19（01）：13-23.

［260］ 黄颖，程振伟. 高校辅导员如何一口气回答几百个学生问题？杭电研发 AI 助手，为老师减负［EB/OL］.（2024-12-17）［2025-05-01］. https://news.qq.com/rain/a/20241217A06CWP00.

［261］ 马也. ChatGPT 介入高校网络思想政治教育的风险审视及应对策略［J］. 江苏高教，2024（06）：88-96.

［262］ 冉光仙，陈梦君，赵星云. 人工智能赋能高校思想政治教育的主体性建构［J］. 学校党建与思想教育，2025（03）：82-84，96.

［263］ 高佳哲，程立涛. 思想政治教育视域下智能算法的赋能风险及伦理省思［J］. 大连理工大学学报（社会科学版），2024，45（05）：121-128.

［264］ 李超民，张帆. 生成式人工智能与思想政治教育主客体关系的重塑［J/OL］. 吉首大学学报（社会科学版），1-10.

［265］ 马也. ChatGPT 介入高校网络思想政治教育的风险审视及应对策略［J］. 江苏高教，2024（06）：88-96.

［266］ 李姿雨，方凤玲. 思想政治教育智慧化发展的伦理风险隐忧及其规避［J］. 思想教育研究，2023（03）：52-57.

［267］ 常宴会. 思想政治教育应用人工智能的实现条件［J］. 思想理论教育导刊，2025（02）：124-130.

［268］ 颜佳华，王黎斌. 人工智能技术在高校思想政治教育中的创新应用［J］. 中南林业科技大学学报（社会科学版），2025，19（01）：13-23.

［269］ 程琼，刘宏达. 基于生成式人工智能的思想政治教育场景构建及其风险防范［J］. 国家教育行政学院学报，2024（08）：87-95.

［270］ 李超民，张帆. 生成式人工智能与思想政治教育主客体关系的重塑［J/OL］. 吉首大学学报（社会科学版），2025，46（04）：103-110.

［271］ 刘伟兵. 智能思政：人工智能时代精神生产与思想政治教育发展研究［J］. 福建师范大学学报（哲学社会科学版），2025（01）：25-34.

［272］ 汪永安，孙增耀. 从导学一体到数智嵌入：研究生思想政治教育引导力的时代转向［J］. 学位与研究生教育，2024（07）：26-33.

［273］ 冯刚，李伟. 教育强国思政引领力的内涵、功能与提升策略

[J]. 学校党建与思想教育，2025（03）：4-10.

[274] 吴艳东，杨思清. 教育强国建设背景下提升思政引领力的实践理路 [J]. 思想教育研究，2025（02）：81-87.

[275] 涂荣，汪启思. 研究生思想政治教育高质量发展研究 [J]. 学校党建与思想教育，2024（23）：75-78.

[276] 张哲. 人工智能时代思想政治教育的时间逻辑 [J]. 思想理论教育，2024（07）：75-81.

[277] 潘广炜，赵亚楠. 关于“科研育人”对提升研究生思想政治教育质量的思考 [J]. 学校党建与思想教育，2019（01）：69-71.

[278] 牢记习近平总书记嘱托，强化教育对科技和人才支撑作用，形成人才辈出人尽其才才尽其用生动局面：以教育之强支撑科技和人才之强 [N]. 中国教育报，2025-03-14.

[279] 申淑征. 新时代研究生思想政治理论课教学改革路径探析 [J]. 辽宁工业大学学报（社会科学版），2024，26（06）：134-137.

[280] 何杰. 科产教融合背景下工匠精神融入研究生思政教育探究 [J]. 淮南职业技术学院学报，2024，24（06）：55-57.

[281] 刘志. 研究生思想政治教育基本问题论析 [J]. 学位与研究生教育，2018（07）：20-27.

[282] 赵建超. 人工智能时代的思想政治教育规律新探 [J]. 探索，2024（01）：144-156.

[283] 张智，刘志铭. 思政引领力之于教育强国建设：意义、内涵及提升路径 [J]. 思想理论教育，2025（01）：54-60.

[284] 徐晋. 以党建工作思路探索研究生思想政治教育工作的有效途径 [J]. 佳木斯职业学院学报，2024，40（11）：52-54.

[285] 谢璐璐，路遥，王俊. 新时代加强和改进工科类研究生思想政治教育的路径研究 [J]. 湖北开放职业学院学报，2024，37（15）：114-116.

[286] 张革英，朱亚萍，祝倩，等. “三全育人”视域下红色资源融入研究生思想政治教育的有效性研究 [J]. 大学教育，2024（20）：77-81，92.

[287] 涂荣，汪启思. 研究生思想政治教育高质量发展研究 [J]. 学校党建与思想教育，2024（23）：75-78.

[288] 冯成. 新时期研究生思想政治教育实效性探析 [J]. 教育与职业，2014（08）：50-51.